中华职业教育发展报告

（2023-2024）

REPORT ON CHINA'S DEVELOPMENT OF VOCATIONAL EDUCATION（2023-2024）

中华职业教育社　编著

社会科学文献出版社
SOCIAL SCIENCES ACADEMIC PRESS (CHINA)

《中华职业教育发展报告（2023-2024）》
编 写 组

组 长 袁洪艳

副组长 彭振宇

成 员 （以姓氏笔划为序）

马欣悦　王 融　王汉江　王建初　代 伟

朱 钦　刘宗斌　刘高吉　刘舒宇　许 远

李 鹏　李文静　李立文　李兴军　李寿冰

杨 苗　杨 影　杨文杰　杨成明　杨冰清

吴 扬　吴灵辉　宋以庆　宋亚峰　张 宇

张 璞　张 燕　张玉凤　陈 青　陈春霞

苗银凤　周瑛仪　郑建萍　聂如月　党养性

徐 坚　韩阳阳　满 冬

前　言

职业教育是国民教育体系和人力资源开发的重要组成部分。习近平总书记高度重视职业教育发展，他指出："适应新一轮科技革命和产业变革，科学研判人力资源发展趋势，统筹抓好教育、培训和就业，动态调整高等教育专业和资源结构布局，大力发展职业教育，健全终身职业技能培训制度。"① 完善的职业教育评价体系是职业教育高质量发展的重要保障。为助力构建多元化的职业教育评价体系，2024 年，中华职业教育社发挥党和政府联系团结职业教育界人士的重要桥梁纽带作用，发挥"统战性、教育性、民间性"优势，继续编撰基于第三方视角的《中华职业教育发展报告（2023－2024）》。

一　背景意义

教育评价事关教育发展方向，有什么样的评价指挥棒，就有什么样的办学导向。2020 年，中共中央、国务院印发《深化新时代教育评价改革总体方案》，对教育评价改革进行了总体部署。改变不科学的教育评价导向，坚决克服"五唯"（唯分数、唯升学、唯文凭、唯论文、唯帽子）的顽瘴痼疾，提高教育治理能力和水平，加快推进教育现代化、建设教育强国、办好

---

① 新华社：《习近平在中共中央政治局第十四次集体学习时强调：促进高质量充分就业　不断增强广大劳动者的获得感幸福感安全感》，中国政府网，2024 年 5 月 28 日。

人民满意的教育，成为指导教育评价改革的主导方向。2022 年新修订实施的《中华人民共和国职业教育法》第四十三条明确规定"职业学校、职业培训机构应当建立健全教育质量评价制度，吸纳行业组织、企业等参与评价，并及时公开相关信息，接受教育督导和社会监督""职业教育质量评价应当突出就业导向"，为职业教育领域评价改革指明了方向。

根据职业教育主体性质及其相互关系，宏观上我们大致可以将其分为三方：第一方为职业教育实施者，第二方为职业教育管理者，第三方为职业教育社会监督者（非实施者和管理者）。据此，职业教育评价模式也可分为三种，即第一方评价（自我评价），第二方评价（政府评价），第三方评价（社会评价）。所谓职业教育第三方评价，是指具有职业教育第三方评价资质的组织（评价主体），根据特定目的和标准，采用科学测评工具、手段、方法，基于客观、权威、准确的数据和事实，对职业教育相关主体、行为、活动、环境等（评价客体）进行价值判断的过程与活动。

当前，职业教育第一方评价和第二方评价相对成熟、充分，但第三方评价相对薄弱。推进职业教育评价改革，加强和开展职业教育第三方评价，构建开放、多元的职业教育评价体系，既是国家"放管服"改革背景下推进教育管办评分离、建立社会组织第三方评价机制的政策要求，也是确立职业教育类型地位、促进职业教育高质量发展的迫切需要，更是完善职业教育治理结构、提高治理水平、促进治理现代化的重要方面，具有重要的现实指导意义。

二　主要特点

2024 年，中华职业教育社在成功牵头组织编撰出版《中华职业教育发展报告（2021）》《中华职业教育发展报告（2022）》的基础上，决定继续组织力量编撰《中华职业教育发展报告（2023-2024）》（以下简称《报告》）。与前两本发展报告相比，本《报告》主要有以下变化和特点：

一是从编写风格上看，根据新《职业教育法》有关规定，继续坚持大职业教育观，依法评价、民主评价、科学评价。《报告》按照全面、客观、写实的原则进行编撰。突出第三方评价特点，秉持客观立场，基于职业教育年度发展数据与事实进行适度评价，述评结合，具有鲜明的第三方特征。

二是从编写内容上看，为贴近现实、及时反映职业教育发展状况，本《报告》呈现了 2022~2023 年两年来全国职业教育发展状况。同时为更好地反映职业教育发展变化，体现年度特征，也对《报告》有关内容和结构进行了优化调整。除特别标注外，本《报告》中所有数据均来自国家统计局、教育部、人力资源和社会保障部、农业农村部、中华职业教育社、中国民办教育协会等权威机构。各章所选案例均做适当编辑处理。

三是从编写结构上看，本《报告》共十章。第一~第六章，主要从纵向层级的维度综合反映职业教育各阶段发展情况。包括职业发展报告、职业教育发展综合报告、中等职业教育发展报告、技工教育发展报告、高等职业教育发展报告、职业培训发展报告。第七~第十章，主要从横向维度选取若干个具有重大意义的热点专题进行客观述评。包括职业教育政策发展报告、民办职业教育发展报告、农村职业教育发展报告、职业教育国际化发展报告。

三　内容导读

2022~2023 年我国职业教育发生了重大历史性结构变化[①]，职业教育事业发展取得重大进展。政策层面实现新的突破，实践层面取得多项重要成果。这两年全国职业教育在技能人才培养、服务产业、促进就业、服务民生等方面发挥了重要作用，为中国式现代化建设做出了不可替代的重要贡献。

第一章为职业发展报告。本章主要聚焦我国社会职业发展情况进行综合分析呈现，反映社会职业结构现状及其动态变化发展情况。黄炎培先生认为，职业教育的目的是"使无业者有业，使有业者乐业"。从教育自身的内在规律看，社会职业是职业教育的逻辑起点，没有社会职业就没有职业教育。2022~2023 年，我国职业发展领域发生了一系列重大变化：一是《中华人民共和国职业分类大典（2022 年版）》正式发布；二是标准化建设规

[①]　彭振宇：《我国职业教育发生历史性的结构变化》，《人民政协报》2024 年 4 月 17 日。

范职业技能评价；三是灵活就业与跨界发展协同并进。

第二章为职业教育发展综合报告。本章主要聚焦全国职业教育综合发展，整体反映全国职业教育事业综合发展状况。2022~2023年，我国职业教育在现代职业教育体系建设、职业教育办学能力、职业教育保障条件等方面取得重要发展成就。但同时在制度体系的协同性、办学能力的适应性、保障条件的有效性等方面还有较大提升空间，亟需改进。

第三章为中等职业教育发展报告。本章主要反映全国中等职业教育发展情况。2022~2023年，我国中等职业教育取得长足发展，一是经费投入稳定增长，基本办学条件不断改善；二是教师队伍专业能力持续提高，"双师型"教师比例不断上升；三是人才培养制度不断完善，教育教学改革持续推进；四是人才培养培训功能不断拓展，积极服务地方发展。同时，中等职业教育也面临发展定位模糊、类型特征不明显；吸引力不强、生源持续紧张；贯通培养统筹不足、多主体间沟通机制有待完善等困境和挑战。

第四章为技工教育发展报告。本章主要聚焦全国技工教育发展情况，综合反映其发展成就、发展挑战，并提出发展建议。截至2023年，全国共有技工院校2468所，在校学生439.5万人。全年技工院校共招生162.5万人，应届毕业生121.7万人，毕业生就业率为97%，面向社会开展培训655.1万人次，培养培训高技能人才67.7万人[1]。2022~2023年，我国技工教育发展环境不断优化、发展规模不断壮大、教育教学质量不断提升、技能竞赛影响作用不断扩大，取得了亮眼的发展成绩。但同时也面临学历歧视、发展空间受限、生源素质偏低、教科研水平偏弱等一系列现实问题亟待解决。

第五章为高等职业教育发展报告。本章聚焦专科高等职业教育和本科高等职业教育，综合反映全国高等职业教育发展状况。2022~2023年，专科高等职业教育整体规模持续扩大，截至2023年底，我国独立设置专科高职院校共1547所，在校生1707.85万人，毕业生553.29万人，较上年增加

---

[1] 中华人民共和国人力资源和社会保障部：《2023年度人力资源和社会保障事业发展统计公报》，https://www.mohrss.gov.cn/xxgk2020/fdzdgknr/ghtj/tj/ndtj/202406/t20240617_520366.html。

58.52 万人，增长 11.83%，专任教师 68.46 万人①，"双师型"教师占专业课教师的比例显著提升。同时，专科高等职业教育在专业建设、数字化转型、社会服务能力等方面均取得较大发展。2022～2023 年，本科高等职业教育院校发展较为缓慢，两年仅新增 1 所本科高等职业学校（深圳职业技术大学）。截至 2023 年底，全国本科职业学校总数为 33 所。全年招生 8.99 万人（不含专科起点招生 4.67 万人），较 2022 年增长 17.82%，在校生 32.47 万人，较 2022 年增长 41.95%②。

第六章为职业培训发展报告。本章主要聚焦反映全国职业培训发展情况。开展大规模职业培训，是提升劳动者就业创业能力、缓解结构性就业矛盾、促进扩大就业的重要举措。建设技能型社会，实施"技能中国行动"，标志着一个新的大规模培训时代已经加速到来。2022～2023 年，我国职业培训工作取得了以下显著进展与成效：一是职业资格改革取得明显成效；二是职业技能等级制度初步建立；三是职业培训重大项目实施稳步推进；四是终身职业技能培训体系不断健全；五是职业培训基础能力建设不断加强。

第七章为职业教育政策发展报告。本章主要聚焦职业教育政策制订和实施情况，从制度建设和制度执行的角度进行综合分析阐述。2022～2023 年，从政策制订角度看，我国职业教育重大政策频密出台，《中华人民共和国职业教育法》于 2022 年 5 月 1 日正式施行。伴随着党的二十大胜利召开，中办、国办先后出台《关于深化现代职业教育体系建设改革的意见》《关于加强新时代高技能人才队伍建设的意见》，相关部委印发《关于加快推进现代职业教育体系建设改革重点任务的通知》《职业学校学生实习管理规定》《职业教育"双师型"教师基本标准（试行）》等一系列重大政策文件，为职业教育事业发展奠定了坚实基础。从政策执行角度看，各地在部省共建、院校发展、一省一策等方面取得新的成绩，但政策配套落实还不够，存在整体性、协同性不足等问题。

---

① 教育部：《2023 年全国教育事业发展统计公报》，http://www.moe.gov.cn/jyb_sjzl_fztjgb/202410/t20241024_1159002.html。

② 教育部：《2023 年全国教育事业发展统计公报》，http://www.moe.gov.cn/jyb_sjzl_fztjgb/202410/t20241024_1159002.html。

　　第八章为民办职业教育发展报告。本章主要反映我国民办职业教育整体发展情况。2022～2023 年，民办中职（含民办技工院校）、民办高职（专科）、民办高职（本科）平稳发展。从学校数、学生数、教师数三项指标来看，民办中职规模呈现明显缩小趋势，民办高职专科和本科则呈现加速发展态势，规模扩张明显。同时，民办职业教育也面临办学质量普遍不高、办学经费保障不足、建设转型面临困难等现实挑战。

　　第九章为农村职业教育发展报告。本章主要聚焦农村职业教育，即"面向农村、服务三农"的职业教育，包括办在农村的职业教育、农业职业教育和为农村建设培养人才的职业技能培训。整体来看，2022～2023 年，我国农村职业教育发展较好。数据显示，截至 2023 年底，全国共有 45 所农业类高校、158 所农业职业院校、859 所农业广播电视学校、60 所农业科研机构、526 所农技推广服务机构、81 所农机化学校、142 家农业企业、180 家农民合作社、1204 所民办机构等参与高素质农民培育工作[①]。但也存在农村人才培养供需不平衡等问题，尤其是涉农专业学生具有明显的"厌农""离农"倾向，不利于农村人才队伍的稳定和农村现代化建设工作的健康可持续发展。

　　第十章为职业教育国际化发展报告。本章主要集中反映全国职业教育国际化发展情况。2022～2023 年，我国职业教育国际化水平不断提升。职业教育国际化范围不断扩大、内容不断丰富、形式不断增多、模式日益多元。"鲁班工坊"等一批职业教育国际化平台品牌走出国门、蜚声世界。举办了世界职业技术教育发展大会、"'一带一路'倡议十周年国际会议"等重要的国际性会议。这些发展成就不仅展示了我国职业教育国际化水平，更为推动未来我国职业教育国际化水平持续提高奠定了良好基础。

《中华职业教育发展报告（2023-2024）》编写组

2024 年 12 月 4 日

---

　　① 农村社会事业促进司：《对十四届全国人大二次会议第 7126 号建议的答复》，中华人民共和国农业农村部官网，http://www.moa.gov.cn/govpublic/ncshsycjs/202408/t20240802_6460224.htm。

目 录

图目录

表目录

案例目录

第一章 职业发展报告

黄炎培先生认为，职业教育的目的为"使无业者有业，使有业者乐业"①。职业教育是一种教育类型，本质是教育，核心是职业。职业教育与职业发展紧密相连，相辅相成，共同促进个体与社会进步。社会职业是职业教育的逻辑起点，职业教育也是一个人职业发展的基石。在现代社会，技能和知识的更新换代速度越来越快，只有通过职业教育获取先进的专业技能和知识，个体才能够适应职业发展的要求，并在激烈的市场竞争中占有优势。职业教育不仅能够提供实用的技能训练，还能够培养学生的创新能力和解决问题的能力，这些能力在职业发展中起到了至关重要的作用。

职业是人类社会分工的产物，泛指人们在长期的劳动实践过程中，源于社会发展需求所形成的专门性特定分工的类别。《中华人民共和国职业分类大典》（以下简称《大典》）所定义的职业概念，系指从业人员为获取主要生活来源所从事的社会工作类别。从社会意义上来说，职业是劳动者相对稳定从事的并赖以生活的工作，是劳动者获得的社会角色，是劳动者的社会标志。人类历史上经历了三次社会大分工，先后产生了畜牧业、手工业和商业。畜牧业和手工业的产生属于生产劳动范围内的分工，商业的出现则是生产劳动和非生产劳动相分离，标志着服务业的兴起。在农业、工业、商业等产业相互影响和作用下，以三次社会大分工为基础，社会分工不断地分化细

---

① 中华职业教育社编《黄炎培教育文选》，上海教育出版社，1985。

化，伴随着新兴职业的产生与发展，逐步形成了错综复杂的专门性社会分工体系。

第一节　职业发展成就

社会职业发展与体系变迁起因于生产力发展和经济结构转型，是社会分工变化的必然结果。我国自改革开放以来，一系列重大的社会变革从根本上改变着社会生产和服务的分工结构，影响了职业发展与体系变迁以至职业活动的内容和方式。2022～2023年，我国社会职业发展发生了一系列重大变化，职业发展领域取得了一系列积极进展。

一　新经济发展加速职业结构演变

新经济的蓬勃发展正加速职业结构的深刻演变。随着科技的不断进步和产业的转型升级，新兴职业如雨后春笋般涌现。同时，传统职业也在经历重塑，要求从业者不断提升技能以适应市场需求。新经济带来的职业结构演变，不仅激发了就业市场的活力，也推动了社会经济的持续健康发展。

（一）2022版《大典》正式颁布

职业分类是依据经济社会发展不同时期特定的分类原则，对社会职业进行的系统划分与归类。职业分类概念界定是人类社会分工活动中分离出来的一种规定性属性。通常，人们将依据特定的原则、标准和方法对不同的社会职业进行类别划分的活动称为职业分类。职业分类旨在根据职业活动的共同点和相似特征，区分职业活动的对象、内容、方式等，同类相聚、异类相分，将相似的职业归为一个小类，将相似的小类归成一个中类，将相似的中类归为一个大类，以构建种属关系清晰的社会职业结构。

1999年5月，我国颁布了首部《中华人民共和国职业分类大典》，在我国职业分类发展历史中具有里程碑意义，对构建现代职业分类体系、促进国家职业资格证书制度建设、推动现代职业教育发展具有重大理论和实践指导意义。为构建符合我国国情的新时代职业分类体系，2021年4月，人力资源和社会保障部、国家市场监督管理总局、国家统计局联合启动《中华人民共和国职业分类大典（2015 年版）》（以下简称 2015 版《大典》）修订工作。同年 7 月 29 日，2015 版《大典》正式出版颁行。

2022 年，我国再次启动《大典》修订工作。12 月，新修订的《中华人民共和国职业分类大典（2022 年版）》（以下简称 2022 版《大典》）正式颁布。这标志着国家社会职业管理步入了新时代。此次《大典》修订充分体现了我国社会主义制度下的人力资源管理特征，基于新经济、新科技、新产业、新发展，广泛借鉴国际先进经验和发达国家做法，秉承从业人员工作性质以及技能等级相似性的职业分类原则，对每一个职业按照编码、定义、主要工作任务以及所列工种等条目作出结构性描述，充分体现了职业活动本身固有的社会性、目的性、技术性、稳定性、群体性和规范性特征，与时俱进地反映了我国现实社会的职业构成。

此次修订工作，遵循客观性、科学性、创新性原则，净增了 158 个新兴职业。同时，对两个大类职业的名称和定义做了调整；对 30 个中类、100 多个小类的名称、定义做了一些调整；对 700 多个职业的信息描述做了调整，调整幅度达 50%。据统计，2022 版《大典》包括 8 个大类、79 个中类、450 个小类、1639 个细类（职业）（见表 1-1）。

表 1-1 2022 版《大典》职业分类体系

单位：个

大类	中类	小类	细类（职业）	工种
第一大类 党的机关、国家机关、群众团体和社会组织、企事业单位负责人	6	16	25	—
第二大类 专业技术人员	11	125	492	—
第三大类 办事人员和有关人员	4	12	36	24
第四大类 社会生产服务和生活服务人员	15	96	356	460
第五大类 农、林、牧、渔业生产及辅助人员	6	24	54	150
第六大类 生产制造及有关人员	32	172	671	2333
第七大类 军队人员	4	4	4	—
第八大类 不便分类的其他从业人员	1	1	1	—
合计	79	450	1639	2967

资料来源：《中华人民共和国职业分类大典（2022 年版）》。

2022 版《大典》首次标注了数字职业（标注为 S）。数字职业是从数字产业化和产业数字化两个视角，围绕数字语言表达、数字信息传输、数字内容生产三个维度及相关指标综合论证得出。标注数字职业是我国职业分类的重大创新，对推动数字经济、数字技术发展以及提升全民数字素养具有重要意义。2022 版《大典》中共标注"数字职业"97 个，其在数字经济及其核心产业中的分布情况是：数字产品制造业中有 9 个，数字产品服务业中有 7 个，数字技术应用业中有 45 个，数字要素驱动业中有 17 个，数字化效率提升业中有 19 个。在数字经济产业领域，当前数字产品制造业和数字产品服务业的数字职业占比分别为 9.3% 和 7.2%，占比偏低。2023 年，我国第一、第二、第三产业数字经济渗透率分别为 10.78%、25.03% 和 45.63%[①]，数字经济的快速发展推动数字人才需求的急剧增长。根据国家数据局发布的《数字中国发展报告（2023 年）》，2023 年全国有 6000 多所职业学校开设数字经济相关专业，专业布点超过 2.5 万个。同时，教育部加快推动数字经济领域学科建设和专业设置，为数字人才培养提供了优质的教学资源保障[②]。

随着全球对环境问题的关注，与绿色能源、环境保护和可持续发展相关的职业将大幅增加，沿用 2015 版《大典》做法，2022 版《大典》标注绿色职业 134 个（标注为 L），涉及节能环保领域 17 个、清洁生产领域 6 个、清洁能源领域 12 个、生态环境领域 29 个、基础设施绿色升级领域 25 个、绿色服务领域 45 个，基本覆盖了绿色生产生活与生态环境可持续发展各个方面。既是绿色职业又是数字职业的有 23 个（标注为 L/S）。

（二）18个新兴职业应运而生

随着人工智能、大数据、物联网、区块链等新技术的快速发展，许多传

---

① 中国信息通信研究院：《〈中国数字经济发展研究报告（2024 年）〉发布！》，"龙华工信"微信公众号，2024 年 9 月 2 日，https：//mp. weixin. qq. com/s？＿＿biz＝Mzg4Mzc2MDMwOQ＝＝&mid＝2247540482&idx＝2&sn＝1f73f8d47cd657f5c41e 7d8c47d83f37&chksm＝cf4092d8f8371bcec 645331a5b5186e22a7e98ea21e7aabf7b166189913490f2df76f7459b7c&scene＝27，最后检索时间：2024 年 11 月 9 日。

② 国家数据局：《数字中国发展报告（2023 年）》，数字中国建设峰会官方网站，2024 年 6 月，https：//www.szzg. gov. cn/2024/szzg/xyzx/202406/P020240630600725771219. pdf，最后检索时间：2024 年 8 月 15 日。

统职业将面临被替代的风险，一些新兴职业应运而生。值得一提的是，在2015版《大典》修订工作启动后，关于新兴职业的发布仍在持续。2022年1月~2023年12月，国家共发布18个新兴职业。这18个职业后来被2022版《大典》吸收纳入（见表1-2）。职业分类作为制定职业标准的依据，是开展职业教育培训和人才评价的重要基础性工作。2022版《大典》，特别是新增职业的发布，对于提高从业人员的社会认同度、促进就业创业、引领职业教育培训改革、推动经济高质量发展等具有重要意义。

表1-2 我国新兴职业发布情况统计（2022~2023年）

序号	职业编码	新兴职业名称	所属类别
1	2-02-38-10	机器人工程技术人员	第二大类 专业技术人员
2	2-02-38-11	增材制造工程技术人员	
3	2-02-38-12	数据安全工程技术人员	
4	3-01-04-04	退役军人事务员	第三大类 办事人员和有关人员
5	4-04-04-05	数字化解决方案设计师	第四大类 社会生产服务和生活服务人员
6	4-04-05-04	数据库运行管理员	
7	4-04-05-10	信息系统适配验证师	
8	4-04-05-11	数字孪生应用技术员	
9	4-07-02-06	商务数据分析师	
10	4-09-07-05	碳汇计量评估师	
11	4-09-07-06	建筑节能减排咨询师	
12	4-11-01-03	综合能源服务员	
13	4-13-04-03	家庭教育指导师	
14	4-13-04-04	研学旅行指导师	
15	4-14-06-03	民宿管家	
16	5-05-01-03	农业数字化技术员	第五大类 农、林、牧、渔业生产及辅助人员
17	6-10-03-06	煤提质工	第六大类 生产制造及有关人员
18	6-29-02-17	城市轨道交通检修工	

资料来源：中华人民共和国人力资源和社会保障部官网。

2015版《大典》颁布以来，国家先后发布的新兴职业均呈现鲜明的时代特征。2022~2023年发布的新兴职业主要集中在数字和高新技术、现代服务业以及能源与环保三个领域，具有以下特征。

一是在数字经济发展中催生出来的数字职业。数字经济是以数字技术为基础的新的经济形态，具有发展速度快、辐射范围广、影响程度深等特点。数字经济正在推动生产方式、生活方式和治理方式发生深刻变革。《中华人民共和国国民经济和社会发展第十四个五年规划和 2035 年远景目标纲要》明确指出，要加快数字化发展，建设数字中国，对数字经济、数字社会、数字政府建设作出了系统部署。此次《大典》修订，对产业数字化和数字产业化背景下的职业分类进行了专题研究，对数字特征明显的职业予以标注。例如，公示的"机器人工程技术人员""增材制造工程技术人员""数据安全工程技术人员""数字化解决方案设计师""数据库运行管理员""信息系统适配验证师""数字孪生应用技术员""商务数据分析师""农业数字化技术员"等职业，均是参照《数字经济及其核心产业统计分类（2021）》，以数字产业化和产业数字化两个基本视角，围绕数字语言表达、数字信息传输、数字内容生产三个维度，以及工具、环境、目标、内容、过程、产出等六项指标进行界定的。对数字职业进行标注，是我国职业分类工作的重要创新，对推动数字经济、数字技术的发展以及提升全民数字素养具有重要意义。

二是在碳达峰碳中和的发展目标要求下涌现出来的绿色职业。碳达峰、碳中和是实现经济社会更高质量可持续发展的必要路径，正在悄然改变能源与经济结构，推动产业转型升级，"碳汇计量评估师""综合能源服务员"等新兴职业应运而生。占据主体能源地位的煤炭资源，其清洁化、大型化、规模化、集约化利用和由单一燃料属性向燃料、原料方向转变的产业发展新趋势，使"煤提质工"这一新兴职业从传统产业中诞生。转变农业发展方式、优化农业产业结构，通过数字技术的引入，不断提升农业数字经济渗透率、实现农业农村高质量发展，催生出"农业数字化技术员"这一绿色农业领域的新兴职业。

三是在新阶段、新理念、新格局和人民美好生活需要中孕育出来的新兴职业。技术升级、社会形态等方面转变引发的多元需求开辟出新兴职业赛道，也为广大劳动者就业创业提供了更为广阔的空间，例如，随着基层一线从事退役军人政策咨询、信访接待、权益保障、安置服务、就业创业扶持等事务人员的增多，传递党和政府关心关爱、打通政策落实"最后一公里"的重要力量——"退役军人事务员"这一新兴职业得以提出。随着《中华人民共和国家庭教育促进法》的出台实施和"双减"等政策的推行，确立从事家庭教育和研学旅行指导人员的职业属性、界定职业工作任务等显得很有必要，基于此，专家和有关部门提出"家庭教育指导师""研学旅行指导师"2 个新兴职业。

二　标准化建设规范职业技能评价

我国国家职业技能标准体系，起源于工人技术等级标准，并随着我国职业资格证书制度的演变而不断迭代演化，逐步发展为当前的国家职业标准体系。国家职业标准是在职业分类的基础上，根据职业活动内容、特性、技术工艺、设备材料以及生产方式等要求，对从业人员的理论知识和技能要求提出的综合性水平规定。它是从业者从业行为的规范性要求，是开展职业教育培训和人才技能评价，以及用人单位录用、使用人员的基本依据，并促进了新兴职业的发展，根据《全国职业培训与技能鉴定用书目录》，2022～2023年国家共颁布 103 个国家职业标准。

为健全完善由国家职业标准、行业企业评价规范、专项职业能力考核规范等构成的多层次、相互衔接的职业标准体系，根据《中华人民共和国劳动法》有关规定和《中共中央办公厅 国务院办公厅印发〈关于加强新时代高技能人才队伍建设的意见〉》有关要求，2023 年人力资源和社会保障部对《国家职业技能标准编制技术规程（2018 年版）》进行了全面修订，颁布《国家职业标准编制技术规程（2023 年版）》（以下简称《规程》），主要有以下几点变化。

一是统一名称表述。将技能类职业的"国家职业技能标准"和专业技术类职业的"国家职业技术技能标准"统称为"国家职业标准"，新增专业技术类职业标准编制有关内容。二是优化编制程序。将职业标准的开发程序优化为组织开发和公开征集两种方式，通过向社会征集相对成熟的标准稿的方式，缩短职业标准开发流程和时间，加快职业标准开发与颁布速度。三是完善申报条件。涵盖各类有评价需求的人员，对企业职工、各类院校学生、技能类与专业技术类职业发展贯通人员、其他社会从业人员的申报条件予以明确，综合考虑促进就业需要和各类院校学生、专业技术人员技能评价需求，对申请条件进行优化调整。

三　灵活就业与跨界发展协同并进

职业结构演变过程中，职业界限日益模糊，职场打破传统就业模式的束缚，"雇主+雇员"工作模式逐渐向"平台+个人"的新型工作模式转变，跨界融合成为常态，为劳动者提供了更多元的发展路径，越来越多的人选择自由职业、兼职工作等灵活的就业形式，许多职业要求从业者具备跨学科的知识和技能。为适应不断变化的市场需求，《大典》的应用场景也在不断丰富。

（一）启动《大典》分册编制工作

《大典》分册的编制工作旨在深入贯彻落实党的二十大精神，不断丰富和完善面向中国式现代化发展的国家职业分类体系。为充分发挥 2022 版《大典》在经济社会发展中的作用，特别是在促进人才强国、行业发展、就业创业等方面的积极作用，2023 年人力资源和社会保障部开展 2022 版《大典》分册编制工作。秉持整体观念，分册编制工作从客观实际出发，总结归纳本领域行业发展和人才供给的现状，分析和预测未来职业发展和人才供给趋势，直接建立权威的跨大类职业链和职业族，设置包括乡村振兴、智能制造、金融等在内的 11 个专题分册，助力相关行业领域高质量发展。此次 2022 版《大典》分册的编制，既是加强人才建设的客观需要，更是发挥 2022 版《大典》服务经济社会发展功能的创新之举。

（二）发布职业与专业对应指引

为充分发挥职业分类在职业指导、职业教育培训、人力资源配置、就业创业等方面的作用，《大典》修订专家委员会综合运用大数据技术和人工校核等方法，编制了《职业信息与教育培训项目（专业）信息对应指引（2023年版）》（以下简称《指引》），《指引》编制工作涉及面广，是一项跨界的协同攻关工程。《指引》的编制，在我国尚属首次，是一次自觉主动服务教育培训事业改革的探索和尝试。

《指引》对应关系是以职业技术技能与专业技术的一致性程度、职业技术技能与专业知识能力的相似性程度为基础，通过分析职业与专业相关信息，作出的关联性判断，即职业定义、职业技术领域、职业主要工作内容、职业能力及应用等信息与专业人才培养目标、专业技术范畴、专业知识与专业能力及应用、课程内容等的关联程度。

《指引》是以2022版《大典》的职业信息为依据，与技工院校、中等职业教育学校、高等职业教育专科院校、高等职业教育本科院校及高等普通教育本科院校的专业人才培养目标、专业技术范畴、专业知识与专业能力及应用、课程内容等（专业）信息进行一一对应，形成对应关系列表。如表1-3所示，"职业编码"和"职业名称"使用2022版《大典》中的描述信息，"专业代码"指专业目录中的代码，"专业名称"指列举的与职业有强或较强对应关系的专业名称，"院校类型"指开设该专业的院校类型。

表1-3　《职业信息与教育培训项目（专业）信息对应指引》列举

序号	职业编码	职业名称	专业代码	专业名称	院校类型
2113	2-05-03-07	中西医结合皮肤与性病科医师	100601K	中西医临床医学	普通本科
2114	2-05-05-01	疾病控制医师	100401K	预防医学	普通本科
2115	2-05-05-01	疾病控制医师	320701	公共卫生管理	职教本科
2116	2-05-05-01	疾病控制医师	520703K	预防医学	职教专科
2117	2-05-05-02	健康教育医师	290103	食品营养与健康	职教本科
2118	2-05-05-02	健康教育医师	320701	公共卫生管理	职教本科
2119	2-05-05-02	健康教育医师	320801	健康管理	职教本科
2120	2-05-05-02	健康教育医师	520703K	预防医学	职教专科
2121	2-05-05-02	健康教育医师	520801	健康管理	职教专科

续表

序号	职业编码	职业名称	专业代码	专业名称	院校类型
2122	2-05-05-02	健康教育医师	570116K	心理健康教育	职教专科
2123	2-05-05-02	健康教育医师	0522-3	健康服务与管理	技工院校3级
2124	2-05-05-03	公共卫生医师	100401K	预防医学	普通本科
2125	2-05-05-03	公共卫生医师	100402	食品卫生与营养学	普通本科
2126	2-05-05-03	公共卫生医师	320701	公共卫生管理	职教本科
2127	2-05-05-03	公共卫生医师	320702	职业卫生工程技术	职教本科
2128	2-05-05-03	公共卫生医师	320703	职业病危害检测评价技术	职教本科
2129	2-05-05-03	公共卫生医师	420908	职业健康安全技术	职教专科
2130	2-05-05-03	公共卫生医师	520701	公共卫生管理	职教专科
2131	2-05-05-03	公共卫生医师	520703K	预防医学	职教专科
2132	2-05-06-01	药师	100701	药学	普通本科
2133	2-05-06-01	药师	210302	动物药学	职教本科
2134	2-05-06-01	药师	290204	药事服务与管理	职教本科
2135	2-05-06-01	药师	320301	药学	职教本科
2136	2-05-06-01	药师	490203	药物制剂技术	职教专科
2137	2-05-06-01	药师	490206	药品质量与安全	职教专科

资料来源：《职业信息与教育培训项目（专业）信息对应指引（2023年版）》。

第二节 职业发展挑战

在日新月异的职业版图上，职业发展之路充满了未知与挑战，它是技术迭代、市场变迁、行业重塑等多重因素交织的复杂图景。职业发展所面临的挑战是客观存在的，它们既来自外部环境的不确定性，也来自个人能力与素质的提升需求。

一　职业标准动态跟踪机制欠缺

随着技术的快速发展和市场需求的变化，现有的职业标准可能无法及时反映新的职业要求和技能标准，缺乏有效的市场需求反馈与跟踪机制，导致标准与实际工作需求脱节。主要表现在以下几个方面。

一是新兴职业不断涌现，传统职业的内涵和外延也在不断发生变化。如果职业标准动态跟踪机制不健全，就难以及时捕捉到这些变化，导致职业标准无法跟上行业发展的步伐。例如，在人工智能、大数据、云计算等新兴领域，新的职业岗位和技能要求层出不穷，而旧的职业标准可能无法涵盖这些新内容。

二是标准修订周期长，职业标准的修订需要经历调研、论证、制定等多个环节，耗时较长。如果缺乏动态跟踪机制，就难以在第一时间启动修订程序，导致标准修订周期过长，无法满足行业发展的迫切需求。

三是动态跟踪职业标准的变化需要广泛的信息来源和渠道。然而，在实际操作中，很多机构和组织可能缺乏有效的信息获取渠道，导致无法及时获取到行业内的最新动态和趋势。此外，不同机构和组织之间在职业标准动态跟踪方面可能存在信息壁垒和孤岛现象，导致信息共享机制缺失，影响工作效率和效果。同时，职业标准可能无法及时反映市场需求的变化和企业的实际需求。这会导致标准与市场需求脱节，无法有效指导人才培养和职业发展。

二　中国特色职业标准体系建设有待完善

中国特色职业标准体系建设是一套针对中国国情和职业特点制定的，旨在规范和提高职业技能水平的标准体系。该体系的重要性在于能够促进职业教育和培训的科学化、规范化，提高劳动者素质和技能水平，促进就业市场建设，引导行业健康有序发展。然而，当前中国特色职业标准体系建设仍有待完善，主要体现在以下几个方面。

一是当前的职业标准在制定过程中，标准与实际需求之间存在一定的滞后性。此外，部分职业标准的制定缺乏前瞻性和预见性，未能充分考虑未来行业发展的趋势和潜在需求，从而限制了标准对职业发展的引导作用。

二是职业标准层次不全。部分职业教育层次的标准制定尚不完善，尤其是高等职业教育中的本科层次标准相对缺失，影响了职业教育体系的完整性和连贯性。

三是标准体系的不协调与不统一。各地区、各行业之间的经济发展水平、产业结构和技术水平存在差异，导致职业标准体系在地区和行业之间存在不协调和不统一的问题，加之不同层级、不同领域的职业标准之间缺乏有效的衔接和协调，这增加了标准实施的难度和复杂性。

四是标准执行与监督机制欠缺。部分职业标准在执行过程中力度不够，导致标准无法得到有效落实，这与执行机制不健全、执行主体不明确或执行资源不足等因素有关，将导致标准执行过程中出现偏差或违规行为，影响标准的权威性和有效性。

五是职业标准与国际标准接轨不足。当前的职业标准体系在国际化方面仍有待加强。部分标准与国际标准存在差距，影响了我国职业教育和职业培训的国际竞争力。在职业标准的制定和修订过程中，缺乏与国际组织和其他国家的交流与合作，限制了我国职业标准体系的国际化进程。

三 职业分类和标准的数字化与绿色化水平有待提升

职业分类和标准的数字化水平是衡量职业教育现代化程度的重要指标。当前，中国在职业分类和标准的数字化方面已经取得了一定进展，例如2022版《大典》中首次增加了"数字职业"标识，共标识了 97 个数字职业，这是职业分类工作的重要创新。此外，人力资源和社会保障部等 9 部门联合发布《加快数字人才培育支撑数字经济发展行动方案（2024—2026年）》，提出推进职业教育专业升级和数字化改造的目标，以适应数字经济发展需求①。然而，数字化技术在职业分类和标准中的应用还不广泛，数字化资源的匮乏和教师数字化能力的不足，限制了其数字化的发展进程。同时，缺乏职业标准的数字化管理系统建设，影响了职业信息的实时更新，以

---

① 《人力资源和社会保障部 中共中央组织部 中央网信办 国家发展改革委 教育部 科技部 工业和信息化部 财政部 国家数据局关于印发〈加快数字人才培育支撑数字经济发展行动方案（2024—2026 年）〉的通知》，中国网信办网站，2024 年 4 月 18 日，https://www.cac.gov.cn/2024-04/18/c_ 1715116192334988. htm，最后检索时间：2024 年 8 月 15 日。

及利用大数据和人工智能技术优化职业分析和预测。此外，还需要推广职业标准的数字化应用，如在线职业技能培训和评估、职业教育资源数字化共享等。

职业分类和标准的绿色化水平提升，对于增强职业教育与市场的适应性、提高标准制定的科学性与效率、推动教育模式创新以及促进可持续发展、推动绿色职业发展等具有重要意义，是适应时代需求、培养未来人才的关键举措。在职业标准绿色化方面，其制定和实施仍面临诸多挑战，尽管可持续发展已成为全球共识，绿色化标准在职业标准体系中的重要性日益凸显，但当前绿色化标准的制定和推广仍处于起步阶段，相当一部分绿色职业尚无国家职业标准，其引导职业教育、职业培训绿色化转型的作用未充分显现，很多领域还缺乏具体的绿色化标准和指导原则。

四　职业标准应用场景有待拓展

职业标准应用场景拓展能够确保职业教育与市场需求同步，提升人才培养的针对性和实效性，促进教育与产业的深度融合，增强国际竞争力，并为个人职业发展提供更多机会，从而实现人才与经济的协调发展。然而，在现实情况下，职业标准应用场景有待进一步开发，主要表现在以下几个方面。

一是应用领域覆盖不全面。尽管我国已经建立了一套相对完善的职业标准体系，但在某些新兴领域或特定行业中的应用仍显不足。随着科技的飞速发展和产业结构的不断调整，新兴职业和岗位不断涌现，但对应的职业标准制定和应用却相对滞后。

二是标准应用深度不够。在已有的职业标准应用过程中，部分企业和机构对标准的理解和执行存在偏差，导致标准应用浮于表面，未能充分发挥其指导作用。例如，在职业教育和培训中，部分学校和专业未能严格按照职业标准设置课程和教学内容，导致毕业生技能水平与市场需求存在差距。

三是标准应用与产教的融合度不够。产教融合是职业教育的重要特征之一，但当前部分职业标准在产教融合中的应用尚不充分。企业和学校之间在标准应用方面缺乏有效的衔接和合作，导致标准无法充分发挥其在产教融合方面的指导作用。

第三节　职业发展展望

立足新时代，面向新发展。随着产业结构转型升级，人工智能、大数据、可再生能源等新兴行业蓬勃发展，为职业市场注入新的活力。跨界融合是大势所趋，传统行业也将借助新技术实现转型升级，职业世界将迎来前所未有的变革与机遇，为从业者提供了广阔的职业发展空间。

一　加强职业观察，开发新兴职业

（一）建立职业发展观察制度

现阶段，各地各部门有关职业与就业信息的统计口径与结果不一致，对于社会劳动力的就业、职业转换等服务工作缺乏科学指导。一个基于社会经济活动客观现实，反映社会职业发展状况的观察制度，将成为开展职业分类、职业标准制定、职业技能鉴定以及就业服务和人力资源开发等工作的科学依据。建议以各地人力资源和社会保障部门、有代表性的企业等为观察主体，以社会职业，包括与职业相关的若干信息内容为观察对象，通过史料分析研究各种已有职业的形成、分化、衍生等过程，总结职业发展规律，同时开展职业活动工作现场的写实观察，客观描述职业的现实发展状况，关注新兴职业的萌芽，反映职业的变化及发展趋势，采集职业发展动态信息。

（二）完善新兴职业发布制度

密切跟踪职业活动领域的新发展新变化，动态了解和掌握新兴职业的活动范围、工作内容、发展现状、从业人员数量和结构、薪酬状况和能力要求等信息，标识符合时代发展趋势的职业群，结合《大典》修订工作，细化职业信息描述结构，科学地增加描述项及其因子，动态反映经济社会现实职业发展状况，科学预测职业发展前景，确保新兴职业的确立经过严格的调研、论证和公示程序，提高新兴职业评审工作的科学性和公正性。此外，根据新兴职业的需求，为其制定明确的职业技能标准，合理调整职业教育专业设置和教学内容，推动职业教育和职业培训改革，培养适应经济社会发展需要的人才。

二　完善标准体系，服务人力资源开发

国家职业分类是人力资源开发与管理的"标尺"。从宏观层面来看，基于职业分类，国家有关部门可研究分析就业人口结构变化与劳动力供需情况，科学制定人力资源开发与管理政策。从中观层面来看，《大典》是企业人力资源管理工作开展的起点，影响着企业人力资源规划、招聘与配置、培训与开发、绩效管理、薪酬福利管理和劳动关系管理等一系列活动。从微观层面来看，为适应新经济、新业态、新模式的发展需求，《大典》不断历经修订与完善，新兴职业不断被收录，成为就业新的增长点。为充分发挥国家职业分类对人才开发的积极作用，应从以下几个方面发力。

（一）强化国家职业标准职业属性

国家职业标准建设应紧跟时代发展步伐，及时捕捉产业转型升级的需求，确保职业标准能够反映最新的技术、知识和技能要求。同时，职业标准不仅要满足当前职业的需求，还应具有一定的前瞻性，能够预测和适应未来职业领域的变化和发展趋势。一方面，加快"第二大类 专业技术人员"国家职业标准建设，促进国家职业资格证书制度的发展与完善；聚焦新八级工制度，建立健全由职业标准、专项职业能力考核规范等构成的多层次、相互衔接的国家职业标准体系。另一方面，探索建立突出职业类别属性的国家职业标准，搭建相应的职业标准描述结构并健全评价体系。

（二）发挥国家职业标准引导作用

职业分类适应和反映人口、就业等方面变化，服务国民经济信息统计与人口普查。国家职业分类大典以权威文本的形式统一并规范社会各类职业，成为国家有关部门预测并规划劳动力需求、了解不同行业与部门经济发展全貌的重要依据。瞄准国家职业分类大典最新动态，发挥其引导作用，不断提高国民经济信息统计工作的科学化、规范化水平。在全国人口普查过程中，

在业人员以职业信息项体现人口的特性表征。全国人口普查采用国家统计分类标准，其中关于职业的分类标准是《职业分类与代码》，即根据职业分类标准记录被登记人在普查时间点的一周内所从事的职业类型，如会计、医生、教师等，根据工作性质确定职业类型。为更好地开展全国人口普查，在普查前需根据实际情况适当修订《职业分类与代码》，以便更加准确、全面地记录在业人员职业信息及变化情况。

（三）开展职业与专业对应指引研究

充分发挥 2022 版《大典》在引领教育培训改革、促进就业创业等方面的作用。综合运用大数据技术和人工校核等方法，对职业和专业的对应关系做深入研究，帮助人们认识职业与专业的内在联系，引导各类教育培训机构主动适应产业发展和劳动力市场需求变化，树立以就业为导向的办学理念，以《大典》为依据，科学合理设置和调整教育培训项目（专业），提高人才培养的针对性和有效性。一要看得更深。不断改进职业与专业对应关系分析的定性研究和定量研究方法，建立职业与专业之间基于典型工作任务和能力框架的本质联系和协同联动机制，提高职业科学研究水平，提高《指引》的科学性，在人力资源开发、促进就业创业、建设技能型社会中发挥应有作用。二要对得更准。在计算机比对上，优化算法，实现职业信息和专业信息的结构化比对，推动职业信息和专业信息有关工作成果的共享；在人工校核上，抓住重点，做好新兴职业、从业人数较多的职业和院校招生数较多的专业之间的指引信息比对，按各层次专业大类汇总研究成果。三要用得更好。推动《指引》成果的应用，引导有关部门科学开展职业指导，指导青年就业人员合理规划自身职业生涯。规范 2022 版《大典》在职业教育专业教学活动中的使用，指导各类院校（主要是职业院校）科学设置和调整专业，优化课程内容，提高新生劳动力职业能力与产业需求的适配程度。

（四）开发国家职业标准技能模块

构建具有中国特色的多层次职业标准体系，独立于国家职业分类大典之外，具有最小技能单元的可就业形态，"最小"是指它的适用范围小于"职业"，作为一项就业技能，它不可再拆分，不划分等级。从适用范围来看，专项职业能力应包含在国家职业标准与行业企业评价规范中，因此，为了更好地将国家职业标准、行业企业评价规范以及专项职业能力考核规范三者进行衔接，并且符合市场的实际需求。可以将国家职业标准、行业企业评价规范以及专项职业能力考核中的共同部分提取出来，即最小技能单元，开发技能模块。技能模块开发后，可以很好地解决职业标准体系中存在的组织分割、内容分割以及功能分割问题。

三 做好职业标识，强化数字服务

（一）推动职业标注数字化绿色化转型

职业标注是对职业领域内的知识、技能、职责等进行系统化、标准化的描述和界定，旨在提高职业的可识别性、可比较性和可评价性。通过职业标注，可以明确不同职业岗位的任职要求、工作内容和评价标准，为人才培养、招聘选拔、职业发展等提供有力支撑。推动职业标注转型，则是要适应时代发展需求，不断优化和完善职业标注体系，提高其科学性和实用性。一方面，深入研究行业需求，密切关注行业动态和技术发展趋势，了解不同行业对人才的新需求和新要求。通过调研、访谈等方式收集数据和信息，为职业标注提供科学依据。另一方面，基于行业需求和工作分析，制定详细、具体、可操作的职业标注体系。标注体系应涵盖职业名称、职业定义、职业分类、职业技能要求、职业知识要求、职业素质要求等方面。

随着科技的不断进步和产业结构的持续优化，职业标注也需要不断适应时代发展需求进行转型和创新。例如，加强对新兴职业的研究和标注工作，及时更新和完善现有职业标注体系。近年来，大数据、人工智能、区块链、云计算、5G等新一代信息技术的加速创新，推动了以数字经济为发展趋势的变革浪潮，数字经济成为继农业经济、工业经济后的现代社会主要经济形态。数字职业在规模庞大的数字经济体量下得以快速发展，从业人员横跨国民经济各领域，已成为驱动我国数字经济产业发展的中坚力量。标注数字职业及职业标准体系建设，将为院校培养数字化人才在专业设置与课程资源开发、人才综合素质培养、职业规划与就业指导、职业技能培训与职业技能等级认定等方面明确方向和规则，成为各院校和教育培训机构培养数字化人才的基本遵循。

职业教育与培训要满足企业绿色发展的需求，促进实现可持续及包容性发展的目标。为使人才培养内容与绿色需求变化一致，欧盟成员国纷纷优化国家职业资格框架，"染绿"国家职业资格标准，明确绿色职业活动所需要的知识、技能。我国的职业标准体系由国家职业标准、行业企业评价规范、专项职业能力考核规范等构成，随着绿色职业的不断涌现，我们需要紧跟绿色发展政策和实践，对现行职业标准进行更新和完善，推进职业标准绿色化转型，及时修订和完善《大典》，明确绿色职业的定义和范围，通过借鉴国际先进经验，结合我国国情，鼓励行业协会、产业联盟等市场主体参与绿色职业标准的制定，确保标准的实用性和可操作性，构建具有中国特色的绿色职业标准体系。

（二）构建国家职业信息系统

基于我国经济社会和科技发展以及产业结构的调整变化，学习借鉴国外先进经验，依托相关数字技术，以《大典》为基础，深度开发职业分类信息描述体系，探索建立中国职业信息系统，依托现有的事业单位成立"国家职业信息系统研发中心"，不断提高人力资源与就业创业信息关联度和人力资源供需匹配度，为劳动者提供即时、公益的就业创业服务。一是构建多等级信息描述指标体系。设置工作任务、技术技能、知识领域、工作活动等标准信息描述项，一级指标下设二级指标，以此类推，从而保证职业信息收集的全面性和有效性。二是建立以工作活动描述为主体的职业分析目录。为适应职业分类数字化发展，采用定量集群分析与定性分类技术相结合的方法，通过职业分析目录达到描述对比与分组目的。三是建立职业信息采集制度。为适应社会发展需求，根据不同区域行业发展情况以及社会就业情况，确定职业信息采集周期。通过监控和评估职业发展动态，不断更新和完善国家职业信息系统相关数据，为广大劳动者就业创业提供数字化信息服务。

四　加强标准协同，推动共建共享

（一）构建"双标准"联动开发机制

专业教学标准与职业技能标准（以下简称"双标准"）的联动开发是教育领域与职业领域的核心内容。为有效推动"双标准"联动开发，可通过多因素的相互作用，使两者逐渐从无序走向有序。在此过程中，需明确"联动机制开发为了谁、联动机制开发内容是什么、联动机制如何开发"的关键性问题。"双标准"联动开发机制坚持以人为中心，聚焦人才培养质量提升，核心对象确定为拟就业和已就业人员。同时，"双标准"在内容上存在双向反映关系，严格意义上讲，两者最终指向均为职业领域。但相较而言，职业技能标准与职业世界关联更为密切。为实现两者对接，专业教学标准应基于职业技能标准进行教育性转化，其核心在于将职业技能标准中的工作要求与内容转化为专业教学标准中的培养要求与内容。此外，"双标准"联动开发应在国家有关部门带领下，联合教育教学专家和行业企业专家，以"双标准"开发过程为主线，经历由立项到编制标准全过程，以职业技能标准作为逻辑起点，推动专业教学标准发展，通过专业教学标准倒逼职业技能标准升级，最终形成"双标准"联动开发的良性闭环。

（二）参与国际职业技能标准制定

标准对外共建共享是我国深度参与全球教育治理的必由之路。可以采取以下工作思路：一是成立国家职业标准领导工作小组。立足区域教育特色，做好标准建设，强化顶层设计与系统规划。二是建立由标准制定专家、行业专家、院校教师等人群组成的国家职业标准建设工作小组。开展国际职业标准体系对比研究，学习借鉴国际优秀经验，保证标准的先进性与可推广度。三是增进与共建"一带一路"国家和地区的沟通对接。与合作国家联合开发职业技能等级标准，针对其重点行业职业技能岗位，优选同我国类似或相关的职业技能岗位标准，经本土化修订后，按照合作国家相关流程注册认证。制定配套的人才培养方案；在共建"一带一路"国家与地区，逐步建立基于我国职业技能标准的人才培养基地，将中国标准贯穿人才培养始终，筑牢标准"走进、走深、走实"的根基；开发"技能护照"，描绘"技能地图"。依托公认的职业技能标准，组织开发多行业技能执照认证体系，推动共建"一带一路"国家和地区的职业技能标准协调统一。四是建立国家职业标准评价体系。聚焦标准建设与质量评价，研究制定国家职业标准质量认证与评价方案，保障标准整体成效。

第二章　职业教育发展综合报告

2022~2023 年是我国职业教育从"类型化"转向"现代化"发展的重要历史拐点。近年来，我国职业教育改革与发展取得了跨越式进步，制度建设持续完善，办学能力显著提升，保障与支撑条件明显改善。但与此同时，依旧存在制度体系的协同难题，面临办学适应性不强以及保障支撑不够等挑战。因此，未来中国式职业教育现代化发展还需进一步强化制度体系建设，着力提升职业院校办学能力，逐步夯实职业教育现代化发展的保障支撑。

第一节　职业教育发展成就

党的二十大召开后，中国式职业教育现代化的改革进程正式启动，职业教育发展的制度体系、办学能力和保障支撑条件取得显著进步，逐渐从"类型化"迈向"现代化"发展。

一　现代职业教育体系建设成效显著

制度体系建设是中国式职业教育现代化发展的重中之重。近年来，职业教育的院校组织体系、治理政策体系和办学标准体系取得重要进展，引领进入中国式职业教育现代化发展新阶段。

（一）高质量职业教育体系建设不断完善

第一，纵向贯通的职业院校体系进一步发展壮大。早在 2017 年，《人民日报》就刊文指出，我国已建成世界上规模最大的职业教育体系[①]。截至 2022 年，我国共有职业学校 1.12 万所，在校生超过 2915 万人，每年培养 1000 万左右的高素质技术技能人才，每年参与各类培训上亿人次，为促进经济社会发展和提高国家竞争力提供了优质的人力资源支撑[②]。职业院校体系一方面将职业教育内容前移，鼓励中小学开展职业启蒙、劳动教育等课程或任务，另一方面明确职业教育存在"本科及以上教育层次"，推进职业教育体系内中、高、本甚至更高层次的贯通。据统计，2022 年全国已有超过一半的中职毕业生升入高职（专科）和本科继续学习[③]。

第二，横向融通的现代职业教育体系建设取得新进展。推动职业教育和普通教育在各自体系的基础上实现沟通衔接、融通发展。通过职业学校和普通高中课程互选、学分互认、资源互通、学籍互转以及支持高职专科和普通本科联合办学、贯通培养等方式，为学生提供多样化的成长成才空间或通道。

第三，"职前"+"职后"一体化发展模式持续走深走实。职业学校培养能力不断增强，学历教育与培训并举的职业教育办学格局基本形成。全国 1 万余所职业学校每年开展各类培训上亿人次，在开展新型职业农民培训服务的高职院校中，141 所学校年培训量超过了 5000 次/日，86 所学校年培训量超过了 10000 次/日[④]。全国共有 1891 所各类职业院校举办学历继续教育，有学生选修的课程门数占总体课程门数的 46.8%，有力提升了国民受教育

---

① 张烁：《我国建成世界上规模最大职业教育体系》，中华人民共和国教育部官网，2017 年 5 月 8 日，http://www.moe.gov.cn/jyb_xwfb/xw_fbh/moe_2069/xwfbh_2017n/xwfb_07050402/170504_mtbd02/201705/t20170508_303984.html，最后检索日期：2024 年 10 月 12 日。

② 人民网：《我国建成世界规模最大职业教育体系》，http://www.moe.gov.cn/fbh/live/2022/54487/mtbd/202205/t20220530_632545.html。

③ 教育部：《高等职业院校招生规模连续 4 年超过普通本科》，http://education.news.cn/20230323/22071471c2a8416fb41acd7bf65a6f0a/c.html。

④ 丁雅诵：《我国建成世界规模最大职业教育体系》，《人民日报》2022 年 5 月 29 日。

年限和素质①。

（二）职业教育政策法规体系建设取得新进展

第一，《中华人民共和国职业教育法》颁布实施 26 年来完成首次大修。2022 年 4 月 20 日，中华人民共和国第十三届全国人民代表大会常务委员会第三十四次会议通过新修订的《中华人民共和国职业教育法》（以下简称《职业教育法》），并于 2022 年 5 月 1 日正式实施。新修订的《职业教育法》首次以法律形式明确职业教育与普通教育归属不同类型，但居于同等重要地位，并在办学模式、管理机制等方面做出新的规定，为办好新时代职业教育提供了切实有效的法律保障和全面指引。

第二，国家陆续出台职业教育顶层政策文件并逐步落地。《关于深化现代职业教育体系建设改革的意见》《职业教育产教融合赋能提升行动实施方案（2023—2025 年）》《关于加强新时代高技能人才队伍建设的意见》等重磅文件先后出台，省域现代职业教育体系建设有突破，多省积极推动职业教育改革。山东、广东等省加快推进职业教育变革，建设产教融合型城市，推动职业教育与区域经济发展紧密结合。技能型人才发展政策走向细化，教育部等部门联合发布《"十四五"职业技能培训规划》，明确提出要大规模多层次开展职业技能培训，提升劳动者技能素质。注重提升教育质量，推动职业教育提质培优。出台的《全国职业院校技能大赛执行规划（2023—2027 年）》等政策文件旨在通过技能大赛等活动提升学生的实践能力和创新精神。各部门加强政策协同，教育部联合财政部、人社部等多个部门出台《关于推动现代职业教育高质量发展的意见》等政策，以推动职业教育资源整合、优势互补和机制协同。

（三）职业教育办学标准体系建设有序推进

第一，《中华人民共和国职业分类大典》持续更新。为构建和完善新时代职业分类体系，2022 年，人力资源和社会保障部发布《中华人民共和国

---

① 《职业教育拓展办学空间 数字化赋能为全民学习提供数字资源》，"青瞳视角"百家号，2022 年 5 月 25 日，https：//baijiahao. baidu. com/s？ id = 1733762822301834389&wfr = spider&for＝pc。

职业分类大典（2022 年版）》（以下简称 2022 版《大典》），2022 版《大典》包括 8 个大类、79 个中类、450 个小类、1639 个细类（职业）。其中新职业有 74 个，对 2 个大类、30 个中类、100 多个小类、700 多个职业的名称和定义做了调整，特别是对数字职业和绿色职业进行了标注，为职业教育专业设置、人才培养、标准建设提供了权威依据与方向参考。

第二，面向市场需求调整和优化专业设置。为深度匹配产业变革需要、对接职业岗位场景、突出职业岗位能力培养，2022 年 9 月，教育部发布新版《职业教育专业简介》，对修订后的 19 个专业大类、97 个专业类、1349 个专业进行了简介。新版《职业教育专业简介》的发布与新版《职业教育专业目录》相呼应，对于推动职业教育专业建设"适应新技术和产业变革需要，深度对接职业岗位场景，突出职业岗位能力培养"[1] 具有重要意义，实现了对职业教育国家教学标准体系的有机完善。截至 2023 年，对国家层面的 758 个专业教学标准进行了修订[2]，确保产业新技术、新工艺、新规范、新标准在国家专业教学标准体系中的体现。

二　职业教育办学能力得到大幅提升

在党的二十大精神指引下，各级各类职业院校进一步全面深化改革，在专业建设、产教融合、对外开放和高质量就业方面不断加大工作力度。从全国范围整体情况看，职业教育办学能力得到了大幅提升。

（一）专业建设的适应性显著增强

在新专业目录和"双高建设"项目的引领下，广大职业院校持续科学调整专业结构，专业设置与区域经济产业的适应性显著增强。一方面，根据《职业教育专业目录》不断优化专业结构。《职业教育专业目录（2021年）》融入了新技术、新业态、新职业等职业教育发展的新要求，同时制

---

[1] 哈满林、吴一鸣：《新版专业目录推动下职业教育课程衔接的理论认知与实践路径》，《职教论坛》2023 年第 8 期。
[2] 中国教育科学研究院职业教育与继续教育研究所：《2023 职业教育改革与发展报告》，《中国教育报》2023 年 12 月 26 日。

定与之配套的专业教学标准，为构建纵向贯通的职业教育人才培养体系提供依据。特别是在人口结构变化的背景下，应"推动家政服务业与养老、育幼、物业、快递等服务业融合发展"，助力"一老一小"领域院校扩产能、提质量。各级院校根据社会需求增加的"一老一少"（养老和幼教）相关专业布点达 5000 多个①。另一方面，面向国家紧缺型人才开展重点领域的专业布局。中国教育科学研究院受教育部委托，牵头在新一代信息技术等 6 个行业重点领域启动改革，联合龙头企业和高职院校，组建专家团队，规划建设专业课程、教材和生产实训项目，构建一流专业体系、培育优秀教师团队②。

（二）人才培养过程的融合度得到有效提升

职业教育人才培养过程的融合度得到有效提升，产教协同育人进一步落地。2023 年 6 月，国家发改委、教育部等 8 部门联合发布《职业教育产教融合赋能提升行动实施方案（2023—2025 年）》。教育部首批遴选建设 28 家市域产教联合体，于 2023 年 7 月支持中车集团牵头成立首个国家轨道交通装备行业产教融合共同体。新能源、高端装备等先进制造业重点领域得到职业教育现场工程师专项培养计划支持，教育部与工信部遴选了 447 家联合培养企业③。学校层面，全国 1388 所高职院校 2773 名书记、校长共走访用人单位 12.16 万次，校均走访企业达 82 家④，推动产教协同育人走深走实。教学层面，越来越多的职业院校启动"岗课赛证"综合育人模式，将技能培养贯穿教育教学全过程，提升学生职业技能水平⑤。目前已有 200 所职业

① 《助力"一老一小"专业调结构扩产能》，《中国教育报》，https：//edu.gmw.cn/2021-04/27/content_34800074.htm。
② 职教前沿：《教育部职成司首批 6 个重点领域职业教育专业课程改革试点，打造职教"五金"》，"职教前沿"微信公众号，2024 年 4 月 21 日，https：//mp.weixin.qq.com/s?__biz=Mzg3MDU4MTgwOA==&mid=2247499302&idx=1&sn=9eefbff127f4556e2513111c93049dda&chksm=cf0f5b7f188cbff952fb3ede5e333b4bdaf76e3bd6fae8704f7864f0b0f085bbad53e914c0db&scene=27。
③ 晋浩天等：《2025 年，20 万现场工程师一线破解技术难题》，《光明日报》2022 年 12 月 6 日。
④ 张渺：《2023 中国职业教育质量怎么样?》，《中国青年报》2024 年 1 月 29 日。
⑤ 陈丽、翁艳、薛鋆：《"岗课赛证"育人模式下高职院校教学管理创新路径研究》，《兰州职业技术学院学报》2024 年第 1 期。

院校开展现代学徒制试点，涉及 50 个专业，覆盖 500 家企业，培养数万名现代学徒制学生。数字化赋能教育教学已经成为现代职业教育人才培养的重要特征。有 75% 的职业院校完成数字化基础设施建设，80% 的课程实现线上线下混合式教学，提升了教学效果和学习体验[①]。

（三）国际化办学有更大进展

截至 2023 年 12 月，我国已经与全球五大洲的 70 多个国家建立稳定的职业教育合作与交流关系，在合作层次、形式与内容上实现多样化。在高校层面，经中国教育部批准和备案的本科层次中外合作办学机构和项目约 1200 个，高职院校约 400 所。在项目内容方面，我国已与 40 多个国家和地区开设"中文+职业教育"特色项目，涉及高铁、经贸、旅游、航空等领域[②]。另外，在海外 25 个国家建有 27 个"鲁班工坊"，不仅提供先进的实训设备，还输出中国的课程、教学资源和国际化专业教学标准[③]。截至 2023 年 12 月，中国—东盟教育交流周已连续举办 16 届，充分展现了中国—东盟及"一带一路"相关国家在各类教育上的发展经验和成果。一大批"职教出海"品牌，如天津的"鲁班工坊""中文+职业技能"、浙江的"丝路学院"、江苏的"郑和学院"、山东的"班·墨学院"等成为职业教育"走出去"的典型项目。

三 职业教育保障条件稳中有进

过去几年，在大力发展职业教育的战略引领下，国家和地方加大对职业教育的投入和支持力度，师资队伍、基础建设和发展环境都得到大力发展。

（一）师资队伍建设制度不断完善，教师质量更上一层楼

第一，师资队伍规模总体稳定。教育部数据显示，2023 年，职业院校专任教师总数为 145.02 万人，比 2022 年增加 8.46 万人。其中，中职学校

---

① 傅云峰、方冰晶、王志明等：《新工科背景下职业院校工程创新人才培养模式的困境和路径研究》，《现代职业教育》2024 年第 22 期。
② 张双鼓：《职业教育国际合作前景广阔》，《光明日报》2022 年 9 月 1 日。
③ 孙金诚：《走向世界的中国职业教育——共建"一带一路"十年来职业教育合作成果综述》，《人民政协报》2023 年 11 月 29 日。

专任教师 73.48 万人，高职（专科）学校专任教师 68.46 万人，本科层次职业学校专任教师 3.08 万人。职业院校总体生师比为 18.05：1，比 2022 年下降 0.83。其中，中职学校生师比为 17.67：1，高职（专科）学校生师比为 18.92：1，本科层次职业学校生师比为 17.57：1[①]。

第二，"双师型"教师认定标准出台。2022 年，教育部颁布职业教育"双师型"教师基本标准，为"双师型"教师认定提供了参考依据。该标准涵盖初级、中级与高级三个层级，认定对象主要为职业学校的专业课教师（含实习指导教师）。教育部在相关文件中提出，要结合学制和专业特点，对"双师型"教师能力素质进行不超过 5 年一周期的复核，突出聘期内岗位业绩考察，促进教师知识技能持续更新。

第三，教师专业能力持续提升。以提高职业院校教师队伍质量为中心，依托"职业院校教师素质提高计划 人工智能助推教师队伍建设试点"等国家级项目，围绕职业院校"双师型"教师队伍建设需要，创新实施"职教国培"示范项目；启动实施职业教育名师（名匠）名校长培养计划；持续开展教师教学创新团队建设；加强职教师范院校建设，引导综合性大学和工科类大学积极参与职教教师培养；开展"双师型"教师培养培训基地和企业实践基地建设；修订完善职业学校兼职教师管理办法；优化实施职业院校教师素质提高计划[②]。2022 年，教育部开展职业教育教师队伍能力提升行动[③]，从完善职教教师标准框架、提高职教教师培养质量、健全职教教师培训体系、创新职教教师培训模式、畅通职教教师校企双向流动、营造全社会关注职业教育教师队伍的良好氛围等方面，提出系列政策举措，为职业教育教师队伍能力提升提供重要支撑与保障。

---

① 《2023 年全国教育事业发展统计公报》，中华人民共和国教育部网站，2024 年 10 月 24 日，http：//www. moe. gov. cn/jyb_sjzl/sjzl_fztjgb/202410/t20241024_1159002. html。

② 《教育部教师工作司 2023 年工作要点》，https：//hudong. moe. gov. cn/s78/A10/tongzhi/202304/t20230427_1057568. html。

③ 《教育部办公厅关于开展职业教育教师队伍能力提升行动的通知》，中华人民共和国教育部网站，2022 年 5 月 17 日，http：//www. moe. gov. cn/srcsite/A10/s7034/202205/t20220523_629603. html。

（二）职业教育经费投入稳定增加，基础建设成效明显

第一，职业教育经费投入相对稳定。2023 年，中等职业教育经费总投入为 3309 亿元，较上年增长 2.1%。中等职业学校生均教育经费总支出为 24839 元，较上年增长 0.7%。普通高职高专教育经费总投入为 3630 亿元，较上年增长 7.1%①。2023 年 3 月，财政部、教育部、人力资源和社会保障部联合印发《关于开展探索建立基于专业大类的职业教育差异化生均拨款制度试点的通知》。浙江、四川、云南等 6 个省份开展试点工作，通过梳理省域职业学校 19 个大类专业生均成本的差异，进一步分析现有职业教育学校省域布局、办学规模、专业设置、师生比对于生均培养成本的影响，调整优化财政职业教育投入结构，提高财政资金投入产出绩效，引导激励职业院校合理设置专业，更好地服务于人的全面发展和经济社会发展。

第二，职业教育教学资源建设持续完善。2023 年，教育部提出，持续建设职业教育专业教学资源库并构建校省国家三级资源库共建共享体系，以适应职业教育数字化转型趋势和变革要求。国家智慧教育公共服务平台（职业教育）上线专业教学资源库 1173 个，在线精品课 6700 余门，视频公开课 2200 余门，覆盖专业近 600 个，215 个示范性虚拟仿真实训基地培育项目分布全国②。在新一代信息技术、智能制造、绿色能源等 6 个行业重点领域启动了专业课程改革，涉及 150 所职业院校，惠及学生 30 万人，建设了 1777 个虚拟仿真资源、10389 门在线精品课、1559 个专业教学资源库，有效助力了教学管理和教学评价，优化了职业学校专业建设和教学改革③。2023 年，经有关单位申报、形式审查、专家评审、专项审核、专家复核、面向社会公示等程序，共确定 7251 种教材入选首批"十四五"职业教育国家规划教材，涵盖全部 19 个专业大类、1382 个专业④。

———————————

① 《2023 年全国教育经费执行情况统计快报》，中华人民共和国教育部网站，2024 年 7 月 22 日，http://www.moe.gov.cn/jyb_xwfb/gzdt_gzdt/s5987/202407/t20240722_1142296.html。
② 杨洁：《数字化赋能职业教育》，《中国青年报》2023 年 2 月 27 日。
③ 孙明源：《职业教育积极"拥抱"数字化》《科技日报》2023 年 8 月 18 日。
④ 《教育部公布首批"十四五"职业教育国家规划教材书目》，"央广网"百家号，https://baijiahao.baidu.com/s?id=1770360942896940198&wfr=spider&for=pc。

（三）职业教育发展环境得到优化，改革发展氛围向好

第一，行业企业对职业教育不断加大投入。2023 年，全国职业院校横向技术服务到款额在 1000 万元以上的学校有 268 所，比 2021 年增长 9.84%，横向技术服务产生的经济效益中位数近 1000 万元，专利成果转化数量 3300 余个。① 2023 年 6 月 21 日，国家发展和改革委员会发布了 50 个职业教育产教融合典型案例，这些案例涵盖了城市、企业、职业院校、实训基地、行业协会等多个方面，展示了职业教育产教融合的突出成就和可复制可推广的经验。家长和学生对职业教育的认同度越来越高，近年来，"本科学历+技能证书"成为不少大学毕业生求职时的"标配"，本科毕业生"回炉"职业院校学习技能的现象不再鲜见②。事实上，职业教育被视为培养多样化人才、传承技术技能、促进就业创业的重要途径，这种观念的转变促进了职业教育的普及和发展。

第二，职业院校教育研究和技术开发成果持续向好。2022~2023 年，职业院校人才培养与研究开发双向发力，尤其是"双高计划"建设学校，在职业教育科研论文发文机构占比和发文总量占比方面都呈现稳定的增长趋势，分别从 2022 年的 43.20%、59.08%上升至 2023 年的 44.74%、61.69%，彰显"双高计划"建设学校作为职业院校领军力量的示范作用③。在项目立项上，2022 年和 2023 年全国教育科学规划课题中，职业教育相关主题占总立项比例分别为 4.97%和 5.33%；2022 年和 2023 年教育部人文社会科学研究课题中，职业教育相关主题在教育学门类中所占比例分别为 7.72%和 8.40%。与此同时，我国职业院校高度重视技术创新，正逐渐成为技术技能资源集聚高地。2022 年全国高职院校共获得发明专利授权数 6858 件，2023 年全国高职院校共获得发明专利授权数 7403 件，较 2022 年增长了 7.9%。④

---

① 《〈2023 中国职业教育质量年度报告〉发布》，《中国教育报》2023 年 12 月 29 日。
② 《逆向求学，本科生"回炉"读职校为哪般?》，"山东教育新闻网"百家号，2024 年 2 月 29 日，https://baijiahao.baidu.com/s? id =1792200858296923589&wfr=spider&for=pc。
③ 根据 CNKI 发文数据计算。
④ 《TOP200! 2022 年全国高职院校发明专利授权排行榜出炉》，《高职发展智库》2023 年 2 月 17 日。

第二节　职业教育发展挑战

2022~2023 年，在多方合力下，中国职业教育发展进步成绩显著，在不少方面获得实质性突破，但也必须指出，在科技革命、产业变革持续演进，中国经济社会迈向高质量发展的关键阶段，职业教育依然面临诸多现实挑战。突出体现为职业教育制度体系的协同性需要进一步改善、职业教育办学能力的适应性仍待提高、职业教育支撑条件的有效性亟须加强等。

一　职业教育制度体系的协同性尚待改善

制度体系的协同性是中国职业教育全面深化改革的关键议题。过去两年里，以下三个难题相对突出：政策目标的达成效率偏低、体系建设的导向性仍有偏差、标准制定与修订的科学性尚显不足。

（一）政策目标的达成效率偏低

一方面，因政策执行面临多重挑战，部分重要的政策目标未能实现。《职业教育法》规定，各级政府应保证职业教育的投入，以实现生均拨款标准。然而，中研网的数据显示，2022 年高等职业教育行业市场规模为 392.2 亿元，同比增长 5.4%[①]，其中，政府财政拨款方面出现了一定的政策偏差。西南一所拥有 4000 多名在校生的公立中职学校，教师工资由地方财政买单，每生每年 2000 元的国家免学费补助成为学校的运转经费，学校实习设备更新主要依靠财政专项拨款，需每年申请，经费的来源很不稳定。学校的主要困难是"规定动作"之外的开支，因专业教师不够，学校外聘有 50 多名老师，运转经费用于支付外聘教师工资，再去掉水电暖费用、设备折旧维护费等，经费捉襟见肘[②]。

[①]《2024 年中国高等职业教育行业现状、发展环境及市场竞争格局分析》，中研网，2024 年 11 月 3 日，https：//www. chinairn. com/scfx/20241103/171709267. shtml。

[②]《半月谈 | 招不满、"吃不饱"、流失率高：中职教育被"紧箍"、盼出路》，"新华社新媒体"百家号，2021 年 8 月 27 日，https：//baijiahao. baidu. com/s？ id = 1709235119976891025&wfr = spider&for = pc。

　　另一方面，受政策的一贯性和协同性不足的影响，部分政策的执行虎头蛇尾。"1+X"证书制度初期推进力度大，后期跟进不足。《中华职业教育发展评价报告2023》指出，截至2022年12月，中共中央办公厅、国务院办公厅发布的《关于深化现代职业教育体系建设改革的意见》中没有出现"职业技能等级证书"和"1+X"内容，似乎"1+X"证书制度改革不再被提起，这项重大改革制度没有得以延续。产教融合初期政策支持力度大，但后期执行力度和效果有待观察。虽然政策文件频出，但实际效果不彰，企业参与度不高，部分企业参与办学的意愿不足、潜力未能得到充分发挥。特别是产教融合型企业、产教融合型城市建设远未达到政策预期要求。产教融合长期存在的"校热企冷"问题并未得到明显改观，部分校企合作仅停留在协议层面或劳务用工层面，一些职业学校在课程体系、教学方式、实习实训等方面不适应科技创新和产业技术研发的实际需求，导致学生职业理论知识和实践技能与企业需求脱节①。

（二）体系建设的导向性仍有偏差

　　中国现代职业教育体系建设存在三种导向性的偏差：一是中职的升学导向，用升学导向代替纵向贯通。目前中职教育正从单纯的"以就业为导向"转变为"就业与升学并重"，大部分中职教育不再仅仅是为了直接就业，而是要为学生提供更多的升学机会。《光明日报》有关数据显示，2022年，35%的中职毕业生就业，在约65%升入高等院校继续学业的中职生里，约10%升入本科院校；在升学渠道上，对口单招比例为49.5%，"3+2"、五年一贯制、中本贯通等各种直升比例为41.6%，8.9%的孩子选择了普通高考②。二是高职的升格导向，追逐高层次教育。高职院校在发展过程中存在将工作重点放在推动学校升格上的现象，而非集中力量提高教育质量和办出特色。这种升格导向可能导致高职院校忽视职业教育的本质，即培养与产业

---

① 《瞭望丨新政策出台，破解产教融合"合而不深""校热企冷"》，搜狐网，2023年6月26日，https://learning.sohu.com/a/690885171_267106。

② 《中职学生谁在升学？调查显示：65%中职生进入高等院校》，光明网，2022年4月11日，https://m.gmw.cn/baijia/2022-04/11/35648517.html。

需求相匹配的技术技能人才。《国家职业教育改革实施方案》要求"稳步发展职业本科",但如今大部分高职都跃跃欲试,想要冲击本科层次办学。这种大规模升格的风险有可能会带来系统性的招生、就业难题[1]。三是学校教育主导的分离导向。目前,职普融通实践多是地方校际层面的自发探索,由于缺乏顶层设计与统筹规划,教育要素重组在招生录取、学籍管理、课程开发、师资交流、设备共享等方面面临诸多现实困难。职业教育的办学特色不鲜明,很多方面参照普通教育办学模式,实训基地建设不到位,教材、课程与生产实际脱节,滞后于产业发展和技术进步。这种分离导向导致职业教育难以满足产业发展的实际需求,弱化了职业教育的实践性、针对性和不可替代性。

(三)标准制定与修订的科学性还需强化

职业教育标准在职业教育质量提升中具有基础性作用,目前我国职业教育标准体系的内容架构虽初具雏形,但仍处于相对薄弱的发展阶段[2],依旧存在标准制定的科学性难题。一是标准的引领作用有限。现有的国家专业教学标准对于课程的描述仅包括课程名称、主要内容和要求以及参考学时,缺少内容、方式、过程、考核评价等具体要求,在课程设计、实施和评价等方面难以发挥引领作用[3]。二是部分标准的质量参差不齐。随着职业资格证书的取消,行业、企业组织颁发的职业技能等级证书大量出现,在院校的课程开发与实施过程中发挥着"行业标准"的作用。但由于开发时间短、开发主体众多、利益关系复杂等原因,这类证书在就业市场中并未得到行业、企业的认可,造成"不得不考、考了不认"的尴尬局面,对于课程设计与实

---

① 柯婧秋、石伟平:《台湾技术职业本科高校降格关停现象及其思考》,《高等教育研究》2024年第2期。

② 潘海生、汤杰:《高质量发展背景下职业教育标准体系的构建研究》,《高等工程教育研究》2023年第6期。

③ 徐涵、王启龙:《职业院校课程改革的特征、问题与建议——2022年职业教育国家级教学成果奖"课程改革"主题获奖成果分析》,《中国职业技术教育》2023年第26期。

施也造成困扰①。三是以标准引领课程实施的配套机制不健全。在院校的课程设计与实施、教学资源开发、教材编制等方面，尚缺少相关的监督和考核机制，对于上述工作是否参照了标准、程度如何、一致性如何等问题均难以考察和追踪，因此也就难以发挥标准的引领作用②。

二 职业教育办学能力的适应性有待提高

（一）支撑产业发展的作用未充分发挥

第一，学校人才培养规格落后于产业需求。由于产业升级和技术变革的加速，职业院校的人才培养内容往往难以跟上产业需求的变化③。在苏锡常地区，高职院校蜂拥开设财经会计类专业，但区域内小微企业和头部企业对会计人才的需求远远不能消化掉大规模的高职类财会毕业生。同时，上海大力发展生物医药产业，每年需要新增相关产业从业人员近 8000 人，但职业院校缺乏相应的专业设置，导致产业技术工人严重短缺④。

第二，毕业生当地就业率偏低，人才流失较严重。由于区域经济发展的不平衡，以及职业院校在育人过程中存在的问题，毕业生当地就业率偏低。2022 届毕业生留在区内就业的比例进一步下降，2020 年新冠疫情暴发前，区内就业比例逐年下降，2021 届虽有回升，但 2022 届又呈现下滑趋势⑤。

第三，毕业生对口就业率较低，服务区域经济产业的匹配性仍不高。职

---

① 魏亚波、张辉、万青：《我国高等职业教育与基于行业标准的民航职业教育改革》，《武汉船舶职业技术学院学报》2014 年第 3 期。

② 黄辉、宋健、何奇彦：《职业教育标准建设与应用的新特点与新趋势——2022 年职业教育国家级教学成果奖"标准体系"主题获奖成果分析》，《中国职业技术教育》2023 年第 26 期。

③ 彭永宏：《基于 OBE 理念的产教协同育人机制探究——以惠州学院的改革为视角》，《中国高校科技》2020 年第 7 期。

④ 李鹏：《职教十问 | 专业与产业不匹配，职校产教融合如何做？》，"光明社教育家"微信公众号，2021 年 9 月 5 日，https：//mp. weixin. qq. com/s？＿＿biz＝MzU4MTk5OTA4Nw＝＝&mid＝2247559947&idx＝1&sn＝b623243e57cfd755506a3830969fdbc7&chksm＝fdbcab8bcacb229d1e747b93df7d5e246e9e7a4ddff8ab6e733ff14f1d49e7b5bc3fd75b2518&scene＝27。

⑤ 刘丽丽：《广西人才流失的现状及对策研究——以广西高校毕业生为例》《教育进展》2024 年第 3 期。

业院校培养的是区域经济产业所需的高素质技术技能人才，而当前毕业生对口就业率偏低，很多学生在毕业后并未能从事与所学专业相关的工作。

（二）产教协同育人尚存在机制性难题

第一，校企合作广度不够、运行机制不畅。职业教育产教融合仍面临校企合作广度不够、运行机制不畅、服务产业能力不足等问题。调研发现，职业院校的"3+2""3+4"、五年一贯制、七年一贯制等一体化人才培养模式均在不断完善，但仍存在校企合作项目多集中于骨干专业、小专业合作项目少甚至没有长期稳定的校企合作项目等问题[①]。

第二，校企融合利益平衡机制亟待健全。产教融合以院校驱动为主，普遍存在企业参与积极性不高的问题。行业企业在参与产教融合过程中存在投资缺乏政策依据、所获收益与投入不成正比、短期投资回报率低等潜在风险。

第三，政府跨部门协同工作机制的有效性有待提高。地方协同工作机制未能充分发挥作用，各部门尚未通过职业教育工作联席会议制度形成有效的协同工作机制，导致学校和企业在推动产教融合过程中遇到体制机制障碍。

（三）院校体系运行成效改进空间较大

第一，职业院校过分强调组织管理效率，忽视人文关怀。有调研显示，高职院校在推进两级管理的过程中，存在"二级学院主体性发挥不充分"的问题，占比高达 72.32%。在追求管理效率的过程中，高职院校可能忽视了二级学院的自主性和个性化需求，从而影响了人文关怀的体现。此外，职能部门与二级学院之间沟通不畅（占比 66.21%），也可能导致管理决策上缺乏对师生个体需求的关注，从而忽视人文关怀[②]。

第二，课程教学模式依旧过于传统，以学生为中心、以行动为导向体现不足。职业教育传统的人才培养理念对"双高计划"背景下高职学校人才培养模式改革的束缚具体表现为固守学科本位人才培养思维，阻碍了创新实

[①] 尹玉辉、王纾、陈昕：《推进产教融合纵深发展的经验、挑战与策略——基于深化职业教育产教融合的调研报告》，《职业技术教育》2023 年第 21 期。

[②] 赵莺燕：《高职院校两级管理体制改革的问题及优化路径》，《职业教育》2022 年第 8 期。

践活动的开展。这种以教师为中心的教学关系和以统一教材为中心的教学内容，不利于调动学生学习的主动性、积极性和创造性，反映出职业院校在课程教学模式上仍然偏重传统机制，缺乏以学生为中心、以行动为导向的教学模式①。

第三，评价实施过于注重量化，对过程目标和游离目标关注不够。我国以往开展的职业教育评价以传统评价为主，现代化评价方法和技术应用不足。当前的评价机制可能过于依赖量化指标，而对教育过程中的质性评价和学生的全面发展关注不足②。

三　职业教育支撑条件的有效性亟须加强

在职业教育领域，尽管师资队伍建设取得了很大成就，但也面临着运动化和表面化的问题。同时，职业教育信息化的深化程度尚未满足预期，外部发展环境的实质性支撑仍显不足，这给职业教育的持续高质量发展带来较大挑战。

（一）教师队伍建设的形式化倾向明显

国家持续加大对职业院校教师队伍建设工作的重视力度，先后出台一系列政策文件和建设举措，但也伴生了一些问题或弊端。一是教师队伍建设的项目制和运动化倾向明显。具体体现为建设项目频率加快、任务增多、外部压力加大等，职业院校及教师疲于应付项目任务目标的实现与项目验收需要，致使教育教学本职工作与教育教学能力提升陷入次要地位。二是教师能力构成仍有缺失。我国职业教育教师培养培训体系仍处于不断健全与完善中，在职业院校教师来源及构成方面仍存在较大问题。一方面，职业技术师范院校培养的师范生很多不愿去、无法去职业院校任教；另一方面，职业院校，特别是高等职业教育机构招聘教师时，更倾向于普

---

① 陈恩伦、马健云：《"双高计划"背景下高水平高职学校人才培养模式改革》，《高校教育管理》2020年第3期。

② 任占营：《新时代深化职业教育评价改革的现实意义、政策路径和成效表征》，《职教论坛》2021年第8期。

通高校非师范专业毕业生。此外，职业院校中也有不少从企业招录的实践经验丰富的技术人员。从"双师型"视角看，后两类人员存在明显的双师能力结构缺失问题。

（二）教育教学的数字化转型不够深入

教育数字化转型深刻影响着教育教学与人才培养全过程。如何通过信息化助力职业教育提升适应性，形成符合信息时代特征的现代职业教育体系，成为职业教育信息化发展迫切需要解决的新问题[1]。从教育信息化走向人工智能时代，数字化转型、智能化升级、绿色化发展，带来职业教育方式、课堂教学变革，对教师提出了前所未有的新要求。

第一，职业教育数据对接与统计口径需完善。随着职业教育信息化发展，各种途径的数据统计日益增多，包括每年发布的各校、省市、国家的教育质量年度报告、教育统计年度报告等，诸多相关数据还未形成统一的统计口径与规范，各年度数据之间的连续性与一致性也存在较大问题，很大程度上导致职业教育统计数据的权威性与可靠性还不够高，影响了数据作为最重要的信息资源和参考依据，在政策制定、职教研究和实践指导中的基础性作用的发挥。职业教育科研成果统计指标也存在不一致、不规范、碎片化的问题，各类论文、重要报告撰写的角度和立场不同，缺乏业界统一的统计标准和规范、权威的数据平台，影响了对研究成果的整体把握，也给后续成果应用造成困难。

第二，职业教育数字教材建设进展缓慢。国家针对职业教育数字教材建设先后出台了系列政策制度，但数字教材在职业院校的课堂教学中的应用不充分。对于数字教材的开发和设计的质量要求和审核办法缺少明确且必要的依据，当前大多数职业教育专业教材形态单一，以纸质教材为主，数字形态教材相对缺乏；配套资源数量偏少，且纸质+数字教材普及率偏低。当前数字教材功能设计不够完善，设计比较单一、扁平，只是对传统教科书进行简

---

① 郭日发、周潜：《我国职业教育信息化回顾与展望：阶段、特征和路径》，《电化教育研究》2024 年第 3 期。

单的数字化，缺乏优质的数字化教学资源①。

（三）服务外部发展的支撑能力偏弱

第一，职业教育科研实践导向与成果转化不足。在职业教育科研主题上，宏观性的概念词汇总是占据更为重要的位置；职业教育科研尤为关注政策要求。然而，职业教育科研的根本在于推进职业教育改革实践和人才培养质量的提升，因此，需要进一步强调问题和实践导向，与此密切相关的教学、课程、教法等应获得更多的关注。本科院校因资源集中等研究优势，在推进职业教育科研活动中占据着主体地位，与之相较，高职高专在科研定位上多为理论研究，并未很好地结合自身优势，致使与实际需求相脱节。②

第二，职业教育国际化现实价值未得到应有发挥。在目前的职业教育国际合作中，我国职业教育缺乏国际视野和前瞻性思维，同时又缺乏系统的规划和战略，例如在政策上存在缺失，现有职业教育国际合作具体条例散见于双方国家领导人交流谈话达成共识后签订的一系列法令、协议协定、备忘录、联合声明等文件中，职业教育国际合作实质性配套政策缺失③，职业教育的国际化发展缺乏明确的目标和路径。此外，受到文化差异和语言障碍的限制，我国与国际伙伴在职业教育方面的深入沟通和理解仍有待加强。我国职业教育国际化水平总体不高，在人才培养的交流合作方面较薄弱，还需进一步激发职业教育国际合作潜力。

第三节　职业教育发展展望

党的二十届三中全会吹响了进一步全面深化改革的号角，未来中国职业教育要通过"一体两翼五任务"的深化改革，逐步走向中国式职业教育现

---

① 王海荣、冯立国：《职业教育数字教材建设现状与发展——基于 2022 年职教数字教材专项征集作品的分析》，《当代职业教育》2023 年第 6 期。

② 周详、王小梅、刘植萌：《中国职业教育研究的进展与特点——2022 年全国高校职业教育科研论文统计分析》，《中国高教研究》2023 年第 12 期。

③ 张雪翠、王忠昌：《中国—东盟 30 年职业教育国际合作：回顾与展望》，《职业技术教育》2024 年第 6 期。

代化的新征程。因此，从宏观发展来看，未来中国职业教育需要着力深化职业教育制度体系的协同性改革、加强职业院校办学能力的适应性治理和开展职业教育支撑条件的有效性优化。

一 持续深化改革，增强职业教育制度体系的协同性

在新时代背景下，职业教育作为培养高素质技术技能人才的重要途径，其政策体系的协同性和制度效能的发挥显得尤为关键。为更好地适应经济社会发展的新要求，提升职业教育的整体质量和服务能力，需要从以下几个方面着手。

（一）加强职业教育政策的落地协同，释放现有政策的制度合力

政策执行要形成系统思维，厘清各项职业教育政策法规之间的逻辑关系，推动职业教育政策法规建设进入更加专业化、制度化的轨道[1]，以确保政策的连贯性和一致性。通过这种方式，可以更好地发挥现有政策的制度合力，为职业教育发展提供坚实的政策支持。在具体实施中，需要对现有的职业教育政策进行全面梳理，识别和解决政策间的矛盾和重叠问题。关注政策的实施效果，通过定期的评估和反馈机制及时调整和优化政策，以确保政策能够有效地服务于职业教育的发展目标。一是进一步发挥跨部门协调机制的作用。多部门联席会议机制可进一步多频次开展协调工作，以更好地监督和协调各项政策的实施，确保政策间的一致性和协调性。二是制定统一的政策实施指南。为各级政府和教育机构提供统一的政策实施指南，明确政策目标、实施步骤、责任分配和评估标准，以确保政策得到正确理解和有效执行。三是加强政策宣传和培训。通过各种渠道加强对职业教育政策的宣传，提高政策的知晓率和影响力。定期对教育行政管理人员和教师进行政策培训，提高他们对政策的理解和执行能力。

（二）强化职业教育政策的生成协同，发挥政策制定的领航作用

面对职业教育领域日益增长的综合性和跨界性问题，需要形成整体性思

---

[1] 崔志钰、陈鹏、倪娟：《我国职业教育政策制定的基本逻辑、现实问题与对策建议》，《西南大学学报》（社会科学版）2023年第3期。

维，突破单一职业教育领域的局限，借鉴其他教育或社会领域的问题研究视角和理论。因此，在职业教育政策法规的建设中，要兼顾各方主体的作用发挥，形成多元主体参与制定的格局，以确保政策能够回应多方的诉求，形成有效的制度网络，引领职业教育的发展方向。一是促进政府、学校、企业和社会的合作，建立政府、学校、企业和社会组织之间的合作机制，鼓励各方参与职业教育政策的制定和实施，形成多方参与、共同推进的政策制定和执行模式。二是推动产教融合，加强职业教育与产业界的联系，鼓励企业参与职业教育的课程开发、实习实训和教师培训，使职业教育更加贴近产业需求，提高教育的针对性和实效性。三是加强区域合作，鼓励不同地区之间在职业教育政策制定和实施方面进行交流和合作，共享经验和资源，促进区域职业教育的均衡发展。

（三）做好职业教育政策的评估协同，转化职业教育的制度效能

为确保职业教育政策的有效实施和持续优化，需建立一套科学的评估机制，对政策的执行效果进行定期评估和反馈。通过这种协同评估，可以及时发现问题、调整策略，不断转化和提升职业教育的制度效能，使之更好地服务于人才培养和经济社会发展的需求。为做好职业教育政策的协同评估，可以采取以下措施：一是建立多元化的评估体系，采用多种评估方法和工具，包括定量分析和定性分析，对政策的实施效果进行全面评估。二是加强评估结果的公开和透明度，将评估结果向社会公开，接受社会监督，提高政策评估的公信力。三是建立评估结果的应用机制，将评估结果作为政策调整和优化的重要依据，确保评估结果能够转化为实际的政策改进。

二　汇聚治理合力，提高职业院校办学能力的适应性

面对地区经济发展的不平衡和产业结构的快速变化，职业院校如何提升办学能力，以更好地服务于地方经济和社会发展，成为一个亟待解决的问题。为更好地适应经济社会发展的新要求、提升职业教育的整体质量和服务能力，需从加强职业院校办学能力的适应性治理改革着手。

（一）进一步加强地区合作，优化专业布局，做好新"双高"建设

通过新"双高"建设提升办学适应性。一是落实院校的地方产业调研工作，注重专业建设对地区产业结构的适应性。2022 年的数据显示，随着数字经济的蓬勃发展，对信息技术和数据分析等相关专业的人才需求急剧增加①。职业院校应积极响应这一趋势，通过与地方产业界的紧密合作，调研市场需求，及时调整专业设置，加强与新兴产业相关的专业建设，如人工智能、大数据分析等。二是继续保持各地区间的合作，尤其是要推动高职院校的跨区招生。2023 年的数据显示，跨区域合作在促进教育资源均衡配置方面取得了显著成效②。职业院校应继续加强与其他地区的合作，通过建立区域职业教育联盟，共享优质教育资源。同时，推动高职院校的跨区招生，不仅能够为学生提供更多的学习机会，也有助于缓解一些地区教育资源的紧张状况。

（二）进一步优化部门协同，深化产教融合，用好"两翼"新平台

推动多部门协同，深化产教融合。一是从课程和教学实践的角度落实校企合作。校企合作在提升学生实践能力和就业竞争力方面发挥着重要作用。职业院校应进一步深化与企业的合作，共同开发与行业需求紧密结合的课程，引入企业专家参与教学，企业提供的实习实训机会能使学生在真实的工作环境中学习和成长。二是从转化的目的角度来考察校企合作与教师进企业实践的效果。企业合作和教师进企业实践对于提升教学质量具有显著影响。职业院校应建立一套科学的评估体系，定期对合作项目进行评估，确保合作能够真正实现教学和学生能力的提升。三是充分用好市域职业教育产教联合体与行业职业教育产教共同体，通过新型职业教育产教融合型组织与平台建设，进一步优化部门协同，深化产教融合。

（三）进一步强化教育教学，聚焦办学过程，提升人才培养质量

一是持续更新教学内容和方法，适应产业发展的新要求。随着科技的快

---

① 《2022 数字化转型盘点：场景更丰富，复合人才的需求攀升》，内蒙古自治区网信办网站，2023 年 1 月 4 日，http://www.nmgwx.gov.cn/2021szjj/9758.jhtml。

② 《区域教育资源配置更优化》，"中国经济网"百家号，2024 年 10 月 31 日，https://baijiahao.baidu.com/s?id=1814381562861373845&wfr=spider&for=pc。

速发展，新的技术和职业不断涌现。职业院校应及时更新教学内容，引入新的技术和知识，同时采用更加灵活多样的教学方法，如项目式学习、翻转课堂等，以提高教学的实效性和吸引力。采用这些教学方法的职业院校在学生满意度和就业率方面表现更佳。二是建立教学质量监控和评估体系，确保教育质量的持续提升。建立完善的教学质量监控和评估体系，对教学过程和结果进行定期检查和评估。通过这种评估，及时发现和解决教学中的问题，不断改进教学方法，提高教育质量。实施教学质量监控和评估体系的职业院校在教育质量提升方面取得了显著成效。

三 系统优化挖潜，提升职业教育支撑条件的有效性

2022～2023年，在新冠疫情背景下，职业教育领域经历了曲折发展，尤其是在教师专业发展、基础设施数字化转型以及外部环境优化等方面。以下是针对这些领域的全面深化改革的保障机制优化策略。

（一）着重拓展职业教育教师专业发展机制

一是建立教师专业成长平台。该平台的目标是为教师提供持续学习和发展的环境，以适应快速变化的教育需求。通过在线和离线资源的结合，教师可以获得最新的教育理论、教学方法和行业实践知识。例如，可以开发在线课程、研讨会和工作坊，同时组织实地考察和行业交流，以促进教师的专业成长。实施教师企业实践计划。通过与企业的紧密合作，教师可以了解行业的最新发展，将实际工作经验融入教学中。有效的实施策略包括与行业领先企业建立合作关系，为教师提供实习和项目合作机会，以及建立反馈和评估机制，确保实践活动的质量和效果。

二是加强教师培训和资格认证体系建设。改进策略包括更新培训内容，以反映最新的教育趋势和技术，以及采用更加灵活和个性化的培训方法，如翻转课堂和同伴学习。此外，建立一个全面、透明的资格认证体系，可以帮助教师明确职业发展路径，提高职业成就感。促进教师国际交流与合作。国际交流与合作对于拓宽教师的专业视野和提高教学国际化水平至关重要。促进策略包括建立国际合作伙伴关系、提供海外培训和学习机会、鼓励教师参

与国际会议和项目。同时，可以利用在线平台，如MOOCs和虚拟交流项目，使更多的教师能够参与国际交流。

（二）扎实推进职业教育基础设施的数字化转型

一是加强职业教育大数据分析和应用。大数据分析在职业教育决策支持中发挥着越来越重要的作用。建立和完善数据分析体系的策略包括收集和整合来自不同来源的数据，如学习管理系统、在线评估工具和行业报告，以及利用先进的分析工具，为教育决策提供科学依据。

二是推动职业教育管理信息化。信息化管理可以提高职业教育的管理效率和透明度。具体措施包括实施电子管理系统，如学生信息系统和课程管理系统，以及利用移动技术和云计算，提高管理的灵活性和可扩展性。

三是建设智能化教学环境。智能化教学环境通过利用信息技术，如人工智能、大数据分析和物联网，为学生提供更加个性化的学习体验。改善策略包括升级硬件设施，如智能教室和实验室，以及开发智能教学辅助工具，如自适应学习系统和虚拟助教。

四是开发和应用数字化教学资源。数字化教学资源，如电子教材、在线课程和模拟软件，可以提高教学效果和学生的学习动机。开发策略包括与行业专家合作，确保资源的实用性和前瞻性，以及利用开放教育资源（OER），提高资源的可访问性和多样性。

（三）高效优化职业教育改革发展外部环境

一是加强政策支持和法规建设。政策和法规为职业教育的发展提供了基础指导和保障，在职业教育发展政策和法规的制定及完善上，需进行定期的政策评估和修订，以反映教育和劳动市场的变化，并加强政策宣传和实施监督，以确保政策的有效执行。

二是促进产教融合和校企合作。产教融合和校企合作是提升职业教育质量的关键。加强策略包括建立校企合作平台，促进资源共享和项目合作，以及通过政策激励和资金支持，鼓励企业参与职业教育各重要环节的工作。

三是建立多元办学投入机制。多元办学投入机制可以为职业教育提供稳定的资金支持和丰富的资源。建立策略包括吸引政府、企业、社会组织和个人等多方面的投资，以及通过公私合作伙伴关系和企业赞助，拓宽职业教育的资金来源。

四是提升社会对职业教育的认可度。社会对职业教育的认可度对于吸引优秀学生和教师至关重要。提升策略包括通过媒体宣传和公共关系活动，提升职业教育的社会形象，以及通过成功案例和校友网络，展示职业教育的价值和成果。

第三章　中等职业教育发展报告

中等职业教育在现代职业教育体系中处于基础性地位，为我国经济社会发展提供了有力的人才与智力支撑。2022~2023 年，我国中等职业教育迎来了重要的发展机遇，更加注重质量与效益的提升，不断改革与持续发展，在办学条件、师资队伍、人才培养质量等方面取得诸多成就。但中等职业教育发展也面临发展定位存挑战、生源减少存危机、贯通培养存问题等挑战，影响着中等职业教育发展质量的进一步提升。本章对全国中等职业教育（不含技工教育）发展成就、核心挑战进行全面剖析，并提出未来发展的展望。

第一节　中等职业教育发展成就

随着中等职业教育从单纯的"以就业为导向"转变为"就业与升学并重"，中等职业教育改革持续推进，当前我国中等职业教育发展取得了多方面的成就，本节从经费投入、师资队伍、人才培养与服务贡献四个方面呈现中等职业教育取得的成绩。

一　教育经费投入稳定增长，基本办学条件不断改善

教育经费与办学条件是中等职业教育改革与发展的重要基础和保障，直接影响教育教学质量。"十四五"伊始，我国中等职业教育经费不断增加，办学条件持续改进，中等职业教育生均一般公共预算教育事

业费、生均校舍建筑面积、生均仪器设备值等标志性指标都有了较大的改善，彰显着中等职业教育日益重要的地位，也推动着中等职业教育向更高质量发展。

（一）生均教育经费稳中有升，政府经费支持力度不断加大

中等职业教育生均一般公共预算教育事业费是政府部门为中等职业教育机构的教育活动专门拨付的财政性资金，是指按照在校学生人数平均分配的一般公共预算中用于教育事业的费用，反映了以学生人数平均的一般公共预算教育事业费的充足情况。2018~2022年，我国中等职业教育生均一般公共预算教育事业费呈稳定增长态势（见图3-1）。截至2022年，我国中等职业教育生均一般公共预算教育事业费超过17000元，较2018年增长超20%，整体上呈现上升趋势，增幅较为明显，说明政府为中等职业教育提供的经费保障愈加充足，支持力度不断加大。

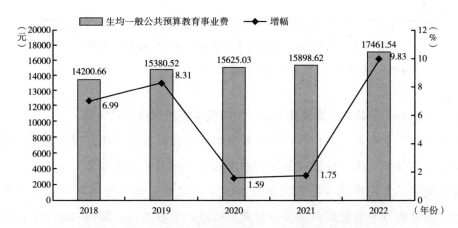

图3-1　2018~2022年全国中等职业教育生均一般公共预算教育事业费及增幅

资料来源：2018~2022年教育部全国教育经费执行情况统计公告①。

（二）校舍建筑面积明显增加，学校建筑资源保障持续完善

中等职业教育生均校舍建筑面积是职业教育办学条件的基础性指标，反

---

① 由于该指标2023年数据尚未发布，故统计时间截至2022年。

映了中等职业学校校舍建筑资源的充足程度，可以作为教育条件保障是否充分的衡量指标之一。2019~2023 年，我国中职学校生均校舍建筑面积不断增加，截至 2023 年，已超过教育部《中等职业学校设置标准》中规定的生均校舍建筑面积 20 平方米，达到 23.28 平方米，且仍然呈现持续走高的态势，学校建筑资源保障持续完善（见图 3-2）。

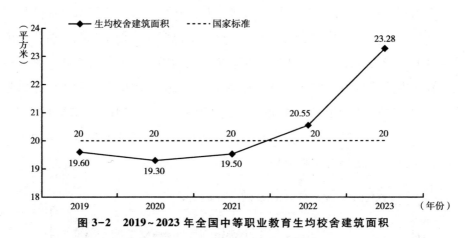

图 3-2　2019~2023 年全国中等职业教育生均校舍建筑面积

资料来源：依据 2019~2023 年教育部教育统计数据计算所得。

（三）仪器设备经费持续走高，中职教学资源保障日益完备

中等职业教育生均仪器设备值是指中等职业教育教学仪器设备总资产值与在校生总数之比。仪器设备是职业学校教育教学的基本要素，生均仪器设备值反映了学校仪器设备的充足程度，是衡量职业教育发展水平的重要指数，也是衡量职业教育办学保障与教育质量的重要指标。2019~2023 年，中等职业教育生均仪器设备值持续走高，五年间增长比例超过 20%（见图 3-3）。截至 2023 年，已超过 9000 元，远超《中等职业学校设置标准》中其他专业（2500 元）和工科与医药类专业（3000 元）的标准要求，增长态势良好，教学资源保障日益完备，办学条件不断提升。

二　师资数量与质量并行提升，教师专业能力持续提高

师资数量与质量是保障中等职业教育高质量发展的关键因素，没有高素

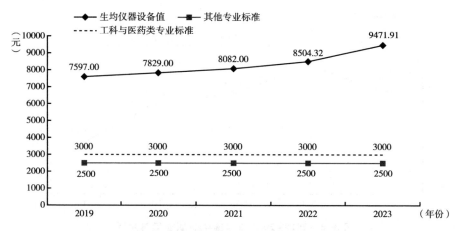

图 3-3　2019~2023 年全国中等职业教育生均仪器设备值

资料来源：依据 2019~2023 年教育部教育统计数据计算所得。

质的师资队伍就没有高素质技术技能人才，在影响中等职业教育教学改革与实践落地的同时，也在降低中等职业教育的质量和吸引力。"十四五"开始，随着中等职业教育师资队伍建设的不断深入，代表师资队伍数量与质量的中等职业教育生师比、教师学历结构、"双师型"教师比例等指标不断改善，教师专业能力持续提高。

（一）中职教育生师比持续走低，教师数量增加助推高质量发展

中等职业教育生师比是指某学年内中等职业教育中每位专任教师平均所教的学生数，用于反映教师数量的充足程度，是衡量中等职业教育质量的重要指标。生师比越低，代表某学年内某级教育中每位专任教师平均所教的学生数越少，也说明教师有更多的精力去关注每一个学生，有助于取得更好的教育效果。可以看到，2019~2023 年，中等职业教育生师比整体呈现下降趋势（见图 3-4）。截至 2023 年，中等职业教育生师比为 17.67，相较于 2019年前，降幅达到 6.7%，未达到《中等职业学校设置标准》中规定的中等职业教育生师比在 20 以下的要求，说明中等职业教育师资队伍数量不断增长，助推中等职业教育的高质量发展。

（二）中职教师学历不断提升，教师质量提升助力中职发展

根据《中华人民共和国教师法》中的相关规定，中等职业学校的专

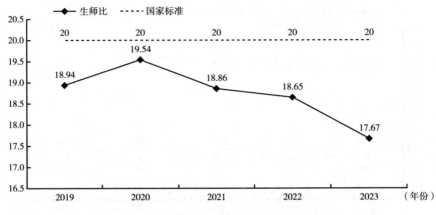

图 3-4　2019~2023 年全国中等职业教育生师比

资料来源：2019~2023 年教育部教育发展统计公报。

业课教师应当具备高等师范院校本科或者其他大学本科及以上学历。中等职业教育学历合格专任教师比例是指中等职业教育中具有本科及以上学历的专任教师数占中等职业教育专任教师总数的百分比；中等职业教育研究生学历专任教师比例是指中等职业教育中具有硕士研究生及以上学历的专任教师数占中等职业教育专任教师总数的百分比。教师学历是影响教师素质的一个重要因素，上述两个指标反映了中等职业教育师资队伍的总体质量，是教育条件保障和质量评价的重要依据。2019~2023 年，我国中等职业教育学历合格专任教师比例持续增长，到 2023 年已突破 95%，相较2019 年增长超 3 个百分点。[1] 研究生学历专任教师比例同样呈现上升趋势，截至 2023 年，已达到 9.41%，相较 2019 年增长 12.86%。中等职业教育教师学历的不断提升也反映了我国中等职业教育师资队伍质量在不断提升。

（三）法律规范职教师资培养，"双师型"教师比例不断上升

2022 年 5 月 1 日，《中华人民共和国职业教育法》正式实施，提出"国家建立健全职业教育教师培养培训体系""产教融合型企业、规模以上企业

---

[1]　2019~2023 年教育部教育发展统计公报。

应当安排一定比例的岗位，接纳职业学校、职业培训机构教师实践""职业学校的专业课教师（含实习指导教师）应当具有一定年限的相应工作经历或者实践经验，达到相应的技术技能水平""具备条件的企业、事业单位经营管理和专业技术人员，以及其他有专业知识或者特殊技能的人员，……取得教师资格的，可以根据其技术职称聘任为相应的教师职务"等，进一步明确了职业学校师资培养与认定的要求。同时，也促进了"双师型"教师比例的不断上升。"双师型"教师是指同时具备教师资格和行业能力资格，从事职业教育工作的教师。"双师型"教师是职业院校独有的一种教师类型，对职业教育的质量提高起着重要作用。中等职业教育"双师型"教师比例是指"双师型"专任教师占专任教师总数的比例。"双师型"教师比例越高，说明我国中等职业教育中拥有更多具有行业能力资格的教师，体现了更高的师资水平，有助于提高教育质量和对学生职业技能的培养。2019~2023 年，我国中等职业教育"双师型"教师比例呈现逐年上升趋势，2023年"双师型"教师比例达到 56.71%，相较 2019 年前增幅超过 85%，远超《中等职业学校设置标准》中规定的 30% 的比例，师资队伍结构愈加合理（见图 3-5）。

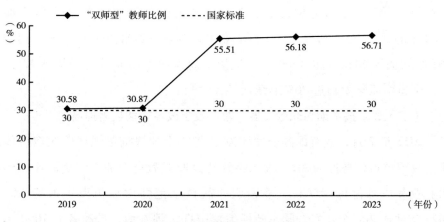

图 3-5　2019~2023 年中等职业教育"双师型"教师比例

资料来源：2019~2023 年教育部教育发展统计公报。

三　人才培养制度不断完善，教育教学改革持续推进

中等职业教育人才培养质量直接影响着其服务地方经济发展的能力。2022 年，中共中央办公厅、国务院办公厅印发《关于深化现代职业教育体系建设改革的意见》（以下简称《意见》），进一步推进现代职业教育体系建设改革，优化职业教育类型定位，也推动了中等职业教育人才培养质量的提升，在打通学生升学通道、提高学生就业质量、提升学生证书获得比例等方面不断取得新的突破，让千万名中职学生实现升学有基础、就业有能力。

（一）职教学制体系不断完善，学生成长成才通道愈加多元

《意见》明确提出"支持优质中等职业学校与高等职业学校联合开展五年一贯制办学，开展中等职业教育与职业本科教育衔接培养。完善职教高考制度，健全'文化素质+职业技能'考试招生办法"等拓宽职业院校学生成长成才通道的举措，让每个学生都有人生出彩的机会。尤其是在 2022 年《中华人民共和国职业教育法》颁布以后，更是历史性地确立完整的职业教育学制体系和职教考试招生制度，中等职业教育摆脱了"断头"教育的尴尬困境，学生升学通道更为多元，生涯路径也更为通畅，职业教育类型特征更加凸显。以山东省为例，职教高考报名人数由 2012 年的 3 万多增加到 2022 年的 20.9 万，初中后五年制职业教育专业点数量由"十三五"初期的551 个增加到 2022 年的 1600 个，年招生规模由不到 6 万人增加到 13 万余人，全省中职学生超过 70%继续读了大学①。

（二）数字技术助力职教发展，教育教学改革效能显著提高

2023 年 7 月，教育部办公厅印发了《关于加快推进现代职业教育体系建设改革重点任务的通知》，要求持续建设职业教育专业教学资源库、建设职业教育信息化标杆学校、建设职业教育示范性虚拟仿真实训基地。到2025 年建成 200 个左右全国示范性虚拟仿真实训基地，带动各地 1000 个左

---

① 资料来源于《山东省教育厅对〈关于进一步增强职业教育认可度和吸引力的建议〉的答复》。

右区域示范性虚拟仿真实训基地建设，推动职业院校技术技能人才实训教学模式创新。数字化已经成为各种类型教育发展的重要方向和必要支撑。对于职业教育来说，数字化手段的重要性尤其突出。越来越多的中等职业学校探索如何将数字化技术融入教学实际场景，让技能培养贯穿教育教学全过程，提升学生职业技能水平（见案例3-1）。

案例 3-1

杭州市富阳区职业教育中心：数字赋能 为职业教育插上"智慧翅膀"

数字化是近年来职业教育面临的重大变化与挑战，如何创新职业教育教学模式，发展数字职业教育，全面提升职业教育与经济、社会发展的适配性，已成为职业教育领域的重要课题。杭州市富阳区职业教育中心深化数字职教创新实践，以培养"人人懂数字、个个用数字、共享数字红利"的创新型复合型应用型人才为目标，在课程、实践、创新等方面进行数字化全面转型，取得了显著效果。学校成立由校长领衔的"数字赋能"专项建设工作组，对学校信息化建设进行全方位整体设计和架构，建设"一个中心、三大平台"，构建五大创新模式。全方位、高标准、高质量加快学校教育现代化建设，为培养更多数字化人才奠定基础。富阳区职业教育中心以培养现代服务业"数字工匠型"人才为宗旨，学校对接新岗位，重构专业课程体系，谋求专业数字化发展，建设"数字+"课程，将新媒体、虚拟现实技术、人工智能融入专业技能教学中。对接新技能，进阶实习实训基地，着力加快实训场地的数字化升级改造，现已建成计算机专业虚拟现实实训室、智能家居实训室、物流专业智慧仓储实训室、医药专业智慧种植园，让学生足不出校就能获得真实的岗位工作体验。近两年，学校组织"数字技能"等级考核，学生全部通过，获得中级和高级的比例逐年提高。学生综合能力得到提升，在各级职业能力大赛中实现三年连创新高。近3年毕业生得到用人单位的一致好评。

——《中国教育报》2022年12月20日，第12版

（三）人才培养质量不断提高，学生职业证书获取比例不断上升

在一系列教育教学改革的推动、制度体系的完善下，职业教育人才培养质量不断提高。通过中高本衔接、贯通培养、完善职教高考等，2022 年，全国已有超过一半的中职毕业生升入高职（专科）和本科继续学习，部分省（市），如上海等已超过 70%。截至 2023 年，职教高考录取人数占高职院校招生规模的比例，从 2014 年的约 20% 增加至 2023 年的 60%[①] 以上。在就业方面，调查显示，2022 届中职毕业生就业对口度达到 75.14%[②]。毕业生获取职业证书的比例是职业教育人才培养质量的客观体现。2022 年、2023 年，我国中等职业教育毕业生职业证书获取比例[③] 分别为 76.35%、76.61%，呈现逐年上升趋势。无论是升学还是就业，中等职业教育人才培养质量不断提高。

四　人才培养培训功能不断发挥，积极服务地方经济发展

职业院校毕业生已成为支撑中小企业集聚发展、产业迈向中高端的重要力量。从根本上来说，发展职业教育的目的就是要为区域经济社会发展服务，中等职业教育作为职业教育的起始阶段，通过对接产业人才需求，提高人才培养与培训质量，发挥着服务地方经济发展的作用。

（一）人才培养对接产业需求，校企共谋促进地方经济发展

随着产业转型升级的不断加快，各中职学校结合地方优势特色与需求也在不断调整专业结构与人才培养目标，力求服务地方经济发展。从人才培养的角度来看，2022 年，我国中等职业教育共培养第一产业专业毕业生 202654 人、第二产业专业毕业生 636518 人、第三产业专业毕业生 3153553 人，分别占当年毕业生总数的 5.08%、15.94% 和 78.98%[④]。与此同时，可

---

① 资料来源：第十四届全国人民代表大会常务委员会第六次会议，教育部部长怀进鹏受国务院委托向全国人大常委会报告关于考试招生制度改革情况。
② 《2023 中国职业教育质量年度报告》。
③ 依据 2022~2023 年教育部教育统计数据计算所得。
④ 依据 2022 年教育部教育统计数据计算所得。

以看到，2022 年我国第一、第二、第三产业就业人员分别为 17663 万人、21105 万人、32583 万人，分别占就业总人数的 24.76%、29.58%、45.67%①。总体来说，中等职业教育的人才培养结构基本是适应产业结构与发展需求的，专业结构及其变化虽然与产业需求之间略有出入，但是整体符合产业发展方向。

（二）发挥中职学校培训功能，职业教育服务社会功能不断凸显

《意见》中多次提到要加强职业教育培训功能建设，如"面向行业企业员工开展岗前培训、岗位培训和继续教育，为行业提供稳定的人力资源"等。同样，培训也是中等职业教育服务地方经济社会发展的重要途径。在 2023 年发布的《职业教育产教融合赋能提升行动实施方案（2023—2025）》等政策文件的引导下，许多中职学校与企业积极开展合作，深化产教融合、校企合作，不仅促进了学校人才培养质量的提升，也为企业提供了高质量的人才（见案例 3-2）。

案例 3-2

包头机电工业职业学校：创新"开放贯通融合"办学模式 助力企业发展

职业教育作为与经济社会发展关系紧密的教育类型，在推进制造强国、质量强国建设中扮演着重要角色。面对新时代新任务的困难与挑战，包头机电工业职业学校主动出击、积极作为，创新"开放贯通融合"办学模式，探索混合所有制产业学院办学模式改革，企业已投入 260 余万元建成了航空服务实训基地，已开展社会化培训，完成了呼伦贝尔东山国际机场值机岗人员岗前培训并安置上岗。深入开展"中高企"一体化订单式人才培养，与企业共同制定人才培养方案、共同开发课程体系、共同建设教学资源、共同打造教学团队、共同组织教学实施、共同进行教学评价，将教育链、人才链与产业链有机融合、协同发展。创建行业性产教融合共同体，积极与企业、

---

① 依据 2022 年《中国统计年鉴》计算所得。

科研院所、职业院校合作，把专业建在产业上，把课堂搬到车间里。组建结构化教学创新团队，开展课题研究、课程开发，产学研一体化运行，提升学校服务学生全面发展和经济社会发展的能力。强化学校服务地方经济社会发展的职能，通过"政行企校"四位一体合作模式，开放办学，下沉课堂，技能下乡，送教上门，为农牧民就业创业提供服务。2023 年，学校提质培优项目和"双优计划"、示范性虚拟仿真实训基地建设取得阶段性成效，社会化培训完成 6900 多人次，学校获得"国家职业院校服务全民终身学习项目实验学校"称号，赢得了良好的社会声誉和办学效益。

——《中国教育报》2023 年 12 月 21 日，第 8 版

第二节　中等职业教育发展挑战

在当今经济高质量发展的新时期，我国中等职业教育正面临着前所未有的挑战。一方面，随着经济结构的转型升级，对于技术技能人才的需求日益增长，这就要求中等职业教育能够更加紧密地与产业发展对接，培养出更符合市场需求的高素质技术技能人才。另一方面，中等职业教育在办学条件、师资力量、专业设置等方面还存在不少短板，如区域发展不平衡、校企合作不够深入等。目前，中等职业教育仍面临着一些困境，具体体现为未来发展存挑战、招生生源存危机和中高职贯通培养存问题。

一　中等职业教育发展定位仍存挑战，类型特征较不明显

近年来，国家和教育部高度重视中等职业教育的发展，通过一系列政策文件明确了其在未来教育体系中的重要定位。然而，面对社会经济环境的快速变化、教育体系的持续调整以及技术的不断进步，中等职业教育在明确其类型特征和发展方向上仍面临挑战。尽管如此，中等职业教育在培养技术技能人才、服务区域经济发展、促进教育公平等方面仍发挥着不可替代的作用，其在未来的发展中仍需进一步明确定位，以适应新时代的要求。

（一）中职教育升学导向趋势日益强劲

《国家职业教育改革实施方案》提出："把发展中等职业教育作为普及高中阶段教育和建设现代职业教育体系的重要基础"，从国家战略的高度对职业教育的定位做出了明确的规定。此后于 2022 年又明确指出："把推动职业教育高质量发展摆在更加突出的位置""以深化产教融合为重点"。近年，国家提出的职教高考采用"文化素养+职业技能"的方式培养德智体美劳全面发展的后备力量，备受教育界和社会推崇。这一举措大力推动了职业教育升学，长三角等发达地区的中职学生升学率达到 75% 甚至更高。较 2022 年，2023 年普通本科中专科起点招生同比增长 4.63 万人，职业本科中专科起点招生同比增长 1.36 万人①。较 2021 年，2022 年普通本科中专科起点招生同比增长 14.85 万人，职业本科中专科起点招生同比增长 1.8 万人②。然而，中职功能定位的模糊必然会导致职业教育与普通教育的界限模糊，削弱了职业教育的特色与优势，影响其在教育体系中的独特地位。在以产教融合为主旋律的今天，"技工荒"是持续困扰产业高质量发展的一个严峻问题，预计到 2025 年该类人才缺口会达到 3000 万人③。因此，如何妥善把握职业教育"升学"与"就业"两条腿走路方向，为重点领域产业培养高素质技术技能型人才是当前中职教育亟须思考的问题。

（二）中等职业教育地区资源配置亟待均衡发展

中等职业教育资源分配不均衡是当前我国教育领域面临的一个重要问题，它直接影响了教育的公平性和质量，进而影响到社会经济的均衡发展。职业教育具有鲜明的地域特征，"一体两翼五重点"中的"一体"即省域现代职业教育体系。职业教育这种低重心特征，决定了省域资源分配对职业教育有深刻影响。《意见》提出，"经费投入要进一步突出改革导向，支持校

---

① 教育部：《2023 年全国教育事业发展统计公报》，2024 年 10 月 24 日。
② 教育部：《2022 年全国教育事业发展统计公报》，2023 年 7 月 5 日。
③ 胡国友：《高质量发展背景下增强中等职业教育适应性的挑战与应对》，《教育与职业》2022 年第 10 期。

企合作,注重向中西部、贫困地区和民族地区倾斜。"《2022 年全国教育经费执行情况统计表》显示,资源分配不均主要表现在三个方面。一是教育经费投入量不均衡。例如,江苏省的教育经费达到了 2544.33 亿元,而吉林省仅为 497.35 亿元[①]。这种投入量的显著差异直接反映了中等职业教育资源在不同地区间分配的不均衡。二是教育经费增长幅度存在差异。浙江省的教育经费增长幅度为 7.52%,而黑龙江省仅为 1.21%。这种增长幅度的差异意味着在资源增量分配上,不同地区的中等职业教育并未获得均等的增长机会。三是教育经费占比不均衡。主要表现为东部地区的中等职业教育经费占比明显高于中西部地区。因此,未来需要继续加大对教育的投入力度,特别是加大对中西部和农村地区的教育支持力度,以促进教育公平和均衡发展。

(三)中等职业教育的基础地位仍需加强巩固

尽管 2022 年新修订的《中华人民共和国职业教育法》强调了职业教育和普通教育是具有同等地位的教育类型,但受职业教育内部和外部环境因素的双重影响,仍然给中等职业教育基础地位的发展带来了挑战。根据教育部发布的数据,2023 年中等职业教育招生 454.04 万人,较上年减少 30.75 万人,下降 6.34%;普通高中招生 967.80 万人,较上年增加 20.26 万人,增长 2.14%[②]。中职招生人数占高中阶段教育招生总数的比例约为 31.9%。而在教育经费方面,《2023 年全国教育经费执行情况统计快报》显示,全国高中阶段教育经费总投入为 10154 亿元,较上年增长 6.2%。其中,中等职业教育经费总投入为 3309 亿元,较上年增长 2.1%[③],其增长率远低于普通教育。从外部环境看,党的二十大报告提出"统筹职业教育、高等教育、继续教育协同创新""要大力弘扬劳模精神、劳动精神、工匠精神"。但当前社会对于中等职业教育重要性的认识仍存不足。此外,校企合作不够深入、

---

① 教育部、国家统计局、财政部:《2022 年全国教育经费执行情况统计公告》,2023 年 11 月 21 日。

② 教育部:《2023 年全国教育事业发展统计公报》,2024 年 10 月 24 日。

③ 教育部:《2023 年全国教育经费执行情况统计公告》,2024 年 7 月 22 日。

办学自主权较弱以及在教育体系中地位有待进一步提高等均为影响中等职业教育基础地位的重要因素。

二　中等职业教育面临生源危机，职教吸引力有待提升

我国人口负增长态势日益加剧，这对中等职业教育的稳定发展产生了深远影响。这一人口结构的变化不仅对中等职业院校的招生规模和教育质量造成压力，也对院校的稳定发展和教育资源的合理配置提出了新的要求。特别是随着适龄学生数量的减少，一些地区的中等职业学校可能会面临生源不足的问题，这不仅影响了学校的运营和发展，也可能引发教育资源的重新分配和优化。同时，这一趋势也促使中等职业教育加快改革步伐，提升教育质量，以适应社会和经济发展的新需求。

（一）人口出生率下降给中等职业教育带来"生源危机"

学生是教育事业的重要组成部分。《中华人民共和国国民经济和社会发展统计公报》显示 2022 年和 2023 年全国出生人口分别为 956 万人、902 万人，出生率分别为 6.77‰、6.39‰，其中 60 周岁以上的人口同口径增长 1.3%[①]，特别是 2022 年我国人口首次出现负增长的情况，这是历史性的变化。人口结构的变化，带来了出生率下降和老龄化严重双重问题。有关数据显示，全国共有中等职业学校 7201 所（不含技工院校），同口径比上年减少 93 所。中等职业教育招生 484.78 万人，同口径比上年减少 4.21 万人，下降 0.86%[②]；因此，人口出生率的下降给中等职业教育带来了显著的招生压力。有关数据显示，劳动年龄人口（16~59 岁）的增长速度放缓甚至开始下降。这意味着未来劳动力市场的结构将发生变化，对劳动力素质和技能的要求也将提高，这势必成为中等职业教育面临的严峻挑战。

（二）社会对中等职业教育认可度不高

中等职业教育的生源下降与其吸引力不足之间存在紧密的关联。《中国

---

① 国家统计局：《中华人民共和国 2022 年国民经济和社会发展统计公报》，2023 年 2 月 28 日；国家统计局：《中华人民共和国 2023 年国民经济和社会发展统计公报》，2024 年 2 月 29 日。

② 教育部：《2022 年全国教育事业发展统计公报》，2023 年 7 月 5 日。

职业教育发展大型问卷调查报告》数据显示，68.62%的受访者认为职业教育的社会认可度是影响职业教育发展的最大困难之一①。报告进一步揭示，职业教育作为一种具有鲜明区域特色的教育形式目前正遭遇挑战，其中地方政府对职业教育重视不足的问题位居第三，占比高达52.59%。与国家层面统筹管理的高等教育不同，如果地方政府未能给予职业教育足够的关注，那么在公众中提升其吸引力便无从谈起。实际上，人力资源市场与中职院校信息对接不畅、儒家文化②对我国的深刻影响、教育内卷的持续升级等都会持续地削弱中等职业教育的吸引力，作为产业发展中坚力量的中等技能型人才培养究竟应该何去何从？需要全社会予以高度关注。

（三）高技能人才需求驱动中等职业教育变革

高技能人才的需求如同催化剂，不仅推动了中等职业教育向更高质量、更深层次的发展，也促使教育体系内部进行深刻变革。中共中央办公厅、国务院办公厅发布的《关于加强新时代高技能人才队伍建设的意见》明确提出："到'十四五'时期末，技能人才占就业人员的比例达到30%以上，高技能人才占技能人才的比例达到1/3，东部省份高技能人才占技能人才的比例达到35%。"由此可见，国家对技能型人才、高技能人才的需求十分迫切。中等职业教育承担着为我国培养德智体美劳全面发展的社会主义建设者和接班人的重要使命，承担着为高等教育输送源源不断的具有良好职业素养和扎实综合职业能力的人才的责任。在中职学校逐年减少、生源不断缩减、经费拨给不足的情况下，这无疑是一个巨大的挑战。

三 中高职贯通培养统筹不足，多主体间沟通机制有待完善

在我国现代职业教育体系建设持续深化的背景下，中高职贯通培养模式正逐步从规模扩张向质量提升转变。这一进程中，尽管取得了显著进展，但仍面临着不少挑战。培养目标的精准定位、专业体系的科学构建、课程内容

---

① 王湘蓉、孙智明、王楠等：《中国职业教育发展大型问卷调查报告》，《教育家》2021年第17期。
② 赵志群：《提高职业教育吸引力的关键》，《人民论坛》2024年第13期。

的合理设置以及评价机制的健全发展等方面，都是当前亟待解决的问题。这些挑战的存在，不仅影响了中高职贯通培养模式的效果，也制约了教育质量的提升。因此，如何有效应对这些问题，进一步统筹推动中高职贯通培养模式的高质量发展，成为职业教育领域的重要课题。

（一）中高职院校专业体系衔接不畅

中高职实现高质量贯通培养的前提条件在于专业体系的完备建设。这一要求强调了专业体系在贯通培养过程中的基础性和重要性，要求相关机构必须致力于构建全面、系统、科学的专业体系，以确保中高职教育的有效衔接和高质量发展。职业教育专业的设置与产业需求的精准对接，是产教融合发展战略中的核心引领环节。一是专业设置和产业布局存在错位现象。部分高职院校的专业设置与产业发展、岗位需求匹配度不够，存在既过于分散又冗杂的现象，导致教学资源浪费和就业压力增大。《2023 年中国职业教育质量年度报告》提出，高职开设专业对应第一、第二、第三产业比例分别为6.24%、40.84%、52.92%，基本集中于第三产业[①]。二是中高职培养衔接存在专业泛化现象，缺乏深层次专业内涵。中高职在制定培养方案和课程设计时往往缺乏统一的协调和衔接机制。学生在从中职到高职的过渡过程中可能会存在学习内容脱节的现象，影响技术技能型人才培养的连贯性。

（二）中高职院校课程设置匹配性不足

课程是人才培养的主要载体和核心。要想推动我国中高职高质量贯通培养就需要加强不同学段课程的衔接性。目前，中高职院校在课程设置上存在"各自为政"的现象，中职阶段的教育更注重基础技能的培养，而高职阶段则期望学生能够直接对接到更高层次的专业技能或管理岗位上。这种课程设置上的不连贯性，往往导致学生在高职阶段需要重新学习本应在中职阶段掌握的知识和技能。这种脱节不仅浪费了教育资源，也影响了学生的职业发展。从培养对象上来说，我国分支型学制决定了高职的生源是高中毕业生和中职毕业生两种类型的学生，两者在对知识技能的掌握程度上存在一定的差

---

① 中国教育科学研究院：《2023 年中国职业教育质量年度报告》，2023 年 12 月 28 日。

异。由于培养目标的不清晰，在课程组织衔接过程中，常常出现用终极性目标取代发展性目标的情况[①]。从课程设置逻辑本身看，部分高职院校出现了重理论而轻实践现象，更类似于普通高中的课程体系建设模式。同时，课程资源存在重复建设的问题，更有甚者出现了"学术漂移"的现象[②]。

（三）中高职院校人才评价体系连贯性欠缺

《关于加强新时代高技能人才队伍建设的意见》提出"健全以职业资格评价、职业技能等级认定和专项职业能力考核等为主要内容的技能人才评价机制"。近年来，国务院、教育部门颁布的文件中几乎都提及职业教育评价的问题，其重要性可见一斑。中等职业教育作为中等教育阶段的重要组成部分，其核心在于全面评估学生的基础知识掌握程度与技能应用水平。在当前升学导向越发明显的背景下，中职教育的评价体系往往过分聚焦书面考试成绩，这在一定程度上忽视了对学生学习过程中的成长轨迹以及综合职业能力培养的全面评价。高职教育的评价体系关注学生素质、理论掌握情况和创新能力，但评价中行业企业参与程度较低，第三方机构反馈不及时，评价难以突破现有桎梏。中职与高职评价体系存在两大问题：一是普教化评价模式痕迹依旧留存，脱离了行动导向教学模式的本心；二是沟通机制不健全，加剧了盲目性和随意性，影响评价科学性和有效性。要解决中职和高职评价"两张皮"的现象，需要更多地着眼于上游学校和下游学校的沟通，构建多元评价机制。

第三节　中等职业教育发展展望

2022 年以来，社会舆论领域一些专家将教育内卷的矛头指向中考后的普职分流，"取消中考分流""取消中职，普及高中教育"似乎成为缓解教

---

① 史丽晶、林映巡、韩江萍：《中高职一体化课程组织衔接的逻辑脉络与实践路径——以学前教育专业为例》，《教育与职业》2024 年第 15 期。
② 古翠凤、张雅静：《类型教育视角下中高职人才贯通培养的协同机制研究》，《职业技术教育》2022 年第 25 期。

育焦虑的处方药，甚至影响到中等职业教育改革政策的制定。2022 年我国高等教育毛入学率也只是 59.6%，即仍然有 40% 多的高中阶段毕业生要直接就业。① 如果取消中等职业教育，那么这些学生将在没有任何职业概念、不熟悉基本职业规范、缺乏初级职业技能的情况下走向劳动力市场。因此，初中毕业生学业成绩分化、高中阶段学生的就业需求、高等职业教育对职业基础教育的需求，以及高中阶段教育职普融通改革趋势，决定了当前我国对中等职业教育的需求。

党的二十大报告明确提出"坚持高中阶段学校的多样化发展"，强化中职教育的基础性作用，把发展中职教育作为普及高中阶段教育和建设中国特色现代职业教育体系的重要基础。中等职业教育将按照升学与就业并重的办学定位，为学生提供多元发展路径。中等职业教育在困境中寻求突破，未来需要强大自身，通过"双优计划"做强优质学校和专业；通过市域中职学校合并发展，优化中职学校布局与结构，整合资源，集中优势；拓展功能，承接乡村振兴、社会培训、劳动教育等多元职能；应对数智时代的新变化，完善中高、中本纵向贯通，加强普职横向融通。

一　实施"双优计划"优化中职类型定位，引领职教未来发展

《教育部等九部门关于印发〈职业教育提质培优行动计划（2020—2023 年）〉的通知》提出，到 2023 年，遴选 1000 所左右优质中职学校和 3000 个左右优质专业、300 所左右优质技工学校和 300 个左右优质专业，即中职"双优计划"。该计划旨在集中力量建成一批具有示范引领作用的优质中等职业学校和优质专业，带动广大中等职业学校发展，促进专业建设水平提升，推动中等职业教育高质量发展。各地启动实施地方"双优计划"建设方案，被纳入教育部中职"双优计划"的学校和专业，按教育部建设管理要求执行。

---

① 《教育部：我国高等教育毛入学率达 59.6%》，教育部政府门户网站，2023 年 3 月 23 日，http://www.moe.gov.cn/fbh/live/2023/55167/mtbd/202303/t20230323_1052379.html。

优质中职学校遴选要求学校组织结构健全、制度健全、管理规范；办学条件符合《中等职业学校设置标准》；专业设置与区域经济社会发展需求高度契合；近五年无重大违规办学行为、重大安全责任事故、重大负面舆情、领导班子无违法违纪违规行为等。在此基础上，学校建设成绩显著，教学成果丰硕，专业建设成效明显，师生专业实践技能水平提升明显，学生创新创业能力水平提升明显，教师教学能力水平提升明显，教学资源建设成效明显，"双师型"教师队伍建设、教师教学创新团队、名师工作室等方面成效明显等是优选条件。

优质专业遴选要求专业定位准确，对接区域主导产业、支柱产业、战略性新兴产业，服务产业转型升级和区域经济发展需求；专业特色鲜明，与学校办学方向、学校发展规划高度吻合；专业人才培养目标定位准确。此外，要求专业具备专兼结合的"双师型"教学团队；校内外教学实践基地设施先进、管理规范，基地建设与实践教学项目设计相适应、相配套；人才培养、课程和教学等坚持产教融合、校企合作、理实一体的方向等；专业建设行业优势明显，与产业对接紧密，有较强社会影响力；专业建设特色鲜明，充分体现信息化、国际化、个性化和多样化，形成原创性范式和经验。

"双优计划"以职业教育类型特征为基础确立遴选标准和建设方案，夯实中等职业教育作为中国特色现代职业教育体系的重要基础。近十年来，中等职业教育服务人才培养，累计为国家输送近 7000 万名高素质劳动者和技能型人才，不仅服务产业需求，为经济社会发展提供有力支撑，也对稳定就业、促进民生保障社会稳定发挥积极作用。

二 优化布局结构，在"区域联合"模式下推进中职协同发展

规模较小、分布散乱、教育资源不足、教学质量不高的"空小散弱"中等职业学校通常存在师资力量薄弱、教学设施落后、管理不规范等问题，导致学生无法获得良好的教育资源和职业发展机会，这些学校的招生乱象和教学质量问题一定程度上损害了中等职业教育的整体形象，加深了社会对中等职业教育的偏见。为了解决"空小散弱"中等职业学校的问题，各地政

府和教育部门采取了一系列措施，包括合并、托管、集团化办学、终止办学等，以优化职业教育资源，提高办学质量，使职业学校布局结构更加优化，与区域产业发展更加匹配。

例如，山东省教育厅等 5 部门联合印发的《山东省职业学校办学条件达标工程实施方案》（鲁教职字〔2023〕5 号）提出，结合区域经济社会发展需求，省级统筹省域内高等职业教育资源，市级统筹市域内中等职业教育资源，采取合并、集团化办学、终止办学等形式，优化职业学校布局。从 2023 年 11 月调度数据来看，2023 年全省各地整合资源优化布局，对小、散、空的中职学校进行撤改并，合并中职学校 15 所，[①] 终止办学中职学校 13 所，8 所中职学校开展集团化办学，职业学校布局结构得到初步优化。随着职业教育资源的整合和优化，中等职业教育将更加注重教学质量和服务水平的提升，以满足社会的多样化需求。同时，政府和社会各界也将更加重视中等职业教育的发展，提高其地位和影响力，缓解普职分流焦虑，为学生提供多元的选择。

案例 3-3

云南：推进中职学校撤改并

为推进云南省职业学校办学条件达标工作，省教育厅联合省发展改革委、省财政厅等 5 部门印发《云南省职业学校办学条件达标工作实施方案的通知》，指导各地各校按照"一地一案""一校一策"制定方案并推动落实。各州市在充分考虑人口变化趋势、区域产业发展需要、区域职业教育资源布局的基础上，全面优化整合本州市职业教育资源，科学合理制定"一地一案"，全面统筹推进本州市职业学校办学条件达标建设。积极争取中央和省级专项资金、教育强国专项资金、地方政府专项债券等共计 40.92 亿元用于改善职业院校办学条件。制订职业院校职业教育体系建设行动实施方案

---

① 《山东教育厅回复》，人民网·领导留言板，2024 年 4 月 3 日，https：//liuyan.people.com.cn/threads/content？tid＝20352936。

项目清单。云南大部分省属中职学校均与省属高职学校合并。有消息称，2023 年，云南省 49 所高职院校投入达标建设 31.63 亿元，新增教师编制 2535 人；各州市投入达标建设 3.12 亿元，县级投入 4.06 亿元，校级投入 5.92 亿元，新增编制 295 个。建立了省级统筹、州市负责、县级实施、学校主体的统筹协调机制，加强政策协调、工作衔接、调研督导，及时发现新情况新问题，不断完善政策支持措施，形成工作合力。全省 366 所中职学校，大部分已明确"四个一批"资源优化整合方案，有效推动了全省职业教育布局和结构优化。省属中职学校除云南建设学校外，均与省属高职学校合并；普洱市、昭通市、保山市、西双版纳州、文山州等州市以合并、集团化、撤销等方式实现中职资源整合。下一步，云南省教育厅将持续推进"四个一批"资源优化整合，采用约谈、现场调度等方式有针对性地共同研究推进达标建设中的难点堵点，加强州市学校合并、终止、变更等业务指导，统筹推进"四个一批"资源整合。

——《中国教师报》2024 年 4 月 17 日，第 15 版

三　拓展中等职业学校整体功能，服务职普融通、终身学习

为保障新时期中职教育整体功能的全面实现，有序引导中职学校按功能特色合理分类发展，以办"适合的教育"增强新时代中等职业教育适应性。根据新《职业教育法》及有关法规政策，参考借鉴不同地区中职发展的实践样态，可将中职学校按功能特色分为五大类：一是以区域教育文化中心为导向的中职学校。以开放性和终身性为主要特征，着重于中职与社区、企业、中小学校的开放融合，重点做好区域内社区教育、老年教育、中小学职业启蒙教育和职业规划指导，做好区域劳动力就业、再就业培训和职业学校教育，成为服务全民终身学习的区域教育文化中心。二是以升学为导向的职业基础学校。以知识性和技术性为主要特征，着重于对接产业升级迫切需要更多高水平、复合型技术技能人才，以及新增劳动力平均受教育年限增长需要、新成长劳动力接受更长时间教育的现实需求，深化中等职业教育供给侧

改革，重点做好职业基础教育、企业职工培训、参与行业企业技术服务和技术成果转化。三是以职普融通为导向的综合高中。以融通性和综合化为主要特征，积极推行"学分制"和职普课程互选，着重于联合开发"课程池"，建立综合性课程体系，促进学习成果融通互认，为学生提供升学、就业、创业、职业发展多样路径，形成职普融通新动能。四是以职业教育公共管理和服务为导向的县级职教中心。以统筹性和多功能为主要特征，着重于县域职业教育培训资源统筹、教学指导、教育质量评价、教师培训等公共管理和服务工作，开展多种形式的职业教育和技术技能培训，办成职业教育培训资源统筹中心、就业创业一体化服务中心、乡村振兴服务中心、科学实验和科技推广中心。五是以就业创业为导向的技工学校和中职学校。以服务就业创业为主要特征，聚焦新职业新工种和紧缺岗位加强职业教育和技能培训，着重开展面向农民工、新型职业农民、退役军人、下岗职工和农村新成长劳动力的学历教育和技能培训，提高其技能素质和稳定就业能力。[1]

地方政府作为高中阶段教育的指导者、管理者和实施者，是中职多样化发展的推进主体。要统筹区域人力资源开发的规模、结构和层次，以地（市）为单位，全面核查区域内中职学校基本办学条件和发展状况，将中职学校布局调整与优化中职学校功能特色相结合，做好多样化发展的规划布局和推进实施。切实发挥地方政府的统筹规划、综合协调和宏观管理作用，搭建部门间、产业间、学校间的合作交流平台，对不同功能特色的中职学校给予分类支持。

案例 3-4

杭州：职普融通给学生更多选择

杭州市教育局发布最新方案，确定余杭区、临平区、富阳区、建德市 4 个区（市）为杭州市高中阶段职普融通试点区，试点周期为三年。各试点

---

[1]　郭静：《功能结构视角下中等职业教育多样化发展的制度构建》，《中国教育学刊》2022 年第 11 期。

区可根据本区高中教育资源实际情况，自主选择一所或多所普通高中与一所或多所中等职业学校作为试点学校，经市教育局批准后开展职普融通试点，试点学校原则上在三年试点期间内不再作调整。职普融通试点学校（含综合高中）的招生工作须按照普通高中的招生管理办法实施。职普融通试点区和试点学校要积极探索创新职普融通的试点方式，鼓励采取设立职普融通班、合作开展职普融通课程建设、相互开设选修课程等方式创新推进职普融通试点工作。其中，试点普通高中须与结对中等职业学校至少开展一个专业合作（不含五年制职业教育班和中本一体化班），并以合作专业作为试点学校学生的专业培养方向。鼓励有条件的试点区通过新设综合高中的形式推进职普融通试点工作。其中，职普融通试点班招生计划实行单列，与普通高中同步填报志愿、同步录取，教学方案、办学地点等应当事先公布。职普融通试点班的初始学籍统一录入试点班所在高中。逐步推进普通高中学生和中职学校学生学籍互转，建立普通高中和中职学校学生升学"立交桥"。试点学校职普融通班学生可根据自身学习情况自愿提出转换学校申请，申请一般在高一第一学期末提出，每名学生只可申请转换 1 次。

——《杭州日报》2024 年 8 月 12 日，第 3 版

四 应对"数智时代"新要求，加强中职纵向贯通与横向融通

数智技术对生产组织方式和技术技能人员的能力提出了新的要求，国际范围内，职业教育层次高移成为基本趋势，同时，职业教育与普通教育的融合成为当前教育体系发展的基本趋势。2022 年新修订的《中华人民共和国职业教育法》对"贯通"作出了明确规定。第十四条提出"国家建立健全适应经济社会发展需要，产教深度融合，职业学校和职业培训并重，职业教育与普通教育相互融通，不同层次职业教育有效贯通，服务全民终身学习的现代职业教育体系。"第三十七条规定"中等职业学校可以按照国家有关规定，在有关专业实行与高等职业学校教育的贯通招生和培养"，进一步明确了贯通培养的主体和范围。从法律条文表述中可以看出，职业教育纵向贯

通、横向融通已经得到了法律保障。

中等职业教育向上纵向形成了不同的贯通模式，根据培养主体、培养时间和是否分段等可分为"3+2""3+3""4+2""5+0""0+5"等类型。"3+2"模式是各省市普遍采用的，上海、山东、海南等地均采用这一模式。"3+3"和"4+2"主要是江苏采用的模式，"5+0"模式主要集中在中职学校，采用此模式的省份有海南和江苏等，江苏联合职业技术学院的办学模式本质上也属于"5+0"模式。而"0+5"则是开展较早的五年制专科贯通培养模式，如上海近年来建立的五年一贯制新型职业学校等。中本贯通，各省（区、市）普遍采取的是"3+4"模式，前三年学生在中职学校就读，经过省级统一考试和本科院校考试，升入本科阶段学习，完成规定学业，可获得本科毕业证书和相应学位。转段时需通过省级统一考试既是教育部的有关规定，也是确保学生具有本科阶段学习能力的重要制度保障。例如，北京启动时为"3+4"模式，后调整为"5+2"，学生在中职学校就读 5 年，本科院校就读 2 年。但在实践中，中等职业教育向上贯通存在现实困境或问题，如中职学校主动、高本学校被动；中职学校话语权式微，高本学校强势；中高本合作院校管理难以协调；中高职实践逻辑与本科学科逻辑不适应；等等。①

中等职业教育与普通教育横向融通目前理论探索居多，实践上尚未形成有效的模式。未来可以尝试从课程互设的职普融通设计开始，在中等职业教育维度，强化公共基础课程，整合专业课程，注重提升专业素养。在普通教育维度，在课程案例中多采用来自职业场景的实例，增设职业课程，开展职业生涯规划课程等。进而逐步推进到基于学校互融的职普融通设计，直至基于学制互通的职普"立交桥"。②

---

① 刘磊：《我国职业教育贯通培养的实践审思》，《苏州大学学报》（教育科学版）2023 年第 2 期。

② 徐国庆、余韵：《职普融通的当代涵义与实践框架——基于技术及职业关系演变的分析》，《教育研究》2024 年第 2 期。

第四章　技工教育发展报告

2022~2023 年，技工教育迎来了新的发展契机。2022 年，新修订的《中华人民共和国职业教育法》（以下简称新《职教法》）第十条明确规定："国家采取措施，大力发展技工教育，全面提高产业工人素质"，将技工教育提到一个新的历史高度。在此期间，国家不断出台与完善技工教育发展政策，各类技能人才激励政策不断推出，为技工教育发展提供了良好发展氛围。2022~2023 年，技工院校总体招生规模逐步扩大，高技能人才层出不穷；全面推行工学一体化技能人才培养模式，大力推进技能人才评价工作，畅通技能人才职业发展通道；中国技能团队在世界技能大赛中勇居金牌榜首。总之，技工教育正沿着服务中国制造向中国智造转变、从制造大国向制造强国迈进的道路蓬勃发展。本章拟从技工教育成就、挑战、展望三个方面，综合报告 2022~2023 年全国技工教育发展情况。

第一节　技工教育发展成就

2022~2023 年，在国家主管部门、地方政府及其职能部门的指导和支持下，技工教育在人才成长环境、发展规模、教学质量、社会影响等方面都取得了突出的成就，为经济社会发展提供了强有力的技能人才支撑。

一　技能人才成长环境不断优化

（一）技工教育支持政策不断完善

习近平总书记多次强调技术工人、技能人才培养的重要性，要求"大力发展技工教育"。党的二十大报告首次将教育、科技、人才工作集中论述，将人才强国战略与科教兴国战略、创新驱动发展战略一体化部署，强调人才是全面建设社会主义现代化国家的基础性、战略性支撑。培养造就大批德才兼备的高素质人才，是国家和民族长远发展大计。

两年来，法律和政策层面在明确技工教育办学地位、推进技工教育办学质量、规范技工院校毕业生发展等方面实现了新的突破。2022 年 5 月 1 日，新《职教法》正式施行，重点突出就业导向，明确规定将符合条件的技师学院纳入高等职业学校序列，拓展了技工教育改革发展的新思路，为职业教育和普通教育更好地融通埋下伏笔，给现有技工教育结构的创新发展预留了空间[①]。新版技工院校毕业证书于 2022 年 9 月 1 日起正式启用，对证书中部分内容进行了适当的调整完善，进一步支持技工院校毕业生各项政策待遇落实。2022 年 10 月，中共中央办公厅、国务院办公厅印发《关于加强新时代高技能人才队伍建设的意见》，对加大高技能人才培养力度、改革技能人才多元评价机制、完善技能导向的人才使用制度等提出明确要求，并做出详细部署。

（二）技能人才激励举措更加务实

2022～2023 年，技工教育人才激励多措并举、更加务实。一是大力嘉奖青年技能岗位先进典型。2022 年 9 月，共青团中央、人社部联合开展了第 21 届全国青年岗位能手评选活动，为 50 名同志授予了"全国青年岗位能手（标兵）"称号，为 850 名同志授予了"全国青年岗位能手称号"[②]，对广大青年发扬永久奋斗、技能光荣传统起到示范引领作用。二是加大高技能人

---

① 《机遇之中，技工教育喜迎春天》，人力资源和社会保障部官网，2022 年 6 月 10 日。
② 《第 21 届全国青年岗位能手（标兵）入围人选公示》，中国青年网，2022 年 8 月 16 日。

才表彰力度。人社部于 2023 年 5 月 7 日召开第十六届高技能人才表彰大会，表彰 30 名中华技能大奖获得者和 295 名全国技术能手。翌日，全国高技能人才座谈会在中南海召开，会议强调要切实加大政策支持力度，各地深入贯彻落实《关于加强新时代高技能人才队伍建设的意见》和高技能人才座谈会精神，细化政策举措，全面加强新时代高技能人才队伍建设。三是持续开展"技能雏鹰"奖（助）技工院校学生活动。2022 年和 2023 年，每年分别评选出 200 名学生获得年度"技能雏鹰"奖（助）学金，奖励标准为每人3000 元，获奖学生涉及 31 个省（自治区、直辖市）和新疆生产建设兵团的184 所技工院校。自人社部 2014 年设立"技能雏鹰"奖（助）学金以来，共奖励（资助）了全国技工院校 1700 余名学生。

（三）技能人才评价制度不断深化

完善技能人才职业技能等级制度，职业发展通道进一步拓宽。2022年 3 月，人社部制定出台了《关于健全完善新时代技能人才职业技能等级制度的意见（试行）》（以下简称《意见》），明确在以技能人员为主体的规模以上企业和其他用人单位中，全面推行职业技能等级认定。同时将原有的"五级"技能等级延伸和发展为"八级"技能等级，对设有高级技师的职业（工种），可在其上增设特级技师和首席技师技术职务（岗位），在初级工之下补设学徒工，形成由学徒工、初级工、中级工、高级工、技师、高级技师、特级技师、首席技师构成的职业技能等级（岗位）序列。建立职业资格、职业技能等级与相应职称、学历的双向比照认定制度。《意见》提出职业技能等级认定结果要与培养使用待遇相结合，建立与职业技能等级（岗位）序列相匹配的岗位绩效工资制。

此次《意见》的出台，一方面意味着技能岗位等级设置较之前更加健全，企业可以根据自身技术技能发展水平情况，在职业技能等级设置的基础上适当增加或调整技能等级。另一方面表明职业技能等级制度不仅是技能人才评价制度，更是包括培训、使用、待遇等在内的技能人才制度。截至2023 年底，全国累计评聘特级技师、首席技师 3000 多名，涌现出一大批高技能人才，高端带动作用不断增强，引领集聚效应不断扩展①。

（四）职业技能培训评价日益规范

国家职业资格和职业技能等级制度体系规范运行，职业技能培训评价规范，技能人才合法权益得到保障。2022 年 3 月，人社部印发《关于开展技术技能类"山寨证书"专项治理工作的通知》，对面向社会开展的与技能人员和专业技术人员相关的技术技能类培训评价发证活动进行专项治理，协调有关部门关停或删除 247 个违法违规网站、1392 个网页链接、14 个"山寨证书"查询网站、4 个微信公众号以及一批视频账号，向社会发布一批被关停的仿冒技能类评价证书查询网站。同时，人社部门户网站开设"职业资格和职业技能等级认证证书查询"专栏，免费向社会提供查询验证服务，帮助公众判断证书的合法合规性和含金量等。证书的培训、评价、发放工作日益规范，花钱买证、滥发证书的情况明显好转。

为巩固前期整治效果，2023 年 5~12 月，人社部在全系统组织开展了为期 8 个月的职业技能培训和评价专项整治。整治期间，共制定（修订）了 118 个国家职业标准，发布了 12 个国家基本职业培训包，编制了《职业信息与教育培训项目（专业）信息对应指引（2023 年版）》。建立全国职业技能考核鉴定机构信息数据库，向社会公众提供便捷的查询服务，接受社会监督，稳妥处理了清理规范与改革、发展、稳定的关系。

（五）技能人才社会地位持续提高

2022~2023 年，各地围绕党的二十大报告、《中华人民共和国职业教育法》《关于加强新时代高技能人才队伍建设的意见》《关于健全完善新时代技能人才职业技能等级制度的意见（试行）》等有关法律政策文件精神，持续出台各项提升高技能人才待遇的举措。如自 2021 年起天津市人社部门通过宏观指导和信息服务，每年发布一期《天津市技能人才薪酬分配指引》，根据职工的技能等级，发布以初级技能、中级技能、

---

① 李桂杰：《人社部：累计评聘特级技师首席技师 3000 多人》，中国青年报客户端，2024 年 1 月 24 日。

高级技能、技师、高级技师为维度的薪酬数据，便于企业结合实际确定技能人才待遇水平；山东省引导企业建立科学岗位管理体系，鼓励高技能人才参与重大生产决策、重大革新攻关项目，鼓励企业为高技能人才建立企业年金；广东省进一步将高技能人才参加工程系列职称评审贯通领域扩大为工程、农业、技工院校教师等职称系列，职称评价淡化学历要求，可用体现人员技术能力的工作报告、解决工作难题的案例报告等替代论文。

案例 4-1

福建：福州出台 7 条措施提高技能人才待遇

2022 年 5 月 10 日，福州市人力资源和社会保障局、福州市财政局为进一步吸引更多技能人才来榕留榕就业创业，为加快建设福州现代化国际城市提供技能人才支撑，共出台了七条具体举措，切实提高技能人才待遇。一是对由福州组队或推送的参加市级一类以上职业技能竞赛取得优异成绩的选手和教练团队予以奖励，如对获得世界技能大赛奖牌（含优秀奖）的选手及其教练团队最高予以 50 万元奖励等，获得福州市级一类职业技能竞赛各职业（工种）前三名的选手除奖金外，各项目第一名的选手被授予"福州市技术能手"称号；二是鼓励技工院校毕业生来榕就业创业。除企事业单位招聘时按同等学历对待外，全日制技工院校预备技师班及以上应届毕业生，在福州企事业单位稳定就业或自主创业，即可按每人 1 万元的标准发放一次性生活补贴；三是简化优秀高技能人才招聘方式。职业院校毕业生为世界技能大赛国家集训选手等可采取直接考察的方式公开招聘到与其所获技能奖项相关的岗位工作；四是贯通高技能人才职称评审通道。具备高级工以上职业资格或职业技能等级的技能人才，均可参加职称评审；五是鼓励申请入住酒店式人才公寓。引进到福州企事业单位的优秀高技能人才，可申请直接入住酒店式人才公寓，租金由申请人、所在单位、所在单位纳税属地政府各承担1/3；六是实施青年技能人才帮扶培养圆梦计划。为有学历提升需求且符合入学条件的青年技能人才，提供相应的学历继续教育和学费资助；七是设立榕匠青苗奖学金和榕匠园丁奖，每年奖励一批技工院校、中职学校优秀学生和教师。

——技能中国网，2022 年 5 月 19 日

二 技工教育发展规模不断扩大

（一）技工院校办学规模稳中有进

2022~2023 年技工院校办学数量保持基本稳定（见图 4-1）。截至 2023 年底，全国共有技工院校 2468 所，在校学生 439.5 万人，招生 162.5 万人。从地方技工教育发展情况来看，部分地区技工院校数量略有增加，以浙江省为例，截至 2023 年，浙江省技工院校达到 111 所，其中技师学院 35 所、高级技工学校 9 所、普通技工学校 67 所。2023 年，浙江省新增杭州翔宇航空技工学校、宁波易斯戴实验技工学校、青田县华侨技工学校 3 所技工学校。[①]

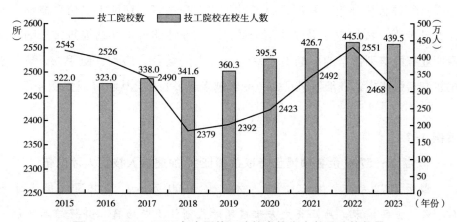

图 4-1 2015~2023 年全国技工院校在校生人数及院校数量

资料来源：《人力资源和社会保障事业发展统计公报》（2015~2023 年）。

2022~2023 年，技工院校毕业生数量持续增加，分别为 120.83 万人、121.7 万人。从近年情况看，技工院校毕业生就业呈现就业人数增加、就业

---

① 数据来源于 2024 年浙江省技术教育改革与发展报告。

率高、本地就业多、高度对接产业、就业薪酬稳步提升等特征。毕业生就业率（含直接就业、应征入伍、自主创业、自由职业等）均达 97% 及以上，而且一直保持着较高的对口就业率，用人单位和毕业生的双向就业满意度较高。在职位晋升和加薪方面，调研数据显示，70% 以上的技工院校毕业生认为入职后能晋升或加薪；在民营企业的晋升或加薪较快，有 27.95% 的毕业生在企业员工考核期过后加薪，半年内加薪或晋升的比例达到 47.57%，一年后晋升的比例更高，达 67.08%[①]。

（二）职业技能培训体系逐步完善

根据党中央、国务院在"十四五"时期建设技能型社会的部署，技工教育不断健全终身职业技能培训制度。2022 年 9 月，人社部正式发布了《中华人民共和国职业分类大典（2022 年版）》，不断适应当前职业领域的新变化，满足优化人力资源开发管理、促进就业创业、推动国民经济结构调整和产业转型升级等需要，指导培训机构依据国家职业标准开展培训、积极稳妥推行社会化评价、开展评价活动、颁发证书等。获证人员信息被纳入人才统计范围，按规定享受职业培训补贴、职业技能鉴定补贴等政策。随着终身职业技能培训体系的不断健全完善，证书的培养、培训、使用、评价、激励机制持续优化，技能等级证书也受到越来越多的社会认可（见案例 4-2）。

案例 4-2

浙江：5700 余名硕博士考取技能证书 加速融入技能人才队伍

截至 2022 年末，浙江技能人才已超 1000 万人，其中高技能人才占 32.3%。去年以来，浙江省大力推进新时代浙江工匠培育，并将培养技能人才列为省政府十方面民生实事。根据浙江省技能评价中心统计，2022 年 1～11 月，全省已有 13.8 万名大学本科以上学历者考取技能证书，同比增长 86.5%；其中博士 102 名、硕士 5611 名，同比分别增长 108% 和 68%。而在 2019 年，获证的博士、硕士分别为 25 人和 1603 人。大批高学历人才青睐

---

① 《技工院校毕业生就业概况与质量分析》，技工教育网，2023 年 7 月 28 日。

技能证书，背后是人才观的重大转变，意味着社会对技能人才价值的极大认同。浙江为打造全球先进制造业基地，改变了技能人才的境遇，在浙江的企业急需大批技能人才，尤其是熟悉精益生产理念、先进设备操作的复合型高技能人才。中国劳动和社会保障科学研究院研究员童天认为，浙江率先出现越来越多高学历人才融入技能人才队伍的情况，这将大幅提升技能型人力资本水平，解决技能人才总量不足、结构不优、素质不高问题，推动中国制造业迈向全球产业链中高端。

——技能中国网，2022 年 12 月 13 日

2023 年全国技工院校面向社会开展培训 655.1 万人次（见图 4-2），培养培训高技能人才 67.7 万人，全国共有职业资格鉴定机构 2606 个，职业技能等级认定机构 36914 个，职业资格评价和职业技能等级认定考评人员 74.5 万人。全年共有 1540.3 万人次参加职业资格评价或职业技能等级认定，1236.3 万人次取得职业资格证书或职业技能等级证书，其中 40.4 万人次取得技师以上职业资格证书或职业技能等级证书。

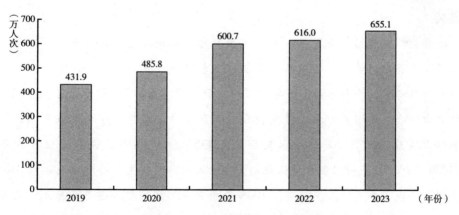

图 4-2　2019~2023 年全国技工院校社会培训情况

资料来源：《人力资源和社会保障事业发展统计公报》（2019~2023 年）

（三）工学一体化改革全面推进

2022 年 3 月，人社部出台《推进技工院校工学一体化技能人才培养模

式实施方案》，将开展工学一体化工作作为实现技工院校人才培养模式变革、提升技能人才培养质量的重要突破口。明确"五个一体化"主要工作任务，力争到"十四五"末建设100个工学一体化培养模式专业，1000所技工院校参与实施工学一体化培养模式，培训10000名工学一体化教师。5月，人社部以线上、线下相结合的方式，围绕工学一体化培养模式能力提升的课程，组织开展2022年技工教育和职业培训师资能力提升活动。8月，确定了31所技工院校为工学一体化第一阶段建设院校，补充开发和修订了31个专业的国家技能人才培养工学一体化课程标准和课程设置方案（试用）。11月，确定了北京市工贸技师学院等50所技工院校为工学一体化教师培训基地。2023年9月，中国就业培训技术指导中心编制了《技工院校工学一体化教师培训指导手册》。截至2023年底，全国工学一体化建设院校达到679所，建设专业增加至69个，培训工学一体化教师6000余名[①]。

案例 4-3

广东省技工教育师资培训学院：高质量师资培训助力技工教育高质量发展

作为广东省乃至全国唯一的技工教育师资培训学院，近年来，广东省技工教育师资培训学院紧密对接广东省技工教育高质量发展需求，立足广东省重大战略部署及产业布局，服务"二十大重点产业集群"，以师德素养、职业能力和综合素质培养为核心开展技工教育师资培养培训工作。近年来累计开展培训项目366个，累计培训教师达68435人次，其中"强师工程"培训47029人次，职业技术教育理论培训18303人次，定制化和送教上门培训3103人次，实现了全省技工院校培训100%全覆盖。培训问卷调查结果显示，近年来各项目平均满意度高达94%。以教师企业实践项目、"薪火计划"新教师培养项目和"头雁计划"专业带头人培养项目等为典型代表的品牌项目更是深受参训学员的认可和欢迎。学院在高质量完成广东省"强师工程"专项培训

任务的同时，积极拓展培训业务。一是开发省际合作项目，将广东省先进的技工教育理念和教学方法推广到其他技工教育发展欠发达地区，提升技工教育师资队伍整体水平。目前已与新疆人社厅、内蒙古人社厅、湖北省人社厅等多地开展 14 个省际合作师资培训项目，共培训 721 人次。二是以"送教上门"形式与粤东西北地区技工院校开展定制化培训，极大地提升了培训的针对性和培训效果。省内合作项目覆盖深圳、韶关、阳江、梅州、汕头等多地，共计培训 2382 人次，有力地促进全省师资队伍建设协调发展。

——广东省技工教育师资培训学院提供

2023 年 2 月，第三届全国技工院校教师职业能力大赛决赛在江西举办。秉承"思政引领、德技并修、学生中心、能力本位、工学一体"的教育理念，引导各地技工院校共同深化工学一体化人才改革。

三　技工教育教学质量不断提升

（一）强化标准建设，推动区域发展

2022~2023 年，人社部持续实施"技能中国行动"。2023 年分别与浙江省、山东省、河北省人民政府签署部省共建协议。累计在 12 个省（区、市）和新疆生产建设兵团推进技能型社会、技工大省、技能强省建设。各地积极开展区域间协同合作，京津冀人力资源和社会保障部门共同签署《人才工作协同发展合作框架协议》、沿黄九省区研讨共同推动黄河流域高技能人才培养和交流、西部十省（区、市）成立高技能人才培育联盟等。技能合作对外交流深入拓展，2023 年 11 月在广西举办中国—东盟高技能人才合作与发展论坛，建立中国与东盟国家高技能人才交流合作机制。

为明确全国技工院校一体化教师培训的培训目标、培训课程、培训考核，确定开展技工院校工学一体化教师培训的基本依据，2022 年 12 月，人社部印发《技工院校工学一体化教师培训标准（试行）》，要求各省级人力资源和社会保障部门指导全国技工院校师资研修中心和工学一体化教师培训基地严格按照标准要求，做好工学一体化教师培训的组织实施工作，确保教

师培训的质量和成效。

（二）落实立德树人，促进全面育人

2022~2023 年，技工教育坚持以习近平新时代中国特色社会主义思想为指导，将思想政治教育、知识传授、技能培养融合统一，持续推动技工教育内涵和特色发展。2022 年 5 月 23 日，人社部印发《技工院校公共基础课程方案（2022 年）》，要求深化技工院校公共基础课程改革，进一步提升技工院校学生综合素质，培养德智体美劳全面发展的高素质技能人才。2023 年 4 月，技工院校工学一体化技能人才培养技术丛书《工学一体化课程开发指导手册（2023）》正式出版，为结合专业特色提取通用职业素养和思政素养提供了技术"导航"，提供了工学一体化课程、世赛引领、课程思政的融合方案。

根据教育部办公厅、人社部办公厅发布的《关于加强职业院校"三全育人"典型学校培育建设的通知》要求，全国各地技工院校全面贯彻党的教育方针，落实立德树人根本任务，努力培养德智体美劳全面发展的高技能人才。2022~2023 年，惠州市技师学院、深圳技师学院、江苏省镇江技师学院、聊城市技师学院等纷纷成立马克思主义学院，促进学生全面发展，打造"三全育人"强阵地。

（三）强化培训载体，推进根基工程

为指导各地加快培养制造业高质量发展急需的高素质技能人才，人力资源和社会保障部、工业和信息化部、国务院国资委于 2022 年联合印发了《制造业技能根基工程实施方案》，聚焦制造业重点领域，建立国家技能根基工程培训基地，不断打造数量充足、结构合理、素质优良、充满活力的制造业技能人才队伍。人社部确定了 115 家单位为 2022 年国家级高技能人才培训基地项目单位，139 个项目所在单位为 2022 年国家级技能大师工作室项目单位，80% 以上的基地项目依托院校和培训机构建设。同时，人社部在 2023 年公布了首批 59 家技能根基工程培训基地名单，指导各地对基地加强工作指导，促进基地在制造业技能人才技能培训、技能评价、技能竞赛、师资研修等方面充分发挥引领带动作用。

为推动构建形成覆盖重点产业行业和急需紧缺职业（工种）的高技能人

才培养培训和技能推广网络，人社部、财政部联合印发《国家级高技能人才培训基地和技能大师工作室建设项目实施方案》，提出 2022~2025 年拟重点支持建设 400 个以上国家级高技能人才培训基地和 500 个以上国家级技能大师工作室，打造集技能培训、技能评价等于一体的综合型高技能人才培养培训载体。

案例 4-4

杭州技师学院：花 1500 万元买飞机给学生"练手"

2023 年 12 月，一架从加拿大航空退役的空客 A320 客机，被拆解后运往杭州技师学院组装，并作为教具正式投入使用。学校买飞机已有先例，但购买设备完好的"可适航"飞机用于飞机维修、航空服务等专业学生的实操训练，在技工院校中尚属首次。在购买该架 A320 之前，学校已经拥有运-12 运输机和贝尔 206 直升机两架飞机作为教具。杭州技师学院此次采购飞机给学生"练手"，主要有两点原因。一是开设飞机维修专业有硬性条件，中国民航局对于飞机维修机构提出要求，要求必须拥有主流航空器用于维修人员培训。二是学校取得中国民航华东地区管理局批准的民用航空器维修资质后，开始正式招收飞机维修专业学生，这些学生就业主要面向航空运输公司和飞机维修企业，需要很强的实操技能。院校将真飞机停放在学校，教学上更符合航司的真实环境，虽然作为教具一次性投入很高的成本，但该专业学生能获得长久回报，为社会培养、积累高质量的航空领域高技能人才提供了支撑。

——《中国青年报》2023 年 12 月 15 日

四　技能竞赛影响不断扩大

（一）世界竞赛舞台屡创中国佳绩

2022 年 9 月中旬至 11 月下旬，中国代表团共获得 21 枚金牌、3 枚银牌、4 枚铜牌和 5 个优胜奖，金牌榜、团体总分再次位居世界第一，创造了历史最好成绩。2022 年 9 月 26 日，世界技能组织在线召开全体成员大会，经投票表决，中国上海获得 2026 年第 48 届世界技能大赛举办权。依托世界技能大赛，"热情迎世赛，技能中国行"系列活动在全国启动，大力宣传党和国家关于加强技能人才工作的政策措施及我国技能人才队伍建设成就，技工院校开展"开学第一课"、劳动模范进企业和校园等活动，大力弘扬劳模精神、劳动精神、工匠精神。

此外，国际竞赛交流更为频繁。2022 年 5 月，2022 金砖国家职业技能大赛启动赛开幕仪式在厦门举办。同年 11 月，2022"一带一路"暨金砖国家技能发展与技术创新大赛国际焊接大赛在成都技师学院（成都工贸职业技术学院）举行，同期召开了第十一届亚洲焊接技术及应用论坛之"2022智能焊接技术及焊接教育与培训研讨会"。

（二）国家技能大赛体系逐步成熟

近年来，我国逐渐形成以世界技能大赛为引领、中华人民共和国职业技能大赛为龙头、全国行业职业技能竞赛和地方各级职业技能竞赛以及专项赛为主体、企业和院校职业技能比赛为基础、具有中国特色的职业技能竞赛体系。2022 年，河南、新疆、湖南、贵州、上海、广东等地先后举行了省级职业技能大赛。2023 年，人社部会同有关部委、群团组织和行业协会组织举办新能源汽车关键技术技能大赛、智能制造应用技术技能大赛等一类职业技能大赛 9 项，二类职业技能竞赛 43 项。

2023 年 9 月 16～19 日，中华人民共和国第二届职业技能大赛在天津举办，国务院总理李强作出重要批示，指出技能人才是实施人才强国战略、就业优先战略和创新驱动发展战略的宝贵资源。大赛以"技能成才、技能报国"为主题，赛项设计覆盖国民经济行业门类的 75%，较上届增加了 1 倍，更加符合技术技能融合发展的趋势。大赛同期还举办了技能强国论坛、技能展示交流等活动。此次大赛参赛选手中职工选手较第一届大赛增加 7.6 倍。学生选手中，大中专院校和技校学生占比 89.5%[①]。在本次大赛中，技工院

[①] 《"技能成才 技能报国"第二届全国技能大赛 9 月 16 日开幕！》，人力资源和社会保障部官网，2023 年 9 月 25 日。

校共收获 48 枚金牌，占总赛项的 44.4%。

（三）技能报国成为时代新风

两年间，各地各部门在全国范围内营造劳动光荣、技能宝贵、创造伟大的良好氛围。2023 年中央广播电视总台春节联欢晚会，世界技能大赛金牌选手代表上台，为全国观众送上新春祝福，发扬典型榜样身上蕴含着的积极奋进的精神力量。2023 年 3 月 23 日上午，人社部举办"技能成才、技能报国"先进事迹报告会，邀请第十六届中华技能大奖获得者以及 2022 年世界技能大赛特别赛获奖选手代表讲述技能成才故事，激励和带动更多劳动者尊重劳动、热爱技能。2023 年 11 月 7 日，全球首家冠以"世界技能"之名的博物馆在上海免费向公众开放，博物馆发挥展示陈列、教育传播、国际交流、收藏保管、科学研究等功能，着力打造为世界级现代复合型博物馆新坐标[①]。

案例 4-5

四川：技能人才队伍建设成果展开展仪式在成都举行

2022 年 12 月 12 日，由四川省人力资源和社会保障厅、四川省文学艺术界联合会共同主办，四川省职业技能鉴定指导中心承办，成都市总工会协办的四川省技能人才队伍建设成果展开展仪式在成都市举行。本次展览围绕技能人才培育、评价、选拔、使用、激励和服务等重点领域，集中展示党的十八大以来四川省技能人才队伍建设工作成果，尤其是高技能人才工作的重要措施和亮点做法，展览由六大版块，近 2 万文字、200 余幅图片、30 余张统计图表、40 余部短视频和 6 个民俗技艺展示项目组成，重点展示四川省技能人才评价制度改革成果、四川技能大赛品牌建设成效和以就业为导向的技工教育发展前景。展览设置传统民间工艺技能展示区，邀请了具有四川特色的传统技艺大师和非物质文化遗产技能传承人现场表演，剪纸、翻糖、插

---

① 《上海：世界技能博物馆 11 月 7 日起正式对公众开放》，上海市人力资源和社会保障局，2023 年 10 月 31 日。

花、蜀绣、核雕、道明竹编等传统技艺在展览期间得到陆续展示，与技能成果文献形成呼应，打造内容全面、图文翔实、艺术氛围浓郁的展示空间，彰显四川省技能人才队伍建设工作成效。从国家对技能人才队伍建设的重视，到四川省系统深入地贯彻落实相关政策，四川省人力资源和社会保障厅与省文联，充分认识到识人才、敬人才、用人才和培养人才的必要性，不断尝试为全省技能人才搭建更广阔的交流平台，努力营造更良好的成长环境，注入更新颖的发展活力。

——技能中国网，2022 年 12 月 13 日

第二节 技工教育发展挑战

2022~2023 年，新《职教法》出台使技工教育发展有了深厚的法律基础和保障，社会地位也有了明显提高。然而，技工教育的学历认可、办学层次、生源素质、科研教改等问题依然存在，给其发展带来了一系列挑战，值得我们思考。

一 技工院校学历歧视问题依然存在

（一）技工院校的学历社会认可度不高

2022~2023 年，随着新《职教法》的修订热议，多名人大代表、政协委员在全国"两会"期间呼吁加强技能人才培养和解决技工院校学历问题。高职院校毕业生能取得专科学历，技师学院毕业生只能被认定拥有高中阶段教育学历。技工院校毕业生无法在学信网上查到学历，存在一些单位不认可、学生就业面临困难等问题①。这在一定程度上造成了家长和孩子对技工教育的认知不足而抵触技工教育，影响了各地技工教育的健康发展。目前，虽然已

---

① 罗筱晓：《毕业生学历不被认可 代表委员呼吁技工教育不应再"低人一等"》，《工人日报》2022 年 3 月 9 日。

在全国范围内逐步落实"技工院校中级工班、高级工班、预备技师（技师）班毕业生分别按相当于中专、大专、本科学历落实相关待遇"政策规定，但在实际的招聘过程中，用人单位招聘人员对于政策的解读、理解还不充分，常把学历作为招聘入职的门槛。在升学方面，套读大专和本科导致干部人事档案管理中出现所谓的"学习时间重叠"或"学历重叠"，往往会被认定为无效学历。技工院校的学历目前还不能得到市场的全面认可，亟须解决。

（二）技工院校职业技能等级证书面临困局

此前，由于技工院校毕业证书的社会美誉度不够，各地方技工院校在毕业证书发放上，实行了"职业资格证书"与"毕业证书"双证书挂钩制度，即学生只有考取职业资格证书，才可获取毕业证书。之前部分技能类培训评价发证单位出现经营乱象①，人社部已经推进相关举措拨乱反正，但消弭社会负面影响仍需时间，在此期间，技工院校毕业生的职业技能等级证书相对于学历证书，受到一些消极影响。

二　技工教育梯度发展空间有待拓展

一是法律层面技工院校层次拓展还待加强。新《职教法》对技工教育和职业培训进行了全新表述，如"中等职业学校教育由高级中等教育层次的中等职业学校（含技工学校）实施""将符合条件的技师学院纳入高等职业学校序列"。这些条款，将未纳入高校的技工学校限定为中等职业学校。法律上的"技工学校"词条和俗称的"技工院校"内涵一致，即无论是技工学校、高级技工学校，还是技师学院，均属于"中等职业学校"范畴。"将符合条件的技师学院纳入高等职业学校序列"也意味着技工教育在法律层面上实现了办学层次上的重大突破，技工教育向前迈进了一大步，但操作中尚未清晰界定技师学院该符合"高等职业学校"怎样的条件才得以纳入。同时，对于"纳高"的审批权限、管理变更和备案流程，在实际操作中还

---

① 吴迪：《不能放任"山寨职业证书"给技能人才评价"添堵"》，《工人日报》2022年3月23日。

存在分歧。

二是技师学院高等化实践路径还待完善。2022～2023年，各省高职升本、职本建设的进度加快。据高职发展智库统计，截至2023年底，获教育部正式批准的本科层次职业学校达33所，分布在全国21个省份，极大地激发了各地大力发展高等职业教育的热情。虽然新《职教法》对于技师学院"高等化"进行了相关规定，但是《高等职业学校设置标准（暂行）》至今仍将绝大部分技师学院挡在门外，技师学院高等化的路径尚不畅通。《中华人民共和国高等教育法》规定，设立高等学校的具体标准由国务院制定，但至今国务院没有出台相关标准，目前适用依据仍是教育部2000年出台的《高等职业学校设置标准（暂行）》，亟待出台新的高等学校设立标准作为法律依据。2022～2023年，为逐步进入高等学校序列，部分技师学院选择通过"升格"方式，实行高职教育与技师教育双轨运行办学体制，增挂高职的牌子，试图通过这种途径，化解技工教育办学过程中存在的问题及主管部门归属博弈问题等。

三 技工院校生源素质参差不齐，流失率偏高

长期以来，技工院校坚持开门办学、面向社会办学，接纳社会各类求学群体，从客观上导致了生源的多元化和复杂性，给教学和管理带来了工作难度。近年来，广州、常州等城市开展的生源调查显示：一是生源学业水平存在较大差异。未参加过中考的生源占比接近30%，此类学生整体学业成绩水平偏低。参加过中考的生源中，也大部分处于低分区间，只有少部分学生出于对技术技能的热爱而报考技工院校。二是学生心理健康指标中等偏低。技工院校学生普遍存在不同程度的自卑消极、缺少目标、动力不足等问题。特别是留守学生，他们普遍面临孤僻、自闭、敏感多疑、人际关系障碍等心理问题。部分学生的原生家庭亲子关系存在问题，如家庭结构不完整导致的自卑、冷漠、情感缺失等①。另有

---

① 何玉：《技工院校学生心理问题分析与解决策略》，《华章》2024年第7期。

调查显示，技工院校学生尤其是新生一定程度上存在学习环境和学习方式不适应、缺乏学习动机、出现考试焦虑等学习心理问题[①]。三是生源家庭经济状况处于中下水平。大部分生源父母学历层次整体较低，大多是初中及以下学历；父母从事行业主要集中在服务业和农业，近两成父母为无业人员；家庭经济收入来源主要是父母"务农""务工"收入，甚至依靠低保维持生计；部分学生家庭关系一般，父母婚姻关系与学生心理素质及不良行为习惯高度相关。四是高中生源规模缩小、锐减严重。高中生对技工院校的认知度和接受度不高，加上高职不断扩招，加剧了高中生源的萎缩。在对高中生源的招生宣传中，未能充分激发学生和家长的兴趣，进一步导致招生难度加大。

四　技工院校科研教改水平有待提升

（一）技工院校科研教改提升空间较大

当前全国技工教育除个别省市科研教改水平略高外，普遍存在体制机制不完善、经费投入难以保障、科研教研方法技巧普遍匮乏等问题。技工院校人才培养与科研工作之间尚未形成良性互动，一方面，科研内容和教学内容结合度不够，学校的课程体系、教学内容等与科技创新和产业技术研发的实际需求还有距离；另一方面，教学过程和科研过程分割，学生难以参与到科研活动中[②]。

技工教育科研机构不健全，制度建设相对滞后。目前各省级行政部门基本设立了承担技工教育教研职能的机构，有的附设在人社研究机构中，有的附设在职业技能鉴定机构中，还有的独立设置为教研室等机构，但地市层面独立设置技工教育教研机构就特别少。在校级层面，大部分技师学院设有教研室、研究所等机构或部门开展科研教改工作，但高级技工学校和技工学校的教研机构设置不多，许多教研工作依托教务部门组织。在科

---

① 陈顺华：《技工院校新生常见的学习心理问题及调适对策》，《中国培训》2024 年第 4 期。
② 邢婷：《职业教育教学科研"两张皮"现状待破解》，《中国青年报》2023 年 5 月 29 日。

研管理方面，还没有形成一套规范化的体系，缺少应有的资质和地位。科研经费的预算、分配、监管等工作，缺乏运作机制的保证和管理制度保障。省市立项的课题，目前还没有争取到经费支持，与教育部门的课题研究相比处于明显弱势地位。技工院校的部分老师还不具备足够的科研教改能力，因此技工教育教科研成果呈现行业协会颁奖数量多、行政事业类颁奖少、一般期刊论文发表多、核心刊物登载少、教案课件成果多、课题研究成果少等特点。

（二）技工院校工学一体化师资队伍建设面临挑战

师资水平是推进工学一体化改革的关键，工学一体化改革需要大量既有技术，又有企业工作经验，还要懂教学设计和实施的工学一体化教师，此次工学一体化技能人才培养模式推进力度大、任务重、涉及面广。然而，在传统模式下成长起来的技工院校教师转型成为一体化教师还有较长的路要走。当前国标开发、工学一体化师资培训、专业建设与评价、国标校本转化实施4条线的工作同步推进，学校总体统筹推进工学一体化模式实施工作难度很大，不少骨干教师面临4线同步作战、多重任务局面。同时，课改新教师基数大，很难通过短期的企业实践或者工学一体化培训提高课程改革能力。由于省部级培训机会稀少且要求较高，众多院校同时安排教师脱岗培训，对技工院校的管理能力提出了更高的要求。

第三节　技工教育发展展望

技工教育将进一步落实党的二十届三中全会精神，不断畅通技能成才通道、优化教育梯度、提升生源品质、推进改革举措，锚定产业升级趋势和社会紧缺人才需求，在新一轮产业革命中围绕数字经济、先进制造业等产业发展需要培养人才，动态调整和优化专业设置，推动高技能人才培养走深走实，与时俱进踏上高质量发展的道路。

一　推进"学历社会"向"能力社会"转化，畅通技能成才通道

（一）科学构建技能人才成长体系

通过全面、系统谋划技能人才的发展目标、工作任务、政策制度及保障措施等，完善相关配套政策措施，形成更加完备的技能人才成长的政策制度体系。首先，以《中华人民共和国职业分类大典》为蓝本，实现职业技能等级制度的覆盖面不断扩大。其次，不断完善技能等级内部结构，通过新"八级工"制度构建技能等级制度的总体框架，继续完善内部结构，建立结构比例合理、等级层次明晰的技能等级体系。

（二）持续完善技能人才评价体系

通过不断健全以职业资格评价、职业技能等级认定和专项职业能力考核等为主要内容的技能人才评价制度，完善新职业信息发布制度，加强技能人才评价监督管理，营造公开、公平、公正的技能人才评价环境。首先，根据"谁用人、谁评价、谁发证、谁负责"这一技能人才评价的新规则，开展企业技能人才评价。其次，准确把握技能人才发展的重点任务，通过新的评价规则，不断畅通技能人才成长通道，进一步推动技能人才成长体系的建立。

（三）持续提高技能人才薪酬待遇

各地政府出台政策，保障各类技能劳动者在落户、住房、教育、医疗、休假、养老等诸多方面平等享受社会福利，加大执法力度，为技能劳动者和产业工人提供安全、舒心、体面、有尊严的生活工作环境。在经济方面，以不断深化和推动收入分配制度改革为导向，完善职工收入分配机制，鼓励技能劳动者以技能入股，参与企业的经营与分配。在政治待遇方面，发挥职代会、工会作用，为技能人才提供参与企业经营管理决策的机会，提高技能人才在各级人大和政协中代表委员的数量比例，探索形成从一线技能劳动者中选拔调用干部的路线机制，拓宽技能人才的晋升渠道和发展空间。

（四）持续探索学历认定模式

随着技术技能类"山寨证书"专项治理工作成效显著，拥有高级职业资格证书的技工院校毕业生在就业市场上展现出独特的优势，不仅在就业时

更具竞争力，能够获得更高的薪资待遇，而且在职业发展中也拥有更多的晋升机会。通过探索高职院校和技师学院共同培养技能人才的新模式，主管部门尝试引导高职院校与有条件的技师学院开展联合培养，技师学院高级工班、预备技师班学生可在毕业后同时获得高职院校全日制学历，明确技工院校高级工班毕业生为大专学历、技师班毕业生为本科学历。

二 优化技工教育梯度，打造新时代中国特色技能人才培养主阵地

（一）不断完善技工教育高质量发展政策体系

不断引导技工院校建成集公共实训、技师研修、竞赛集训、技能评价、教学科研、就业指导等多功能于一体的技能人才培养综合基地。首先，强化顶层设计，从法律层面、政策层面进一步明晰技工院校的发展梯度、教育管理体制，制定政策，明确技师学院高等化实践路径，建立和完善包括人才培养体系、办学评价体系、政策支持体系等在内的现代技工教育体系。其次，不断加大财政供给力度，设立财政专项资金，加大技工教育高质量发展支持力度。最后，进一步加速研究设立国家资历体系框架，探索建立有中国特色的技工教育学历学衔制度，实现劳动者的技能水平与各种学历资历之间的互通互认。

（二）不断深化创新校企合作模式

继续坚持校企合作基本办学制度。在政府部门、行业企业、技工院校合作机制指导下，积极培育校企合作典型，打造校企合作示范基地。技工院校与企业开展多种形式的创新联合办学，共建培训中心、实训中心、产品研发中心、技术服务中心、技能大师工作室，实现骨干教师和企业优秀技术技能人才互派挂职、互聘、兼职。培育一批优质技工教育校企联合体，组建产业学院、企业学院，构建校企合作新形态。鼓励技工院校与企业开展多形式、多层次的技术协作，深化产学研合作，共同开展技术问题诊断、技术开发、应用技术咨询、新技术培训等活动，协助企业进行新材料、新工艺、新产品研究开发，实现以产促学，让师生在实践中成长。

（三）持续扩大技工教育办学规模

将技工院校招生任务纳入各地政府民生工程体系，推进技工院校纳入国家职业教育统一招生平台，招收学生平等享受国家招生政策，利用基层社保和公共就业服务平台设置技工院校招生专栏，积极开展技工院校招生宣传组织工作。鼓励创建技工教育集团，打造技工教育综合体，贯通技能人才培养体系。利用好人社部门服务就业的优势，多措并举，积极开展面向初高中毕业生、企业职工、在乡农民、待就业大学生、退役士兵等各类群体的技工教育宣传活动，扩大招生范围。鼓励各技工院校创新管理制度，推行弹性学制，在岗培养，基于岗位需求促进技能人才成长。

（四）深入开拓数字赋能技能人才培养新模式

开展数字化情景下的教法改革，遵循以教师、学生为主体的教学改革原则，发挥数字技术在营造跨时空和沉浸式虚拟化教学环境中的优势，采用线上线下融合式教学、项目教学、情景教学、任务教学等多种教法。建设数字化教学与实训管理服务体系、教学保障服务体系、数字学习资源平台等，满足不同学生的个性化学习需求。加快技工院校传统专业数字化改造和新兴数字化专业建设。围绕新质生产力的发展，引入数字技术最新成果，对现有专业进行数字化改造，按照数字时代要求调整专业人才培养方案，对课程体系和技能人才培养体系进行数字化改造，满足企业技术升级和产业升级对技能人才的要求。

三　实现生源提质，为中国式现代化提供技能人才支撑

（一）坚持开展生源提质行动

技工院校充分发挥院校全员力量，强化招生宣传队伍建设，加强校领导、教师、学生、校友四个层面的招生宣传队伍建设，利用好官方网站、公众号等平台，积极参与各类教育展会和招生咨询活动，利用多样化手段帮助学生、家长最直观了解学校及毕业生就业前景。技工院校根据市场需求和行业发展趋势，不断优化专业设置，及时调整和更新专业课程内容，引入新兴的技术和工艺，确保学生所学能够与实际工作紧密结合。通过积极与初中、

高中学校建立合作关系，开展职业启蒙教育和生涯规划指导，让学生在早期阶段就对技工教育有正确的认识。

（二）坚持立德树人"三全"育人

把立德树人作为技工教育根本任务，把社会主义核心价值观和劳动精神、劳模精神、工匠精神融入技能人才培养全过程，积极开展新时代工匠精神视域下的技工教育"三教"改革，推进"三全"育人。加强思想品德、社会公德和职业道德教育，加强技工院校思想政治理论课师资队伍建设，做到思政课程与课程思政相协调，健全思想政治和德育课程体系，创新思政教学模式，开发精品思政教材，深入开展社会主义核心价值观和中国梦教育，引导学生树立正确的世界观、人生观、价值观。全面加强劳动教育，结合技工院校特点，聚焦职业素养和综合职业能力培养，强化技能培养特色，为中国式现代化建设培养合格技能劳动者。

（三）坚持企业新型学徒制特色培养

进一步完善制度体系和保障措施，调动企业参与新型学徒制的积极性和主动性。积极参与学徒计划、学徒标准体系、学徒培养体系、学徒评价体系的制定，参与学徒企业、学徒学校的资质认定，构建完善的企业新型学徒制体系。制定学徒标准要依据国家职业技能等级标准、参照企业岗位需求，建立动态调整机制，以适应产业和企业需要和技能发展需求。进一步完善学徒制经费保障制度，根据培养层次和培养标准确定经费标准，从而使企业新型学徒制真正成为中国特色技能人才培养的重要制度，成为技工教育培养高水平技能人才和技术工人的重要路径。

（四）推进高质量就业创业

助力缓解我国招工难和就业难问题并存的结构性就业矛盾，持续提高技工院校学生在就业市场上的竞争力和岗位适配性，促进高质量充分就业。消除市场上对技工院校毕业生的用工歧视，切实落实相关政策，并按国家有关规定享受高校毕业生就业创业政策。加强技工院校的就业创业指导工作，健全学生就业创业指导机构、工作体系，完善就业创业培训体系，开发创业培训教材，积极扩大培训规模。支持技工院校，特别是技师学院、高级技工学校设立创业学院，建立创业孵化基地和众创空间，实现就业指导、培训与就业、创业更紧密地衔接。支持技工院校举办创业创新大赛，激发技工院校学生创新创业热情。

四 推进技工教育各项改革建设，推动技工教育高质量特色发展

（一）坚持数字赋能促进院校管理转型升级

坚持数字赋能是推动技工院校管理转型升级的关键力量，构建"部门协同、校院联动"的信息化工作体系，为院校管理带来精准化的决策支持，利用大数据分析技术全面、深入地了解组织机构、课程设置、教师工作量等多方面信息。优化学校治理，形成上下协同、资源共享、整体推进的联动机制，实现全校重点数据集成和共享互联，打破数据壁垒，消除信息孤岛。利用信息技术，做到"一个平台、一个入口、一套流程、一次填表"，实现院校办事服务集约化、流程管理标准化，提升院校治理效能。不断推动智慧校园建设，面向师生开放教学科研等基础数据的共享应用，提供大数据分析工具，持续拓展数据分析在教学科研等方面的应用价值。

（二）坚持工学一体化教学改革推进人才培养模式创新

遵循基于工作岗位需求进行技能人才培养规律，开展工学一体化教育教学改革。技工院校坚持校企合作，大力开发国家技能人才培养标准和一体化课程规范，构建国家技能人才培养标准体系框架。依据技工教育"十四五"规划，有序扩大一体化课程教学改革试点的学校规模和专业范围，全面完成规划所确定的目标任务。完善一体化课程教学的制度体系，进一步完善一体化课程开发、教学材料开发、教师培养、教学设备和教学环境、教学评价体系的建设，构建好技工院校高质量一体化教育体系，持续提高技能人才培养质量。

（三）坚持高质量职业培训体系建设，为劳动者就业提供终身技能保障

职业培训是技工教育的天然使命，技工院校全方位积极参与国家职业技能提升行动，大力开展面向全体技能劳动者，特别是就业困难群体、下岗再就业群体和劳动力转移群体的职业技能培训。校企合作开展企业职工技能培

训，提高企业员工岗位适应力、技能提升力。积极开展新型职业农民培训，提高广大农民技能致富能力。同时，技工院校可针对普通高校有就业创业意愿和培训需求的毕业学年在校大学生，充分发挥技工教育在技能人才培养方面的优势，对有培训意愿的毕业学年在校大学生开展职业技能培训，提升就业能力，切实做好稳就业工作。

（四）坚持国际合作扩大国际影响力

鼓励技工院校广泛参与国际技能人才交流与合作，不断提高技工教育的开放水平，技工院校与国际先进职业教育机构、知名企业联合开展技能人才培养研究、研制标准、开发课程、引进证书、共享成果，促进师生交流。积极引进发达国家职业教育课程体系、培养模式、教材教法、认证体系，认真借鉴并加以本土化改造。支持技工院校参与各类国际技能大赛，展示中国技能人才的实力和水平，扩大技工教育的国际影响力。吸引各国学生来我国接受技工教育，推进技能人才培养的国际合作与交流。

第五章　高等职业教育发展报告

高等职业教育是我国高等教育的重要组成部分，是我国职业教育的中坚和引领性力量，肩负着培养高层次、高素质技术技能人才的重要使命。本章围绕专科高等职业教育和本科高等职业教育的发展现状、发展挑战和发展建议进行全面分析总结，呈现 2022~2023 年我国高等职业教育的综合发展情况。

第一节　专科高等职业教育发展报告

2022 年《中华人民共和国职业教育法》迎来出台近 26 年来的首次修订，对于推动职业教育的发展起到了积极作用；2023 年是全面贯彻党的二十大精神开局之年，是实施"十四五"规划承上启下的关键之年，也是我国职业教育深化改革和创新发展的攻坚之年。在这一发展背景之下，专科高等职业教育的主体地位得到进一步巩固。

一　专科高等职业教育发展现状

为全面呈现专科高等职业教育的发展现状，本节结合现有资料和相关数据，从办学规模、专业建设、数字化转型以及社会服务四个维度，对我国2022~2023 年专科高等职业教育发展情况进行分析。

（一）专科高等职业教育整体规模稳步提升

（1）专科高等职业院校数量持续增长

2022 年，我国共有专科高职院校 1489 所，较 2021 年增加 3 所[①]，2023 年，我国共有专科高职院校 1547 所，较 2022 年增加 58 所[②]。以截至 2023 年 6 月 15 日统计的专科高职院校数据为例[③]，从总体上看，我国专科高等职业教育办学规模较好。共有 13 个省份专科高职院校数量达 50 所及以上，分别为河南、广东、江苏、山东、湖南、四川、安徽、河北、湖北、江西、云南、辽宁、福建；共有 7 个省份专科高职院校数量为 40~50 所，分别是广西、浙江、山西、贵州、重庆、新疆、陕西，具有较大的办学规模扩张潜力。从区域分布数量上看，由于各省份地理面积与经济发展状况不同，专科高等职业教育办学规模也呈现明显差异，其中，中、东部地区专科高职院校分布较为集中，办学规模良好，如河南、江苏、山东、湖南、安徽等专科高职院校数量超 70 所，而西部地区专科高职院校办学规模仍需提升，如宁夏、青海、西藏专科高职院校数量不足 15 所（见图 5-1）。

（2）专科高等职业教育在校生数量持续增长

2022 年，专科高等职业教育在校生人数为 1670.90 万人，比 2021 年增加 80.80 万人，增长 5.08%[④]；2023 年，专科高等职业教育在校生人数为 1707.85 万人，比 2022 年增加 36.95 万人，增长 2.21%[⑤]。2022 年，专科高职院校校均规模为 10168 人[⑥]；2023 年，专科高职院校校均规模为 10152 人[⑦]，与 2022 年基本持平。

[①] 教育部：《2022 年全国教育事业发展统计公报》，教育部官网，2023 年 7 月 5 日。

[②] 教育部：《2023 年全国教育事业发展统计公报》，教育部官网，2024 年 10 月 24 日。

[③] 鉴于 2023 年包含各地高等教育学校（机构）的教育部教育统计数据尚未公布，因此本报告选取了教育部于 2023 年 6 月 19 日发布的全国高等学校名单中的 1545 所专科高职院校各省份分布数据进行统计。

[④] 教育部：《2022 年全国教育事业发展统计公报》，教育部官网，2023 年 7 月 5 日。

[⑤] 教育部：《2023 年全国教育事业发展统计公报》，教育部官网，2024 年 10 月 24 日。

[⑥] 教育部：《2022 年全国教育事业发展统计公报》，教育部官网，2023 年 7 月 5 日。

[⑦] 教育部：《2023 年全国教育事业发展统计公报》，教育部官网，2024 年 10 月 24 日。

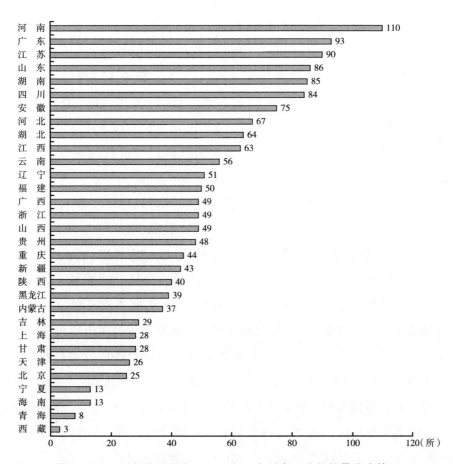

图 5-1　2023 年全国各省（区、市）专科高职院校数量分布情况

资料来源：根据 2023 年 6 月 19 日教育部官方网站公布的《全国高等学校名单》汇总整理所得。

（3）专科高等职业教育办学条件持续优化

2022 年，普通、职业高等学校共有校舍建筑面积 113080.55 万平方米，比 2021 年增加 4313.26 万平方米，增长 3.97%，生均占地面积 51.63 平方米，生均校舍建筑面积 25.21 平方米，生均教学科研实习仪器设备值为 17527.82 元[①]。2023 年，普通、职业高等学校共有校舍建筑面积 118895.19

———————

① 教育部：《2022 年全国教育事业发展统计公报》，教育部官网，2023 年 7 月 5 日。

万平方米，较 2022 年增加 5814.64 万平方米，增长 5.14%；生均占地面积 56.82 平方米，较 2022 年增加 5.19 平方米，增长 10.05%；生均校舍建筑面积 28.26 平方米，较 2022 年增加 3.05 平方米，增长 12.10%；生均教学科研实习仪器设备值为 18607.85 元，较 2022 年增加 1080.03 元，增长 6.16%[①]。整体来看，2023 年专科高职院校办学条件在校舍建筑面积、生均占地面积、生均校舍建筑面积、生均教学科研实习仪器设备值等方面较 2022 年取得一定增长，办学条件持续优化。

（4）专科高等职业教育"双师型"教师队伍建设稳步推进

2022 年，专科高职院校专任教师 61.95 万人，较上一年增加 4.93 万人，2023 年专科高职院校专任教师 68.46 万人，较 2022 年增加 6.51 万人[②]，专任教师规模逐年扩大。其中，2022 年，专科高职院校"双师型"教师在专业课教师中占比达到 58%，超过了职业院校"双师型"教师占专业课教师比例一半的要求[③]，标志着我国"双师型"教师队伍建设迈出了坚实的一步。此外，在"双师型"教师数量稳步增长的同时，国家也高度重视其内涵建设与管理。在培训体系上，2022 年，教育部确定并公布了 170 家由中央部门所属高校、优质本科院校、高水平职业院校牵头，行业组织、龙头企业等参与的国家级"双师型"教师培训基地，其中有专科高职院校 108 所（含"双高"院校 84 所)[④]。2023 年，教育部又印发了《全国职业教育教师企业实践基地管理办法（试行）》，为进一步加强和规范职业教育教师企业实践基地建设奠定了坚实基础。在团队建设上，2019~2023 年，教育部分三批公布了 511 个国家级职业教育教师教学创新团队立项（培育）建设单位，涉及 369 所职业学校（含"双高"院校 173 所）。目前，首批 122 个国家级教师教学创新团队已完成为期三年的建设，并经过省级和部级的层层评价和验收，最终确定了 111 个符合标准的国家级职业教育教师教学创新

---

① 教育部：《2022 年全国教育事业发展统计公报》，教育部官网，2023 年 7 月 5 日。
② 教育部：《2022 年全国教育事业发展统计公报》，教育部官网，2023 年 7 月 5 日。
③ 《以高素质职教教师队伍 支撑教育强国战略》，《中国教育报》2024 年 4 月 2 日。
④ 教育部：《2023 年"职教国培"示范项目启动》，教育部官网，2023 年 4 月 14 日。

团队。这些举措有效提升了专科高等职业教育教师队伍的整体水平，为专科高等职业教育人才培养提供了坚实的师资保障。

（二）专科高等职业教育专业建设总体向好

（1）专科高等职业教育专业建设结构更加合理

"学科跟着产业走，专业围着需求转"是职业教育专业设置改革的目标。根据教育部公布的《2023 年高等职业教育专科专业设置备案和审批结果》，2023 年专科高等职业教育拟招生专业点共 65808 个，涵盖《职业教育专业目录（2021 年）》中设置的 19 个专业大类、97 个专业类，覆盖国民经济所有行业大类，[①] 2023 年 6 月，国家发展改革委、教育部、人社部等 8 部门联合印发《职业教育产教融合赋能提升行动实施方案（2023—2025 年）》，鼓励学校开设更多紧缺的、符合市场需求的专业，形成紧密对接产业链、创新链的专业体系。据统计，2023 年全国 6000 多所职业学校开设数字经济相关专业，会计、酒店管理等 363 个传统专业实现系统化升级，增设智能网联汽车技术等 314 个数字经济领域新专业，充分体现了职业教育专业设置对人才紧缺行业需求的响应[②]。

（2）专科高等职业教育专业建设水平不断提高

2022 年，教育部办公厅、财政部办公厅开展中国特色高水平高职学校和专业建设计划（以下简称"双高计划"）中期绩效评价工作，对参评的首批 197 所建设单位评定等级。其中，160 所院校被综合评定为优，37 所院校被综合评定为良。[③] 2023 年是职业教育全面贯彻落实党的二十大精神的开局之年，更是首轮"双高计划"的收官之年，从评价结果看，"双高计划"任务进展顺利，建设成效突出，总体达到了项目建设的预期效益。如常州机电职业技术学院基于以"装备制造业类专业为主体、制造业服务类专业为

---

①　教育部：《关于公布 2023 年高等职业教育专科专业设置备案和审批结果的通知》，教育部官网，2023 年 3 月 9 日。

②　《教育事业高质量发展扎实推进》，《人民日报》2024 年 5 月 17 日。

③　教育部：《关于中国特色高水平高职学校与专业建设计划中期绩效评价结果的公示》，教育部官网，2023 年 1 月 3 日。

支撑"的专业格局，成功打造了国家级高水平专业群 2 个、省级高水平专业群 4 个。广东积极对接大湾区 20 个战略性产业集群需求，立项了 311 个省级高水平高职院校专业群，基本做到校校有高水平专业群，实现了专业群布局与区域产业链的协同发展和精准对接。①

案例 5-1

常州机电职业技术学院：产教对接谱系指引，打造高水平专业群

常州机电职业技术学院聚焦江苏与常州地区的智能装备产业，以"装备制造业类专业为主体、制造业服务类专业为支撑"的专业格局为基础，以省品牌、高水平骨干专业为引领，优化专业结构与布局，积极推动专业集群发展。学校研制产教对接谱系，设置智能制造专业集群，以"产业→技术→岗位→能力素养→课程→教学"为主线，溯源并可视化反映产教两界关键要素核心结构、发展历史、前沿领域和整体架构，绘制岗位、任务等核心要素谱系，形成产教对接谱系；开发"能力素养集"，解构典型工作任务的素质、知识、能力目标，重构专业群人才培养规格，增强专业群面向产业"适应性"；分类建设，多元诊断，完善专业群自我提升机制。形成集"建设—运行—评价"于一体的系统化专业群管理制度。实施专业诊改制度，分类开展专业建设与诊断，发布专业建设年报。引入第三方评价指标与数据，提升专业结构与区域产业需求的契合度；遵循智能制造典型工作任务开发生产流程，将整体性工作任务转化为若干个能力递进学习项目，通过不同层级的项目设计，形成"课程项目小流程＋课程模块中流程＋专业项目大流程＋专业群项目全流程"四层递进项目课程体系，推进专业群高质量发展。学校专业集群建设特色鲜明，入选国家级高水平专业群 2 个、省级高水平专业群 4 个。

——常州机电职业技术学院供稿

---

① 《大湾区澎湃职教新动能 | "双高计划"五年间·广东篇》，广东省教育厅，2024 年 7 月 11 日。

（三）专科高等职业教育数字化转型态势良好

数字化转型一直是专科高等职业教育的重点工作。2022 年是专科高等职业教育数字化转型发展的关键之年。2023 年 2 月，教育部部长怀进鹏在世界数字教育大会"职业教育数字化转型发展"平行论坛中指出："数字化转型是世界范围内教育转型的重要载体和方向"，再次突出数字化转型在掌握专科高等职业教育发展态势、引领专科高职院校改革创新方向方面的重要作用。

（1）数字人才培养得到有效推进

2022~2023 年，专科高等职业教育高度重视将数字化融入人才培养过程，强调数字化升级改造。2022 年 9 月，教育部发布了新版的《职业教育专业简介》，展现了职业教育专业升级与数字化改造的最新成果，覆盖了《职业教育专业目录（2021 年）》全部 19 个专业大类、97 个专业类的 1349 个专业，其中包括 744 个专科高等职业教育专业。此次改造深度匹配了新技术和产业变革需要，紧密对接了新技术、新产业、新业态、新模式催生的岗位群或技术领域，同时立足专业前瞻布局数字技能等未来职业能力，为专科高职院校数字人才培养指明了方向，提供了基本遵循。例如，2022 年，江苏省根据新版《职业教育专业简介》，综合考量区域产业发展和学校办学实际，关停了电子产品营销与服务、水族科学与技术、内燃机制造与应用技术等 11 个专业，新增了航空复合材料成型与加工技术、区块链技术应用、文化创意与策划、民宿管理与运营、运动健康指导等 38 个专业，[①] 同时要求各专科高职院校不断优化培养目标、拓展能力要求、更新课程体系，力求通过加快专业升级来推动数字人才培养，更好地服务产业发展。

（2）数字校园建设规范性逐渐加强

2022~2023 年，专科高等职业教育积极推进校园数字化建设，以试点为

---

① 《江苏省高等职业教育质量年度报告（2023）》，2023 年 6 月 12 日。

牵引立项数字化建设项目，进一步改善数字化基础条件，取得了丰硕成果。[①] 2023 年 5 月，教育部职成司下发《关于进一步推进职业院校数字校园建设试点的通知》，公布了第一批数字校园建设试点院校名单，其中包括 241 所专科高职院校，[②] 要求着力加强专科高职院校数字校园建设，以数字化转型赋能专科高等职业教育高质量发展。2023 年 7 月，教育部印发《职业教育信息化标杆学校建设指南》，明确指出了包括专科高职院校在内的信息化标杆学校建设任务，要求各院校丰富拓展数字化应用场景，增加数字化资源供给，利用数字化手段推进教学与评价改革，提高数据治理能力。在此基础上，涌现了一大批数字校园建设典型案例，形成了系列专科高职院校数字校园建设优秀建设方案及成功经验，通过进一步宣传推广持续引领专科高等职业教育数字化转型。

（3）数字资源供给逐渐丰富完善

截至 2022 年底，专科高等职业教育享有职业教育仿真实训资源达153.7 万套，数字终端 440.3 万台，[③] 仿真实训颠覆了传统教学手段，通过高度还原真实工作环境中的复杂操作与工作场景，进一步实现了教学资源的共享和重复使用。2022 年 3 月，以"1 个职教大脑·数字驾驶舱系统、2 个二级平台、4 个子系统和 4 个分中心"为主体的国家职业教育智慧教育平台构建完成，基于"分步实施、持续完善"的思路实现了上线与迭代升级，以更丰富的资源支撑了专科高等职业教育数字化转型，[④] 有效释放了数字技术对高素质技术技能人才培养的放大、叠加、倍增和溢出效应，进一步引领了专科高等职业教育数字资源建设。此外，在 2023 年职业教育国家在线精品课程遴选中，共有 363 所专科高职院校入选，其中，成都航空职业技术学院、广东机电职业技术学院、

---

① 《职业教育数字化发展报告（2023 版）》，清华大学，2024 年 7 月 16 日。

② 《第一批全国职业院校数字校园建设试点学校公布，241 所高职院校入选!》，高职发展智库，2023 年 6 月 9 日。

③ 教育部：《2022 年教育统计数据》，教育部官网，2023 年 12 月 29 日。

④ 《国家职业教育数字化战略行动取得明显进展》，《中国教育报》2023 年 2 月 9 日。

广州番禺职业技术学院各有 7 门课程入选，在全国专科高职院校中并列第一。①

案例 5-2

河南工业职业技术学院：以"数字活力"赋能教学改革与综合治理

为深入贯彻《职业院校数字校园规范》《职业教育信息化标杆学校建设指南》等文件要求，河南工业职业技术学院以"丰富拓展智慧教学应用场景—扩大优质资源供给—赋能教学与评价改革—促进师生全面发展—提高学校综合治理能力"为主线，实施"五大工程"。在信息化管理体系建设工程方面，通过加强组织机构建设、完善体制机制建设、建立健全培训体系、优化绩效评估体系，促进数字校园建设；在信息化基础设施优化工程方面，通过建设四网融合校园，打造智慧教室、电子班牌、数字孪生实训基地、技能图书馆等数字化教学环境；在师生数字化素养培育工程方面，基于系列数字化基础和选修课程，构建分类培养、形式多样的数字能力培育课程体系，全面提升学生数字化能力，依据教育部《教师数字素养》标准，修订完善《教师能力提升工程实施方案》，统筹规划教师数字化教学能力提升；在管理服务数字化创新工程方面，推动学校管理模式创新、提升师生数字化应用体验，为师生打造集智慧化、数字化服务模式体验于一体的数字校园。在此基础上，学校资源建设和供给能力得到持续提升，建成 11 门国家级精品在线开放课程、33 门省级精品在线开放课程、155 门校级精品在线开放课程，有力推进了学校基于教学资源库的"三教"改革。

——国家职业教育智慧教育平台

（四）专科高等职业教育社会服务能力持续提升

专科高等职业教育紧贴市场需求，通过精准的人才培养和专业调整，不

---

① 《关于 2023 年职业教育国家在线精品课程遴选结果的公示》，教育部官网，2024 年 10 月 23 日。

断提升教育质量与市场需求的契合度，同时在职业技能培训、科技创新和技术服务方面展现出显著成效，为地区经济发展和产业升级提供了有力的人才支撑和技术保障。

（1）专科高等职业教育人才培养与市场需求的契合度持续提高

2022 年，全国专科高等职业教育毕业生人数为 495.69 万，总体毕业生就业去向落实率为 91.88%，[①] 伴随着专科高职毕业生的就业去向落实率不断提高，就业质量也得到了逐步提升。在专业设置方面，由于区域重点产业和特色产业、民生产业已成为发展重点，2023 年，婴幼儿托育服务与管理专业新增 89 个专业点，新能源汽车技术专业新增 77 个专业点，网络营销与直播电商专业新增 72 个专业点，[②] 这三个专业在 2023 年全国专科高职院校新增备案专业数量中名列前茅。这一趋势表明，专科高等职业教育正积极适应新兴产业和民生领域的需求变化，通过设置大量新兴专业有力地支撑了产业发展。

（2）专科高等职业教育面向社会职业技能培训迸发新活力

专科高等职业教育以职业技能培训为核心，为社会进步注入新动力。2022 年，中共中央发布的《关于深化现代职业教育体系建设改革的意见》明确指出，要"针对新业态、新职业、新岗位，广泛开展技术技能培训，服务全民终身学习和技能型社会建设"[③]，为职业教育提供社会技能培训指明了清晰的发展路径。同时，人社部等 4 部门联合印发的《"十四五"职业技能培训规划》规定到 2025 年开展政府补贴性职业技能培训 7500 万人次以上的目标。[④] 专科高职院校积极响应国家号召，结合自身的专业优势和区域经济发展需求，针对特定人群大力开展各类技能培训，为企业输送了大量高技能型人才。

[①] 中国教育科学研究院编著《2023 中国职业教育质量年度报告》，高等教育出版社，2023。

[②] 高职发展智库：《2023 年全国高职院校开设专业数量排行榜》，上海交大教育集团官网，2023 年 9 月 20 日。

[③] 《关于深化现代职业教育体系建设改革的意见》，教育部官网，2021 年 10 月 12 日。

[④] 《"十四五"职业技能培训规划》，教育部官网，2021 年 12 月 17 日。

案例 5-3

威海职业技术学院：多层次高质量培训体系助力区域经济发展

威海职业技术学院坚决贯彻党的十九大和党的二十大关于职业教育的政策精神，积极践行学历教育与社会培训并重的法定使命，始终秉持"立足区域经济，服务国家战略"的宗旨，以推动终身学习为目标，精心构建了全方位、多层次、高质量的社会培训及学历教育体系。威海职业技术学院现已申报 80 个各级各类培训基地，其中包含 14 个国家级、37 个省级基地，依托这些基地开展培训 1000 余项。截至 2023 年 12 月 10 日，共开展社会培训 297 项，培训人次达 15.08 万。与 2022 年相比，培训人数大幅增长 32.24%，实际到账额实现了 20.39% 的显著增长。各二级学院在技能类培训领域成果突出。酒店学院承办 2 期卫健委营养指导员培训、经区和环翠区现代学徒制培训、2 期海军后厨中餐培训、2 期中式面点技能鉴定。机电学院核级焊工培训形成品牌，2023 年承办克莱特集团和兴鲁人力核级焊工培训，其熔化焊接与热切割作业人员安全技术培训获威海市应急管理局认可。师资类培训方面，威海职业技术学院承接 14 个项目，中标项目数量和承接项目质量在省内高职院校中名列前茅。威海职业技术学院的社会培训工作，通过全方位整合资源、不断创新工作模式、精准对接市场需求，实现了培训规模与质量的双飞跃，为区域经济发展提供了坚实的人才保障。

——威海职业技术学院官网

（3）专科高等职业教育在科技创新和技术服务领域表现卓越

自 2019 年起，专科高职院校的专利总量和发明专利数量持续增长。2022 年，第一申请人为高职院校的专利总量达到 46100 件，其中发明授权 6051 件[①]。此外，41% 的专利申请聚焦新一代信息技术产业、高端装备制造产业、生物产业、新材料产业、新能源产业等领域，表明专科高职院校的技

---

① 中国教育科学研究院、全国职业高等院校校长联席会议编著《2022 中国职业教育质量年度报告》，高等教育出版社，2022。

术创新逐渐聚焦于战略性新兴产业。同时，专利转化运营也呈现迅速增长的态势，2022 年专科高职院校专利技术转让数量较 2021 年增长近 1 倍①。总体来看，专科高职院校在科技创新和技术服务方面对国家战略性新兴产业的支持和服务能力正在不断加强。

二 专科高等职业教育发展挑战

2022~2023 年，专科高等职业教育在办学规模、专业建设、数字化转型等方面取得了一定的发展成就，但也面临着相应的发展挑战。

（一）专科高等职业院校办学能力有待提升

当前，专科高职院校在办学规模上已具备良好的基础条件，但在专业、师资、实训基地等与关键办学能力相关的要素建设方面仍存在一定的提升空间。一是专业内涵建设有待提升。部分专科高职院校专业特色不明显，专业特色塑造能力不强，缺乏灵活的专业调整机制，对新兴业态与技术变革的快速响应能力较差，导致毕业生就业难度增加、专业吸引力下降等，难以形成独特的市场竞争优势。二是"双师型"教师队伍建设有待加强。一方面，教师培训与发展体系不够完善，导致教师专业知识更新速度慢、专业技能与教学水平难以提升；另一方面，缺乏完善的兼职教师引入与管理机制，兼职教师进校执教的管理、激励等问题尚待明晰，造成校企双向人才流动不畅。三是实训基地建设资源难以整合。当前实训基地建设存在投入不足、设备落后、管理不规范等问题，单凭专科高职院校自身无法吸引行业企业等社会力量参与高水平专业化实训基地建设，多元主体无法通过形成合力来实现资源共享与优势互补，难以满足学生实训需求。

（二）专科高等职业教育数字化转型有待完善

为适应数字技术蓬勃发展的需求，专科高等职业教育在人才培养、数字校园建设、数字资源供给等方面进行了大量的探索性实践。然而，当前专科高等职业教育的数字化转型已经进入提质转型期，这意味着其数字化转型将面临新

---

① 翟帆：《41%的专利聚焦国家战略性新兴产业》，《中国教育报》2023 年 12 月 19 日。

的多重挑战。一方面，体现为内部建设问题。例如，在教学资源建设方面，尽管具备一定基础，但缺乏有效的数据分析算法与智能化应用场景设计，导致数据资源丰富但应用效能低下，难以提供个性化、智慧化的教学管理与决策支持。另一方面，体现为数字化赋能专科高等职业教育外部发展能力不足。对于专科高等职业教育而言，数字化转型需要帮助其缓解与其他类型、层次教育以及产业发展等之间的疏离关系。因此，数字化转型发展不仅是专科高职院校的使命，也是各方主体应该主动共同承担的责任。整体来看，专科高等职业教育数字化转型的系统性仍有待进一步加强，需要以系统思维布局转型路径，明确下一阶段的转型着力点，实现以数字化赋能专科高等职业教育高质量发展。

（三）专科高等职业教育产教融合水平有待提升

专科高等职业教育通过提升社会服务能力不断增强职业教育自身适应性和前瞻性，推动产业链、创新链和教育链、人才链的四链融合，但在自身产教融合水平方面仍有待提高。一是地方政府产教融合统筹能力有待进一步加强。当前，相关政策多为倡导性文件，缺乏针对专科高等职业教育深化产教融合的具体实践指导，特别是在统筹推进校企间资源共享、信息平台搭建、风险共担等方面，尚未形成有效的协调机制。二是产教融合深度不够。目前，专科高等职业教育产教融合更多地停留在表面，在专业设置、课程内容、人才培养质量等方面，与企业需求之间仍存在较大差距，产教融合中校企合作育人的体制机制尚未完善。三是产教融合的资源配置需进一步优化。部分专科高职院校存在资金不足、实验设备更新滞后、实习基地建设不够完善、优质师资教育资源短缺等问题，影响了学生实践技能的提升，难以满足产教融合的实际需求。

三　专科高等职业教育发展建议

针对专科高等职业教育在院校办学能力、数字化转型升级以及产教融合等方面的现实挑战，提出以下发展建议。

（一）着力提升专科高职院校关键办学能力，深化内涵建设

提升专科高职院校的关键办学能力是培养高素质技术技能人才的核心途

径，有助于增强专科高职院校应对产业需求变化的适应力和创新力，促进区域经济发展与社会进步。一是坚持贯彻专业内涵深化与特色化发展战略。建立基于深入市场调研的专业动态反馈机制，实施灵活且具有前瞻性的专业调整策略，实现专业设置与产业结构升级、技术变革需求紧密对接。依托专科高职院校自身资源禀赋，强化专业特色，形成具有差异化竞争优势的品牌专业集群。二是建立健全校企协同开发课程体系的长效机制。建立基于共同愿景的校企课程开发联盟，推动校企基于职业成长规律在课程目标设定、课程内容组织、教学方法创新等方面开展深度合作，确保课程体系的时效性与实用性。充分运用信息技术手段，实现教学资源数字化、网络化、智能化创新。三是持续推动"双师型"教师队伍建设与专业化发展。组建高素质的校企合作、专兼结合的"双师型"教学团队，建立健全教师职业生涯规划、在职培训、学术交流等全方位支持体系，促进教师专业知识、教学技能及科研能力的持续提升，完善兼职教师选聘、考核、激励等管理制度，畅通校企人才流动渠道。四是优化实训基地建设的资源配置。通过政府统筹、政策引导实现资源高效整合，推动行业企业、职业院校、科研机构等多元主体在实训基地建设、使用、管理等方面的深度合作，提高实训基地的运行效率与建设水平。

（二）推进专科高等职业教育数字化转型，助力数字生态构建

专科高等职业教育应以数字化为核心驱动力，做好顶层设计、分层推进，以构建数字生态为目标，全面推进数字化转型升级。对于专科高等职业教育内部，一是要坚持建立完备的数字基础设施，建立健全数字化管理体系，优化数字校园建设，提升专科高职院校数据治理能力；二是要加强优质数字资源建设，构建系统化的数字教学资源库，运用先进的数据分析算法与人工智能技术，为教学管理、学生发展及政策制定提供精准、科学的决策支持，以满足学生多元化学习需求，实现从大规模标准化培养向大规模个性化培养跃升。对于专科高等职业教育外部，要进一步健全完善政府引导、市场参与的数字化职业教育共建共享机制，以数字化推动专科高职院校与行业企业、科研机构等多元主体的深度合作，激发多元主体参与的内在动力，共建共享数字教育资源与服务平台，形成开放、协同、创新的数字生态体系，以数字化破解产教融合痛点、难点，进一步促进教育链、人才链与产业链、创新链的有效衔接与深度融合。

（三）积极夯实产教融合基础能力，推进"四链融通"

在深化专科高等职业教育产教融合过程中，应推动多元主体的深度合作，积极夯实专科高职院校产教融合基础能力，建立产业链、创新链和教育链、人才链"四链融通"的合作机制。一是政府应完善相关制度设计。通过金融、财政、土地、信用等激励手段，进一步激发专科高职院校参与办学的内在动力，积极引导行业企业深度参与产教融合、校企合作的全过程。二是专科高职院校在此过程中应强化主动作为的责任意识。加大与企业的合作力度，拓宽合作广度，基于产业需求和职业特点设置专业和制定人才培养方案，确保培养的人才能够符合市场需求。三是专科高职院校应建立系统的产教融合校企合作机制。促进与企业之间的资源共享，切实为学生提供丰富的实践机会和高质量的实训基地，推动学生通过实践提升专业技能。此外，在资源配置方面，专科高职院校应完善产教融合的动态资源配置制度，依据产业发展的变化情况，及时调整内部资源的配置。通过推动校企资源共享，提升资源配置的精准性与利用效率，提升人才培养质量。

第二节　本科高等职业教育发展报告

2021 年 10 月，中共中央办公厅、国务院办公厅印发《关于推动现代职业教育高质量发展的意见》，指出"到 2025 年，职业本科教育招生规模不低于高等职业教育招生规模的 10%"。大力发展本科高等职业教育是提升职业教育吸引力、完善我国现代职业教育体系的重要抓手。2022 年和 2023 年，我国本科高等职业教育稳步发展，本节将从本科高等职业教育的发展成就、发展挑战与发展建议三个方面进行具体分析。

一 本科高等职业教育发展成就

本科高等职业教育的发展体现在职业本科教育发展壮大的全过程，本部分重点选择院校规模、学生规模、专业建设和社会服务贡献情况等进行分析。

（一）本科高等职业教育规模稳步扩大

从本科高等职业院校规模来看，自 2019 年 5 月首批 15 所民办本科高职院校试点以来，2020 年新增 8 所本科高职院校，2021 年新增 9 所本科高职院校，总量达到了 32 所。此后，受到 2021 年 6 月独立学院和专科高职院校合并引发的社会舆情影响，2022 年没有新设本科高职院校。直到 2023 年 6 月成立了深圳职业技术大学，才重新释放了设置本科高职院校的信号，但可以看出整体趋势已转为以优质公办专科高职院校为主。截至 2023 年 12 月，全国共有 33 所本科高职院校[①]。从院校的办学特色和服务面向类型来看，涵盖了综合类、农林类、语言类、财经类、艺术类、医药类等不同类型。从本科高职院校的地域分布来看，现有院校主要分布在全国的 20 个省级行政单位、30 个地市级行政单位（见图 5-2）。

从本科高等职业教育学生数来看，截至 2022 年底，全国本科层次高等职业教育有在校生 228740 人，招生数为 76302 人，2022 年的毕业生有近万人，其中有接近五成的毕业生获得了职业类证书。2023 年全国本科层次高等职业教育毕业生已增至 39924 人，为全国输送了一批创新型复合型技术技能人才。从学生的性别比例来看，女生占比为 46.8%，接近全国本科层次高等职业院校毕业生总数的一半。从学生的专业大类分布来看，农林牧渔大类、资源环境与安全大类、能源动力与材料大类、水利大类、公安与司法大类等人数相对较少，2022 年没有相关专业的毕业生。电子信息大类、财经商贸大类、文化艺术大类、土木建筑大类、装备制造大类等就读人数相对较多（见表 5-1）。

---

① 2023 年 11 月新公示了长春汽车职业技术大学和四川工程职业技术大学，但由于两所院校于 2024 年 1 月才正式批复，所以不统计在此次报告中。

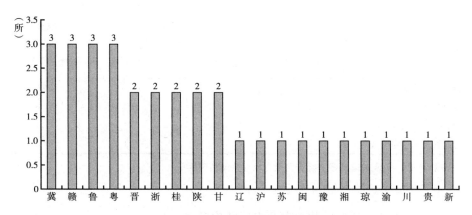

图 5-2　2023 年全国本科层次高等职业院校的省份分布

资料来源：根据教育部官方网站 2023 年院校名单整理汇总所得。

表 5-1　2022 年全国本科层次高等职业院校学生情况

单位：人

类别	毕业生数	获得职业类证书人数	招生数	在校生数
学生总数	9229	4514	76302	228740
女生	4315	1776	51372	109737
农林牧渔大类	0	0	365	1245
资源环境与安全大类	0	0	1858	3884
能源动力与材料大类	0	0	546	921
土木建筑大类	889	538	6208	20541
水利大类	0	0	89	89
装备制造大类	1006	606	10943	28685
生物与化工大类	2	2	1481	2422
轻工纺织大类	1	0	508	779
食品药品与粮食大类	27	16	1418	2617
交通运输大类	68	42	2640	6536
电子信息大类	1311	940	16152	51719
医药卫生大类	360	129	5376	12752
财经商贸大类	3411	1372	13017	45506
旅游大类	420	82	654	2349
文化艺术大类	370	95	7145	19623

续表

类别	毕业生数	获得职业类证书人数	招生数	在校生数
新闻传播大类	0	0	1586	4263
教育与体育大类	1364	692	5385	23558
公安与司法大类	0	0	273	351
公共管理与服务大类	0	0	658	900

资料来源：根据 2022 年教育部官网教育统计数据整理所得。

（二）本科高等职业教育专业组成结构多元

本科高职院校内部专业的组成主要包括专科专业、职业本科专业等不同类型。整体来看，我国现有的本科高职院校专业组成结构较为复杂。

从专业种类和规模来看，在专科专业的数量和覆盖率方面，30 余所本科高职院校共设置了 290 种专科专业，专科专业的覆盖率为 38.98%，专科专业覆盖面较窄。从专科专业类的数量和覆盖率看，本科高职院校设置的 290 种专科专业分布于 74 个专科专业类，专科专业类覆盖率为 76.29%，专科专业类覆盖率较高，基本覆盖了经济社会发展重点领域的专业类。从职业本科专业的数量和覆盖率看，32 所职业本科院校共设置 156 个职业本科专业，职业本科专业的覆盖率为 63.16%，职业本科专业覆盖率较高，基本涵盖当前制造业发展的重点领域。从职业本科专业类的数量和覆盖率看，32 所职业本科院校设置的 156 个职业本科专业分布于 68 个本科专业类，本科专业类覆盖率为 70.10%，虽然相对于专科专业类的覆盖率低一些，但职业本科专业类整体覆盖水平较高，能够满足经济社会发展和生产实践一线对创新型高素质技术技能人才的需求。

从专业分布来看，在"热门"专业设置方面，现有本科高职院校设置最多的本科专业为大数据与会计、软件工程技术、电子商务、机械设计制造及自动化、智能制造工程技术、环境艺术设计、大数据工程技术、现代物流管理、建筑工程等。本科高职院校设置的"热门"专科专业和本科专业的主要类型基本一致，主要聚焦大数据、软件技术、电子商务、机械制造等不同领域。同时本科高等职业院校设置适合本校、本区域发展的特色专业，通过打造品牌专业，对接产业需求。

本科高职院校内部专业的构成情况较为复杂，涉及专科高等职业教育专业、本科高等职业教育专业等。从 33 所本科高职院校的专业构成来看，专科专业平均数和本科专业平均数的比值为 1.86，专科专业的数量多于本科专业的数量①。因此，当前本科高等职业院校并非完全开设本科专业，而是专科专业占主导地位，这与本科高等职业院校通过高职院校"独立升格"、独立学院"单独转设"、高职院校与独立学院"合并转设"等多种方式建设紧密相关。

案例 5-4

深圳职业技术大学：打造品牌特色专业

深圳职业技术大学立足职业教育产教融合的办学特色，以培养适应智能时代需要的复合式创新型高素质技术技能人才为目标，瞄准未来社会和经济发展，面向国家重大战略需求和粤港澳大湾区经济社会发展需求布局专业。2023 年，学校围绕深圳 20 大产业集群和 8 大未来产业，新设电子信息工程技术、现代通信、人工智能工程技术、智能制造工程技术、新能源汽车工程技术、数字动画等首批本科专业 6 个，转型升级智慧城市管理技术、智能建造技术等 2 个专科专业，现有在校生专业数累计 96 个。学校紧跟产业前沿，建设 15 个世界一流重点建设专业群，形成"2+9+N"专业群格局。契合深圳特色优势产业，契合战略性新兴产业、未来产业和传统产业的转型升级发展需求，契合现代服务业、大健康、地方传统产业发展需求。学校持续提升学校专业建设水平和人才培养质量、打造一流职业教育，树立专业品牌与特色，学校已建成第一批广东省一类品牌专业 2 个、二类品牌专业 7 个，第二批广东省二类品牌专业 7 个，在建第三批广东省一类品牌专业 2 个、二类品牌专业 3 个；获得省级专业群中期检查优

---

① 宋亚峰：《贯通·融通·联通：职业本科院校专业结构的适配逻辑》，《国家教育行政学院学报》2023 年第 6 期。

秀 2 个，专业品牌建设成效显著。学校全面推进课程数字化转型，积极推进国产先进技术进校园进教材，建设应用"深职 i 学习"一体化教学大平台，部署了课堂智能分析系统，创新高质量课堂教学评价，为师生提供丰富的数字资源，从而丰富专业内涵。

——深圳职业技术大学官网

（三）本科层次高等职业教育的社会服务能力逐渐增强

社会服务贡献水平是本科层次高等职业教育彰显其时代价值的重要依托，也是提升职业教育外部适应性的重要载体。2020~2023 年，本科层次高等职业教育对区域经济社会发展做出了重要贡献（见表 5-2）。一是从培养的毕业生来看，2023 年全国本科层次高等职业院校校均培养毕业生 8125人，共计培养毕业生 125933 人，为区域产业发展贡献了一批创新型高素质技术技能人才。其中，留在当地就业的占 30.01%，到西部和东部地区就业的占 28.14%，到中小微企业等基层就业的占 67.99%，到大型企业就业的占 20.88%。二是从技术服务来看，全国本科层次高等职业院校横向技术服务到款额总计 22790 万元，校均到款额 1470 万元；横向技术服务产生的经济效益共计 102991 万元，校均效益为 6866 万元；纵向科研经费到款额总计 4378 万元，校均到款额 282 万元；技术产权交易收入总计 813 万元，校均收入 52 万元。同时也有超 1800 项的知识产权项目，通过技术服务促进了当地经济社会发展。三是立足国家重点战略，服务乡村振兴战略。例如，广西农业职业技术大学利用科技支农帮扶，助力乡村振兴（见案例 5-5）。

表 5-2　2020~2023 年全国本科层次高等职业院校社会服务贡献情况

社会服务类别	总计	均值	最大值	最小值	标准差
毕业生初次就业人数（人）	125933	8125	11983	2031	1941
其中：A 类：留在当地就业（人）	37798	2439	3986	0	945

续表

社会服务类别	总计	均值	最大值	最小值	标准差
B类:到西部和东部地区就业（人）	35433	2286	4048	35	1486
C类:到中小微企业等基层就业（人）	85626	5524	6348	711	1178
D类:到大型企业就业（人）	26291	1696	7523	21	1498
横向技术服务到款额（万元）	22790	1470	3836	10	961
横向技术服务产生的经济效益（万元）	102991	6866	27064	0	7495
纵向科研经费到款额（万元）	4378	282	749	0	212
技术产权交易收入（万元）	813	52	306	0	64
知识产权项目数（项）	1809	117	553	0	108
其中:专利授权数量（项）	1414	91	368	0	80
专利转让数量（项）	434	29	88	0	26
专利成果转化到款额（万元）	848	55	304	0	64
非学历培训项目数（项）	3368	217	605	11	145
非学历培训学时（个）	562653	36300	335366	418	60519
公益性培训学时（个）	418359	26991	335366	0	60836
非学历培训到账经费（万元）	22026	1421	3404	0	833

资料来源：根据30所本科层次高职院校《高等职业教育质量年度报告（2023）》汇总整理所得。

注：截至2023年共有33所本科层次高职院校。但2023年仅新增一所本科层次高职院校，还未来得及招收本科生，因此具有办学实践的学校只有32所。由于景德镇艺术职业大学2023年没有公布质量年度报告，新疆天山职业技术大学质量年度报告中数据缺失较为严重，最后选取数据较为齐全的30所本科层次高职院校作为最终的分析样本。

案例 5-5

广西农业职业技术大学：科技支农帮扶 助力乡村振兴

学校积极响应乡村振兴战略，发挥专业优势，承担人才培养职能，助力乡村产业、人才、文化、组织振兴。学校以组织产业服务队进村帮扶、设立产业帮扶专项资金等形式加强定点帮扶村产业发展，6个定点帮扶村集体经济收入平均达11.76万元。2022年度学校定点帮扶工作获得区直单位定点帮扶工作考核等次"好"。学校针对青年农场主、高素质农民、基层农技人员等群体，采用订单式、学徒制等培训方式，开展各类技术技能培训达43960多人次。学校将实践育人作为人才培养的重要环节，引领广大团员青年以"厚植爱农情怀，练就兴农本领"为宗旨，打造"4+1"实践育人党建品牌模式，引导青年走进农村，活跃农村文化氛围。学校发挥人才优势与技术引擎作用，服务农业产业发展，在粮食、畜禽、农产品加工、中药材、乡村振兴5大重点领域组建科研创新团队，开展关键技术研究，重点推进广西东盟现代种业创新中心、广西畜禽繁育与营养创新中心等新平台建设，与广西本地农业企业、合作社等共建"广西畜禽繁育技术研发人才小高地"研发中心6个，与老挝农林与农村发展研究院续建中国-老挝合作农作物优良品种试验站。学校主持获2022年广西科学技术进步奖二等奖2项、三等奖2项，参与获三等奖1项。此外，学校通过横向科研项目、科技特派员等形式服务本地企业和农村产业发展，累计获得咨询服务收入275.2万元。

——广西农业职业技术大学官网

二 本科高等职业教育发展挑战

当前，本科高等职业教育已经取得了不错的办学成效，办学规模逐渐扩大，专业建设提质培优，社会服务贡献能力逐渐增强，但在师资队伍建设、学位制度建设以及人才培养评价体系建设方面还有待进一步完善。

（一）本科高等职业教育师资队伍建设有待加强

师资队伍建设是本科高等职业教育亟待加强的一个重要环节。一是本科高等职业教育师资培养能力有限。截至2022年，全国共开设职业技术师范类院校12所[①]；截至2023年10月，全国共有24所师范院校、8所综合性

---

① 孙翠香、米靖：《党的十八大以来中国特色高职教师高质量发展的制度构建与实践探索——我国高职教师发展政策与改革实践述评》，《教育与职业》2022年第20期。

高校、7 所工科院校招收职业技术教育专业的教育硕士①，主要培养中等和相关专科高等职业教育教师，而针对本科高等职业教育师资培养的组织机构有待进一步建设与完善。此外，相关部门尚未单独出台本科高等职业教育教师认证标准，教师准入标准有待完善；教师认证对象存在遗漏，兼职教师相关入职标准有待补充，教师专业教育与从业经验考核有待加强②。二是本科高等职业教育教师"引培"能力有待提升。一方面，部分院校教师引进体系有待健全，选拔标准需要进一步明晰。2023 年本科高等职业教育专任教师仅 3.08 万人③，且"双师型"教师、博士学位专任教师数量仍难以满足实际需求。另一方面，教师培训乏力，校内培训内容零散且与实际教学脱节，针对"双师型"教师的培训项目较少，培训效果有待提升。企业参与师资培训的积极性不够，尚未建立稳定的教师赴企学习的通道，部分教师难以达到每年到企业实践一个月的要求。

（二）本科高等职业教育学位制度建设有待完善

当前，我国已建立以普通高等教育为主导、以学科知识为核心的"三级两类"的学位制度，学位分为学士、硕士、博士，包括学术学位、专业学位等类型，分别按照学科门类、专业学位类别等授予。职业教育作为一种类型教育却未能在现有学位体系中获得相应的分类。《关于做好本科层次职业学校学士学位授权与授予工作的意见》（以下简称《意见》）是当前关于高等职业教育本科学位授予的重要文件。然而，《意见》在实践应用中仍存在一些问题，具体表现在以下三个方面：一是本科高等职业教育学位类型与其对应的职业教育类型属性不匹配。《意见》中规定本科层次职业教育学士学位按学科门类授予。由此可以看出当前我国本科高等职业教育学位属于学术学士学位，而职业本科教育的本质与普通本科教育的类型和培养目标存在

---

① 武博：《职业技术师范教育专业建设的现状、问题与路径》，《教育与职业》2023 年第
22 期。

② 李琪、匡瑛：《基于入职标准的我国职教教师准入制度建设新思考》，《教育与职业》2021
年第 1 期。

③ 《教育部：2023 年全国职业教育基本情况》，中国教育在线，2024 年 3 月 3 日。

明显差异，这种划分未能充分体现职业本科教育应用性和实践性的特点。二是本科高等职业教育学位授予标准缺乏类型化特征。《意见》虽然强调了职业标准的重要性，但在实践中，相关职业标准的认定和评价方法尚不明确，影响学位授予标准的制定和具体实施。三是本科高等职业教育学位管理制度尚不完善。《意见》虽然对学位授予的程序和标准进行了规定，但未充分考虑到行业和企业的参与，这可能导致学位授予单位在管理和决策过程中缺乏多元视角，从而使得职业本科教育学位与行业需求、实际应用之间的契合度不够。

（三）本科高等职业教育人才培养评价体系有待健全

"教育评价事关教育发展方向，有什么样的评价指挥棒，就有什么样的办学导向"，目前本科高等职业教育人才培养评价体系有待健全。一是行业企业参与人才培养评价主体作用有待强化。2022 年新修订的《中华人民共和国职业教育法》第四十三条规定，职业学校、职业培训机构应当建立健全教育质量评价制度，吸纳行业组织、企业等参与评价。但当前企业、行业作为职业本科教育的办学主体，并没有被有效纳入教学评价制度体系中，本科高等职业教育呈现一种以"自我评价"为主导的特征[1]。同时评价内容忽视行业、企业的人才需求标准，未充分体现行业、企业不同岗位的能力要求，未能充分关注行业、企业对毕业生进入劳动力市场后的评价与反馈。二是以职业为导向的人才培养评价体系有待健全。一方面，缺乏分类评价的高等教育评价体系，以职业和技术为导向的人才评价体系尚未建立。另一方面，评价指标体系忽视职业适应性，忽视对学生跨职业工作所需的复合型职业能力的培养，缺乏对"双师型"教师的实践能力以及学生职业能力、职业素养的考核等。

三 本科高等职业教育发展建议

本科高等职业教育是职业教育体系向上贯通的关键一环，为进一步促进

---

[1] 毋磊、周蕾、马银琦：《高质量职业本科人才培养模式的现实向度与行动路径——基于 21 所职业技术大学教育质量报告的文本分析》，《中国高教研究》2023 年第 5 期。

本科高等职业教育稳步发展、行稳致远，还应该从以下几个方面继续发力。

（一）加强本科高等职业教育高水平师资队伍建设

高水平师资队伍是职业本科教育高层次技术技能人才培养的重要抓手。第一，应建立健全本科高等职业教育师资培养制度。一是政行企校多方联动建立本科高等职业教育师资培训的组织机构，加强职业技术师范学院建设，支持高水平综合大学、师范大学培养职教师资，[①] 明确行业企业培养职教教师的主体地位。二是构建本科、硕士、博士等不同层次、相互衔接的一体化师资培养体系，依照教育教学实际需求科学设定各阶段培养目标与课程内容。三是构建科学的职业本科教育师资认证标准。在国家普适性标准的基础上，各省需结合本地具体情况，以及不同教育层次、专业大类等，制定师资认定标准[②]。第二，应畅通教师"引进来"与"走出去"发展渠道。一是健全教师引进制度，改革人事制度，吸引"双师型"教师、博士学位专任教师等优秀人才。二是建立健全在职教师培训制度，定期组织教师参与教学培训，开设有针对性的培训项目，将新型教学方法、前沿理论知识融入教学内容。通过正向激励与合理约束相结合的方式，帮助教师理解培训的重要性，促进教师队伍的专业成长。三是完善教师到企实践制度，将教师到企实践与职称评定挂钩。提高企业参与积极性，校企共建校外实训基地和产学研合作平台，将企业所需的操作技能与工匠精神融入师资培养全过程。

（二）加快推动建立本科高等职业教育学位制度

推动构建本科高等职业教育学位制度是明确职业教育类型定位、提高办学水平与质量的重要举措。应以职业属性为导向设置本科高等职业教育学位制度。一是完善学位制度体系。在《中华人民共和国教育法》《中华人民共和国高等教育法》《中华人民共和国职业教育法》《中华人民共和国学位条例》等上位法的指导下，由教育部或者省级政府部门出台相应的行政法规，

---

① 胡剑锋、畅立丹、许倩婷等：《类型教育定位下职教师资培养的价值意蕴、现实困境与实践路径》，《中国高教研究》2024 年第 5 期。

② 李红、姜欣彤、任锁平等：《高职院校"双师型"教师队伍建设实践路径构建》，《中国职业技术教育》2023 年第 6 期。

建立"自上而下"的职业教育学位制度。二是强化本科高等职业教育学位的类型属性，在制度中突出本科高等职业教育学位授予标准的职业性，加强学位认证标准与专业技能标准的衔接。与此同时，规范学位授予程序，学位授予程序应遵循合理行政原则，既符合上位法规定，又兼顾校内实际，设计上应坚持合议制、公开原则和信赖利益保护原则，确保决策集体性、公正性和透明性，提升职业本科教育质量和学位权威性。三是完善学位授予资格取得制度，规范学位授予工作。省级学位委员会制定区域内职业本科教育学位授予资格管理办法时，应在《中华人民共和国职业教育法》《中华人民共和国行政许可法》《中华人民共和国学位条例》的指导下，对学位授予资格审批的条件、程序、期限进行细化和完善。

（三）改革完善本科高等职业教育人才培养评价体系

本科高等职业教育以高层次、复合型、创新型技术技能人才为培养目标，为保障人才培养质量，我国要建立并完善人才培养评价体系。第一，明确行业、企业人才培养评价主体作用。一是加强多元主体分工协作，突出行业、企业主体地位，提高本科高等职业教育对经济社会高质量发展的适应性。二是将行业、企业用人标准融入人才培养评价标准，通过行业、企业调研、人才需求分析、职业能力分析，将对工作任务与职业能力的分析结果与评价指标匹配。三是评价结果及时反馈，完善行业、企业评价结果反馈机制，提升校企合作水平。第二，制定职业导向的人才培养评价标准体系。一是建立健全高校分类评价制度。构建突出类型定位和层次定位的本科高等职业教育人才培养评价标准体系。二是增强评价指标的职业性。要关注专业适应岗位工作内容日益宽泛的趋势；教师评价要关注教师实践能力和"双师型"教师团队建设水平；要以职业能力评价为重点，将学科导向评价转为职业导向评价，充分关注学习者的岗位适应能力、组织管理能力和创新创造能力等。

第六章　职业培训发展报告

职业培训从传统学徒制演变而来。广义的职业培训是指为适应社会职业的需要，按照一定的标准，对要求就业和在职的劳动者所进行的，旨在培养和提高其素质和职业能力的教育与训练活动①。狭义的职业培训是指按照职业岗位对劳动者提出的要求所进行的培养和训练，旨在把一般人培养训练成为具有一定道德品质和技术业务素质的合格劳动者，以适应职业岗位的需要②。根据2022年新修订的《中华人民共和国职业教育法》，本章不涉及对公务员、专业技术人员的继续教育、培训工作等相关内容。同时，该法第十四条提出"职业学校教育和职业培训并重"，即将两者同样重视、同等对待，体现出我国职业教育理念的重大进步。该法第十六条规定："职业培训包括就业前培训、在职培训、再就业培训及其他职业性培训，可以根据实际情况分级分类实施。"我国职业培训制度与职业分类、职业标准、职业技能等级评价等技能人才队伍建设制度密切相关，其本身

---

① 《中华人民共和国劳动法》第66条规定："国家通过各种途径，采取各种措施，发展职业培训事业，开发劳动者的职业技能，提高劳动者素质，增强劳动者的就业能力和工作能力。"

② 《中华人民共和国劳动法》第68条规定："用人单位应当建立职业培训制度，按照国家规定提取和使用职业培训经费，根据本单位实际，有计划地对劳动者进行职业培训。从事技术工种的劳动者，上岗前必须经过培训。国家确定职业分类，对规定的职业制定职业技能标准，实行职业资格证书制度，由经备案的考核鉴定机构负责对劳动者实施职业技能考核鉴定。各级人民政府应当把发展职业培训纳入社会经济发展的规划，鼓励和支持有条件的企业、事业组织、社会团体和个人进行各种形式的职业培训。"

已成为劳动制度的重要组成部分。开展大规模职业培训，是提升劳动者就业创业能力、缓解结构性就业矛盾、促进扩大就业的重要举措。建设技能型社会，实施"技能中国行动"，标志着一个新的大规模培训时代已经加速到来。

第一节　职业培训发展成就

2021 年 12 月，人力资源和社会保障部等 4 部门联合印发《"十四五"职业技能培训规划》（以下简称《规划》）。《规划》提出了加强职业技能培训工作的指导思想、基本原则、主要目标、重点任务和保障措施。2022～2023 年，我国职业培训工作取得了以下显著进展与成效。

一　职业资格改革取得明显成效

新时代，我国大力推动职业资格改革，突出市场导向，强化监管服务，通过加强顶层设计、规范职业资格设置，分类推进人才评价制度改革。

（一）职业资格目录动态调整与优化，适应社会发展和人才建设需求

2017 年 9 月 12 日，人社部印发了《关于公布国家职业资格目录的通知》，公布了国家职业资格目录，收录了 140 项职业资格，包括 59 项专业技术人员职业资格和 81 项技能人员职业资格。该目录明确了国家职业资格范围、实施机构和设定依据，有利于从源头上解决职业资格过多的问题。按照党中央、国务院部署，深化"放管服"改革，将技能人员水平评价由政府认定改为实行社会化等级认定，制定发布国家职业标准或评价规范，由相关社会组织或用人单位按标准依规范开展职业技能等级评价、颁发证书，接受市场和社会的认可与检验。

2021 年 11 月，新版《国家职业资格目录》颁布实施，共包含 72 项职业资格，其中专业技术人员 59 项、技能人员 13 项。除与公共安全、人身健康等密切相关的职业工种外，73 项水平评价类技能人员职业资格全部退出目录，新增"危险货物、化学品运输从业人员""道路运输从业人员""特种作业人员""建筑施工特种作业人员""特种设备安全管理和作业人员"等准入类技能人员职业资格。新目录是 2017 年人力资源和社会保障部首次颁布《国家职业资格目录》后的第一次调整，该目录的更新为职业教育和培训机构提供了明确的指导方向，有助于其根据市场需求调整专业设置和培训内容，提高人才培养质量。

（二）开展职业技能培训和评价专项整治工作，治理"山寨"证书

2022～2023 年，技术技能类"山寨证书"专项治理工作取得积极成效。2022 年 3 月，人力资源和社会保障部针对随意举办培训、评价、发证活动等违规乱象开展纠治，印发了《关于开展技术技能类"山寨证书"专项治理工作的通知》，对面向社会开展的技术技能类培训、评价和发证行为进行规范，特别是对违规使用国徽和"中华人民共和国""全国""国家""职业资格"等字样，违规开展宣传炒作甚至混淆概念、虚假宣传、欺骗欺诈，违规进行培训收费等典型问题进行治理。根据《人力资源和社会保障部办公厅 中央网信办秘书局关于开展技术技能类"山寨证书"网络治理工作的通知》，针对使用"政府主推""代考""包过""不过包退"等字样的，进行重点监测和处置。同时，坚决关停了一批违法违规账号和平台，清除了一批违法违规网页和信息，为群众营造诚信、公正的培训考证的社会舆论氛围。

（三）职业资格国际化水平显著提升，加速推进职业资格国际互认

为提升我国职业资格在全球范围内的认可度和影响力，深化全球人才的交流与合作，2022～2023 年，北京、上海、天津等多地积极推动职业资格国际互认的试点工作。一方面，将我国职业资格标准与国际接轨，通过借鉴国际先进经验，修订和完善评价标准和认证流程，确保我国职业资格证书能够与国际标准相匹配，从而在国际市场上获得更广泛的认可。另一方面，通过签署合作协议、开展联合认证等方式，提升我国职业资格证书的国际认可度，为境外专业人才来华就业、创业提供便利，也为我国人才参与国际竞争与合作开辟更广阔的空间。

案例 6-1

京津沪：积极开展境外职业资格证书认证试点

2023 年 9 月，北京市人力资源和社会保障局、北京市人才工作局会同相关行业主管部门共同研究制定了《北京市境外职业资格认可目录（3.0版）》，支持和鼓励持有该目录内境外职业资格的专业人员来京创新创业。2023 年 9 月，上海市发布《上海市境外职业资格证书认可清单》，旨在探索国际职业资格与国内技术技能人才职称评价衔接机制，推进制度型开放，助力上海吸引、集聚国内外高层次专业人才。同时，建立上海全市统一的境外职业资格证书查询验证平台，提供证书查询验证服务。2023 年 12 月，天津市人力资源和社会保障局制定发布了《天津市境外职业资格认可目录（2023 年版）》，将认可范围扩展到规划、金融、会计、工程、科技、信息技术、医疗健康服务等 7 个领域 27 种境外职业资格。持有相关证书的境外专业人才，可以按照相关规定在天津自贸试验区执业并提供专业服务，鼓励天津市行业部门、企事业单位在创新创业、人才培养、子女入学、社会保障、评价激励等方面，对持有该目录内境外职业资格的人员给予支持和保障。

——根据各地人力资源和社会保障局官方发布的文件整理

二　职业技能等级制度初步建立

完善职业技能等级设置体系，推行社会化职业技能等级认定，是推动政府职能转变、形成以市场为导向的技能人才培养使用机制的一场革命。

（一）"新八级工"职业技能等级制度确立

根据人力资源和社会保障部的数据，2022 年全国取得职业技能等级证书的超过 1100 万人，较 2021 年增长近 87%。2023 年，全年新增高级工以上技能人才超过 400 万，其中技师、高级技师超过 40 万人。截至 2023 年 6月，全国共有 3.3 万多家用人单位和社会培训评价组织开展职业技能等级认定。其中 2.4 万家企业自主开展技能人才评价，8000 多家社会培训评价组织开展社会化职业技能等级认定。我国的职业技能等级原实行五级制度，具体为初级工、中级工、高级工、技师和高级技师 5 个职业技能等级。2022年 3 月，人力资源和社会保障部发布《关于健全完善新时代技能人才职业技能等级制度的意见（试行）》，拓展职业技能等级（岗位）序列。在现有的 5 个职业技能等级基础上，向上增设特级技师、首席技师技术职务（岗位），向下补设学徒工，形成新的"八级工"职业技能等级（岗位）序列，打破技能人才成长"天花板"。我国技能人才评价制度已基本成型，技能人才评价工作进入全面推行职业技能等级认定的新阶段。学徒工转正定级考核由用人单位在其学习期满或试用期满后自主进行，与诸多职业（工种）的职业标准相衔接；初级工到高级技师由用人单位和社会培训评价组织按职业标准和有关规定进行，评价结果为技能等级，与待遇使用相挂钩，可理解为评聘分开或合一；特级技师和首席技师则为职务和岗位，通过评聘方式进行，实行岗位聘任制，与待遇使用相挂钩，可理解为评聘合一。"新八级工"制度与国际通行的 8 级到 9 级的资历框架可以顺畅衔接，为技能人才评价、职业技能等级制度更好地融入国际资历框架体系奠定了重要基础。

（二）各地稳妥开展特级技师、首席技师评聘工作

"新八级工"职业技能等级制度实施后，全国各地相继出台配套措施办法，广东、江苏、安徽、河南、重庆、云南等地组织企业开展特级技师、首席技师评聘工作。同时，中国船舶、中国石油、中国石化、中国兵器工业、中国航天科技、中国航天科工和徐工集团等企业积极开展技能人才自主评价。"新八级工"制度的实施，畅通了技能人才职业发展通道，反映了时代对技能人才需求的变化。2022 年，全国累计评聘特级技师、首席技师近 500人，2023 年达到 3000 余人。

案例 6-2

江苏省：企业首席技师评聘 享受正高级待遇

2023 年 11 月，江苏省印发《江苏省企业首席技师评聘试点工作方案》（以下简称《方案》）。申报首席技师的高技能人才应是企业生产研发一线

从事技术技能工作并具备相应条件的优秀高技能领军人才，具备良好的职业道德和工匠精神，爱岗敬业、甘于奉献，在本地区、本行业企业具有公认的高超技能、精湛技艺，为地方、行业企业高技能人才队伍建设作出突出贡献或在国家重大技术攻关、成果转化、技术进步与发展中发挥关键作用，在地方、行业企业具有很高的认可度和影响力。根据《方案》，具备以下基本条件之一者可参加首席技师评聘：取得特级技师职业技能等级（技术职务）后，从事相应技术技能工作满2年；取得高级技师职业资格（职业技能等级）后，在相应技术技能岗位工作满8年且仍从事本职业（工种）工作；取得与参评职业（工种）相应的正高级职称满4年且从事本专业技术领域工作。此外，如果是"中华技能大奖"或"全国技术能手"荣誉获得者；享受国务院颁发的政府特殊津贴人员；"江苏大工匠"或"江苏工匠"荣誉获得者；省级及以上"劳动模范"或"五一劳动奖章"荣誉获得者；国家级技能大师工作室带头人或"技能大师"称号（含中央企业技能大师称号）获得者，可以优先评聘。

——江苏省人力资源和社会保障厅：《江苏省企业首席技师评聘
试点工作方案》，2023年10月26日

三　职业培训重大项目实施稳步推进

《规划》提出，到2025年，要实现终身职业技能培训制度更加完善，共建共享职业技能培训体系更加健全，创新型、应用型、技能型人才队伍不断发展壮大，职业技能培训服务更加有效等目标。为此，人力资源和社会保障部着手实施了一系列职业培训的重大项目，推动《规划》目标的实现。

（一）"技能中国行动"稳步推进

2021年7月，人力资源和社会保障部印发《"技能中国行动"实施方案》，决定在"十四五"期间组织实施"技能中国行动"，健全"技能中国"政策制度体系，实施"技能提升""技能强企""技能激励""技能合作"四大行动。目前已有河北、山西、吉林、安徽、河南、湖北、云南、

西藏、新疆等 9 个省份与人力资源和社会保障部签署了技能领域的部省共建协议，共同推进技能社会、技能强省、技工大省等建设，取得了积极成效。

（二）推进国家制造业根基工程建设

为全面落实《规划》，加快培养制造业高质量发展急需的高素质技能人才，扩大制造业技能人才队伍，推动制造强国、质量强国建设，2022 年 6 月，人力资源和社会保障部、工业和信息化部、国务院国资委联合制定了《制造业技能根基工程实施方案》，明确 2022~2025 年，聚焦制造业重点领域建立一批国家技能根基工程培训基地，促进制造业技能人才"人人持证"，打造数量充足、结构合理、素质优良、充满活力的制造业技能人才队伍。该实施方案的主要任务包括遴选建设国家技能根基工程培训基地、制定制造业政府补贴职业技能培训目录、在制造业企业全面推行中国特色企业新型学徒制、加强制造业高技能领军人才选拔评聘、全面推进制造业工学一体化技能人才培养模式、大力开展制造业品牌职业技能竞赛等。其中，2023 年，首批遴选发布了包括北京市工业技师学院、天津市职业技能公共实训中心等 59 家根基工程培训基地。

（三）推进国家级高技能人才培训基地和技能大师工作室建设

为贯彻落实党中央、国务院《关于加强新时期产业工人队伍建设改革方案》的要求，培养更多的高技能人才、大国工匠、能工巧匠，根据《规划》的要求，2022 年 9 月，人力资源和社会保障部、财政部联合印发《国家级高技能人才培训基地和技能大师工作室建设项目实施方案》，提出 2022~2025 年，继续实施国家级高技能人才培训基地和技能大师工作室建设项目，重点支持建设 400 个以上国家级高技能人才培训基地和 500 个以上国家级技能大师工作室，打造集技能培训、技能评价、技能竞赛、技能交流、工匠精神传播等于一体的综合型高技能人才培养培训载体。2023 年，全国首批分类分档支持建设 115 个国家级高技能人才培训基地和 139 个国家级技能大师工作室。

四　终身职业技能培训体系不断健全

《国务院关于推行终身职业技能培训制度的意见》（以下简称《意

见》）的颁布标志着我国开始全面推行终身职业技能培训制度。《意见》明确提出健全完善终身职业技能培训体系，深入实施职业技能提升行动、大力开展企业职工岗位技能提升培训、加强就业重点群体的技能培训。

（一）深入实施职业技能提升行动

2022~2023 年，人力资源和社会保障部积极推动健全终身职业技能培训制度，深入实施职业技能提升行动和重点群体专项职业培训计划，广泛开展新业态新模式从业人员技能培训，有效提高培训质量。以企业自主培训、市场化培训为主要供给，以政府补贴培训为有益补充，以行业企业、公共实训基地、普通高校、职业院校、职业技能培训机构等为主要载体，以就业技能培训、岗位技能提升培训和创业培训为主要形式，构建资源充足、布局合理、结构优化、载体多元的培训组织实施体系，持续大规模开展职业技能培训。

（二）大力开展企业职工岗位技能提升培训

人力资源和社会保障部充分发挥企业培训主体作用，推动企业建立健全职工技能培训机制，支持各类企业广泛开展职工岗位技能提升培训，突出高技能人才培训、产业紧缺人才培训、安全技能提升培训、转岗转业培训、通用职业素质和数字技能普及性培训等，支持开展订单式、定向式及项目制培训。发挥行业协会、龙头企业和培训机构作用，引导帮助中小微企业开展职工培训。鼓励企业与参训职工协商调整工作及培训时间，依法保障职工参训期间的工资福利待遇。

（三）面向就业重点群体的培训项目实现全覆盖

就业重点群体一般指高校毕业生、退役军人、城乡未继续升学初高中毕业生、农村转移就业劳动力（特别是新生代农民工，有的地方含低收入农户）、转岗职工、退捕渔民、下岗失业人员、灵活就业人员、就业困难人员、零就业家庭成员、残疾人、妇女、大龄劳动者等，加强对上述就业重点群体的技能培训主要包括：实施青年专项技能培训计划、实施退役军人培训计划、实施农村转移劳动力等职业技能提升计划、做好其他群体就业技能培训工作、开展技能帮扶工作等，面向就业重点群体的培训项目实现全覆盖。

案例 6-3

福建省：连城县客家美食万名厨师培训

被授予"中国客家美食名城"称号的福建连城县大力开展"万名厨师培训工程"，招募志愿者全力投入办学。一是保障师资。聘请十余位屡获大奖的烹饪大师作为讲师，并邀请行业专家进行客座授课。二是创设"教学+实操"50 人小班教学模式。采用左边教室上课、右边仿真后厨实操的一体化教学基地，让学员能边学边实践，熟练掌握各项烹饪技能。三是积极举办全国性美食竞赛，承办"第六届全国海峡客家烹饪大赛"，通过以赛促学，调动学员积极性。四是坚持免费培训。主要面向待业人员、扶贫户、反诈回流人员等困难群众，并通过开展美食培训进农村、进社区、进企业、进军营、进学校、进酒店等"六进"活动，普遍惠及群众。五是帮扶就业。组织学员参加国家职业技能鉴定考试并获得职业资格证书，通过成立 6 家异地分会、设立 12 个美食产业联络点来拓宽就业渠道，帮助学员就业。

连城县自实施"万名厨师培训工程"以来，已举办 27 期培训，累计培训学员 3275 名，结业率超过 90%，共有 1831 名学员取得职业技能等级证书，其中获得高级证书 17 人、中级证书 795 人、初级证书 1019 人，帮助大量学员成功创业就业。连城人经营的客家美食店达 1180 家，其中县外达 238 家，年产值 10.8 亿元；美食从业人员达 4.9 万人，占全县人口的 1/8，成为舌尖上的致富产业。"品连城美食，赏冠豸山水"成为连城客家美食对外交流的"金招牌"。

——《中华职业教育发展报告》典型案例库"连城县客家美食
万名厨师培训案例"，2024 年 12 月 17 日

五　职业培训基础能力建设不断加强

职业培训质量的提升，离不开基础保障能力的建设。"十四五"期间，我国在职业培训的教材建设、设施设备和数字教学资源建设、师资队伍建设方面取得了长足的进步。

（一）加强职业技能培训教材建设

2022~2023年，人力资源和社会保障部贯彻国家教材工作总体要求，落实职业培训教材管理工作有关规定，以国家职业标准、职业培训课程规范为依据，建立完善适应新时代技能人才培训需求的高质量职业培训教材体系。一是落实职业技能培训教材管理的"国家事权"，完善教材规划、立项、编写、选用等制度，印发《人力资源和社会保障部职业培训规划教材选用目录（2022—2023年）》，为院校和培训机构选用高质量的教材提供支撑。二是强化劳模精神、劳动精神、工匠精神、职业道德、法律意识、质量意识、安全环保等通用职业素质，加快开发新兴产业、新技术、新职业、数字技能职业培训教材。三是鼓励符合规定条件的单位积极参与规划教材编写。

（二）推进职业技能实训设施设备和数字教学资源建设

2022~2023年，人力资源和社会保障部积极贯彻《规划》部署，逐步推进职业技能实训设施设备和数字教学资源建设。一是健全培训资源共建共享机制，实施职业技能培训场地、设备共建共享行动。积极开展县域职业技能培训场地、设备共建共享试点，完善企业、职业院校、培训机构等利用公共实训基地开展技能实训有关制度，逐步形成覆盖全国的公共职业技能培训和创业实训网络。二是加速推进数字培训平台和数字教学资源建设。一方面，遴选建设了一批数字培训平台，构建数字资源的集散地，引领推动职业培训数字化转型。通过构建数字职业技能培训公共服务平台，打造了一个综合实力强、功能完善的课程资源中心，满足了学员多样化的学习需求。另一方面，加快数字教学资源建设，通过组织有关专家或第三方机构加强数字职业技能培训教学资源审核和检查督导，确保培训内容、方法、评价等方面的标准化与规范化，为学员提供高质量、可信赖的学习体验。

（三）促进技工教育和职业培训师资队伍建设

师资队伍是事关技工教育和职业培训事业发展的重要基础条件。"十四五"期间，人力资源和社会保障部多措并举，加大师资队伍建设力度。一是加强技工院校师资队伍建设。《人力资源和社会保障部关于印发〈推进技工院校工学一体化技能人才培养模式实施方案〉的通知》提出，实施工学一体化师资专项培训计划，制定师资培训标准，建设师资研修基地，推进网络师资研修，加大教师培训力度。通过各级各类教师职业能力大赛，促进教师提升工学一体化教学能力。二是加强企业职业培训师资队伍建设，《中华人民共和国职业分类大典（2022年版）》中纳入了"职业技术实训指导专业人员""职业培训师"等新职业（工种），并推动其职业标准开发，大力开展有关培训，尽快建立一支与终身职业技能培训体系相适应的专业化师资队伍，为提高职业技能培训需求分析、方案策划、训练实施、效果评估和改进指导等工作效能打下了坚实基础。

第二节　职业培训发展挑战

2022～2023年，我国职业培训取得了积极成效。但在终身职业技能培训制度建设、培训主体作用发挥、职业院校培训作用发挥、新兴技能培训供给、培训基础能力以及质量监管等方面仍面临一些挑战，有待进一步完善。

一　终身职业技能培训制度建设仍有短板

推行终身职业技能培训制度，对改善劳动供给、解决就业结构性矛盾等具有重要意义。但由于制度建设和监管体系还未健全，仍存在培训体系有待完善、资格证书监管有待加强等问题。

（一）终身职业技能培训体系有待完善

一是科学全面的终身职业技能培训评价体系尚未完善，各类职业培训成果尚不能积累、转换、认定，培训组织实施体系的布局和结构还需要进一步调整优化。此外，职业技能培训的信息化管理水平低，终身职业技能培训信息化建设尚未形成高效统一完整的体系。二是围绕重点群体开展的就业技能培训效果不佳。近年来，国家实施了系列职业培训行动计划以促进重点群体的就业创业，但各类培训主体基于"任务导向""重量不重质"，对培训课程疏于设计，对受训劳动者技能缺乏系统评估，导致各类重点群体就业技能培训效果不佳。

（二）乱培训、滥发证现象还需持续治理

职业培训领域发证乱象仍存在。2024 年 6 月底，国家审计署发布《中央部门单位 2023 年预算执行等情况审计结果》（2024 年第 1 号公告），提道："13 家所属单位借助部门或行业影响力，以国家职业资格目录外的技术、技能为内容，与社会机构合作开展培训，有的还发放与目录内职业资格证书样式、字体极易混淆的'山寨证书'，共取得收入 3.47 亿元"。究其原因，证书的标准制定程序和内容不规范，加之越来越多的个体期望通过"考证"提升就业质量，部分组织和单位以新职业的职业资格为名目，开展组织培训、考评、发证等业务，并乱收费用、滥发证书，以致产生了证书商品化的严重后果。有的还冒充权威机构进行考试、发放证件，建立职业资格证书查询的"李鬼网站"，编造出上千种所谓的"注册职业资格证书"，导致"山寨证书"野蛮生长乱象。

案例 6-4

治理"山寨证书"让人才评价更加规范有序

一段时间以来，令人眼花缭乱的"山寨证书"加剧了有考证需求职场人的困惑，也影响了正规职业证书培训市场。近期，《关于开展技术技能类"山寨证书"专项治理工作的通知》和《关于开展技术技能类"山寨证书"网络治理工作的通知》相继印发，对面向社会开展的技术技能类培训、评价和发证行为进行规范。一方面，开展"山寨证书"专项治理有助于保障技术技能类人才评价制度的规范运行。自 2013 年以来，国务院分 7 批取消 400 多项职业资格许可和认定事项，同时将相关人才评价权下放至用人单位和社会组织，实行"谁用人、谁评价、谁发证、谁负责"的市场导向技能人才评价制度。2017 年，人力资源和社会保障部公布了《国家职业资格目录》，明确对职业资格实行目录清单式管理，目录之外一律不得许可和认定职业资格。但部分机构和单位"逐利"倾向明显，仅关注眼前利益，为博眼球、引关注而进行虚假或夸大宣传，混淆培训证书与评价证书的区别，以此谋取非法利益。五花八门的"山寨证书"严重扰乱了技术技能人才评价秩序，必须重拳出击进行治理，保障培训评价活动的规范有序开展。另一方面，开展"山寨证书"专项治理有助于维护劳动者合法权益。近年来，国家对技能开发问题越发重视，同时经济社会发展也催生了很多新职业、新业态，劳动者个人提高技能的意识增强、参加培训的愿望也更加强烈。但由于对培训评价政策缺乏了解，很多人无法对各类证书进行甄别，不能识别部分违法违规培训评价机构的"套路"。开展"山寨证书"专项治理，为广大劳动者敲响了警钟，提醒劳动者要对部分违法违规机构故意混淆概念、渲染求职焦虑、误导社会的宣传炒作行为保持高度警惕。另外，要多措并举，强调从严治理。专项治理采取自查、调查处理等多种方式进行。一是各地区、部门和单位对本地区向社会开展的技术技能类培训评价发证活动进行全面自查；二是对媒体报道和群众投诉举报集中的问题进行全面调查核实处理。同时，在专项治理基础上，还将建立培训机构和评价机构"黑名单"制度，从严管理培训评价机构。

未来，对培训评价发证活动进行规范还需实行常态化管理。应做好四个方面的工作：一是加强对培训评价政策的宣传解读，引导公众了解培训评价机构和证书的查询渠道和方式，提高对违法违规行为的分辨能力。二是完善新职业发布和职业标准动态调整机制。由于新职业的发布、职业标准的制定需要一定条件和时间，与市场需求相比存在时滞性，需加快职业标准编制和修订工作进度，规范培训评价活动。三是加强监管，建立政府监管、机构自律、社会监督、公众参与的技能人才评价工作质量监控体系。四是建立培训评价机构常态化评估制度，设立培训评价机构诚信档案，同时建立健全惩戒机制，对于违规培训机构和评价机构要限期责令整改，情节严重的取消其培训评价资质。

——《工人日报》，2022 年 6 月 21 日

二　企业培训主体作用发挥不足

行业企业是实施职业技能培训的主要载体，近年来，越来越多的企业通

过开展企业培训等方式提升员工技能水平。但当前仍然存在企业发挥主体作用不足等问题。

（一）企业主体作用发挥有限

目前，企业在推动职业培训工作方面的主体作用发挥有限。造成这个现象的主要原因有两个：一是部分企业，尤其是中小企业自身基础比较薄弱，内部制度尚不健全，未专门设置职业培训机构，无法与职业院校合作共育企业所需人才。二是虽然政府已有相关政策，鼓励企业通过岗前培训、在岗培训、新型学徒制培训等多种形式开展职工技能培训，并依据规定给予职业培训补贴或参保职工技能提升补贴，但目前企业参与技能人才培养的激励机制还不够健全，培训补贴标准较低，吸引力不足，对企业开展职业技能培训的积极性调动有限。

（二）企业对技能培训投入不足

企业对职业技能人才培训的投入不足，投入保障机制不健全。一是很多企业挪用专项教育培训经费。《国务院关于大力推进职业教育改革与发展的决定》提出"各类企业要按《中华人民共和国职业教育法》的规定实施职工培训，承担相应的费用，企业要按照职工工资总额的 1.5%～2.5%足额提取教育培训经费并严禁挪作他用"[1]，但在实际执行中，很多企业存在挪用资金的情况。二是企业职业技能培训的绩效普遍较差，教育投资带来的收益较低，很多企业不愿意持续投入职业技能培训的资金和人力。如一些企业认为新型学徒制"投入大、收益慢、风险大"，担心学徒成才后被"挖走"造成人力资本流失，因此，对参与学徒培养积极性不高，亦不愿意承担培养成本[2]。

三　职业院校培训作用发挥不足

职业院校（含技工院校）作为职业技能培训的主要提供者，在技能人

---

[1] 《国务院关于大力推进职业教育改革与发展的决定》，中华人民共和国教育部网站，http://www.moe.gov.cn/jyb_xxgk/gk_gbgg/moe_0/moe_8/moe_28/tnull_491.html，最后检索日期：2024年8月8日。

[2] 许远：《企业新型学徒制技能人才培养模式的中国实践》，《职教论坛》2022年第9期。

才培养方面取得了可喜的成绩，但也存在着基础性作用发挥不足的问题。

（一）职业培训资源与服务供给不足

职业院校往往轻视职业培训，在职业技能培训硬件条件、师资建设等方面投入不足。一是缺乏稳定且经验丰富的培训师资。教师在培训时缺乏相关的知识和经验，无法提供高质量的培训服务，难以满足参训者对新技能的学习需求①。二是缺乏完善且高效的职业培训教学体系。部分职业院校对于劳动力市场的需求挖掘得不够深入，导致职业培训内容陈旧，培训手段较为单一，培训内容与劳动力市场需求脱节。三是职业院校职业培训资源分配不足，职业技能培训所需的培训场地与配套设施等资源供给较为匮乏。

（二）职业培训主体间合作交流不畅

职业培训仅靠校内教学无法实现预期的培训效果，需要不断加强与其他技能培训供给主体的交流与合作。在实践中依然存在一些问题：一是产教融合、校企合作的深度不够。职业院校未能与企业深入开展产、学、研合作，未立足新职业、新技术、新工艺的发展趋势及时修订培训计划。二是职业院校在企业培训工作中参与不足。现有师资不能胜任技能教学，导致职业院校主动承担社会培训的积极性不高。三是与政府部门等主体间缺乏有效的沟通协调，部分职业院校不顾师资薄弱、当地缺乏相关产业布局等现实，盲目扎堆设置高新技术职业培训项目，出现职业培训资源浪费的现象。

四　新兴技能培训供给不足

职业技能培训需要对接新时代产业人才需求，根据产业布局的调整做出动态调整。随着新技术和新职业的不断涌现，与绿色技能、数字技能等相关的技能培训项目供给不足。

（一）数字技能培训成短板

近年来，我国数字经济发展取得显著成就，但在数字技能人才培养培

---

① 陆晓雪、王倩：《职业院校开展职业培训的发展历程、现实困境及对策》，《天津中德应用技术大学学报》2024 年第 3 期。

训方面仍存在一些问题。一是数字技能短缺，数字技能人才数量缺口大。一方面，人才的数字技术能力储备不足，质量有待提高；另一方面，数字技能人才数量缺口大，"预计 2023 年，工业互联网领域的数字技能人才需求数量将达 110.6 万人，人才缺口较大"①。二是在数字技能培训供给方面，为中小微企业提供的培训不足。中小微企业如果要提高人员的数字化水平，一般只能和一些培训教育公司合作。三是需要重构数字化技能人才的培养框架和内容。因此，当前的数字技能培训还需要进一步对接产业需求，根据职场对数字技能的新需求重构专业（职业）能力框架，合理选择培养内容，将通用数字技能融入职业素质课程、将专业数字技能融入专业技能课程。

案例 6-5

数字技能人才存量不足 有关部门研究制定推动方案

近日，人力资源和社会保障部职业能力建设司的一份调研报告显示，数字化技术发展和迭代非常快，但相关技能劳动者培养存在四大软肋。软肋一：专业化人才供给不足。由于新职业发展时间普遍较短，技工院校专业更新和职业技能培训课程更新需要一定周期，数字化新职业人才供给速度远远跟不上市场对专业化数字技能人才的需求增速，使得技工院校对企业需要的专业化数字技能人才培养不足，人才链与产业链出现脱节。软肋二：结构性短缺与过剩并存。随着"数字化赋能"制造业，一大批高精尖设备取代传统设备，传统就业岗位与数字化技术相结合，要求劳动者在原有技能水平的基础上，具备一定的数字技能，于是很容易造成传统产业普通技术工人过剩而高技能人才短缺的局面，形成技能人才供给侧的结构性矛盾。软肋三：进一步拉大技能差距。当前我国不同地区、不同群体、不同领域在数字化方面存在不小的差距。不同人群在信息的掌握、拥有和使用能力方面还存在较大差距，城乡之间、东西部地区之间的数字化发展也很不平衡。软肋四：培养

---

① 王宝友：《大力培养"数字工匠"推动数字中国建设》，《智慧中国》2022 年第 12 期。

体系有待完善。数字技能培养不同于传统技能人才培养方式，数字产业化产生了新职业新业态、产业数字化带来了技能新素养新挑战。因此，亟需政府部门指导建立数字技能人才培养和评价标准，指导技工院校和培训机构明确改革教学模式，丰富教育教学资源，加强师资力量。

——《劳动报》2021 年 4 月 22 日

（二）绿色技能培训力度有待加强

绿色产业的发展催生了一系列绿色职业，产生了大量的绿色技能需求，绿色技能成为雇主和劳动者共同关注的问题。一是绿色技能理念有待强化。当前的职业教育与培训尚未全方面全过程融入绿色理念，对绿色技能内涵的理解还局限在环境保护方面，关于绿色技能培训的要求和激励机制还没有形成[①]。二是绿色技能培训不足，绿色人才供不应求。当前我国绿色技能培养的内容、实施路径、课程体系建设和课程开发等尚不完善。三是绿色技能认定考核方式不完善，当前未形成健全的绿色技能认定考核方式，绿色职业从业人员缺乏相应的考核激励机制[②]，绿色技能人才队伍建设亟待加强。

（三）新质生产力带来新挑战

新质生产力对职业技能培训提出了新的发展要求。一是职业培训的主要领域亟需转型和升级，培养更多社会发展和产业升级需要的高素质技术技能型人才。二是需要加快职业院校人才培养以促进新质生产力的发展。当前，我国亟须围绕新质生产力发展趋势，积极深化产教融合，谋划学校专业设置改革，建设一批产教融合联盟、示范基地，推进一批协同育人项目，培养具备专业交叉能力和产业融合视野的多元化人才[③]。三是新质生产力的人才储

---

① 刘育锋：《绿色技能开发：诉求、方法及建议——可持续发展背景下的全球绿色技能战略论坛综述》，《中国职业技术教育》2022 年第 28 期。

② 赵艳娇、王汀汀：《绿色职业，未来可期》，澎湃网，2021 年 6 月 2 日，https：//www.thepaper.cn/newsDetail_forward_ 12963631，最后检索日期 2024 年 8 月 10 日。

③ 许远：《面向新质生产力的就业政策和技能策略——青年高质量充分就业的解决之道》，《教育与职业》2024 年第 10 期。

备存在结构性缺陷和周期性失配的问题，因此，需不断开发和优化人力资源结构，提高劳动参与率，加快新质生产力需要的高素质人才储备[①]。

五 基础能力依然薄弱，培训质量监管机制有待完善

（一）职业技能培训基础仍需持续改善

开展职业培训工作，需要具备较为完善的基础保障。目前，我国职业技能培训基础支撑能力建设仍然不足，主要表现在以下几个方面：一是面向新职业的培训资源更新滞后。《中华人民共和国职业分类大典（2022年版）》中净增了158个新职业，许多新职业与岗位工作内容和技能要求持续发生变化，导致岗位技能培训缺乏依据，相应的培训师资、教材和设施同样滞后[②]。二是职业技能培训基础保障不健全，基础设施建设滞后，培养培训平台、人才培养基地、实训基地等职业技能培训硬件条件建设不完善。

（二）职业技能培训质量和满意度仍需持续提升

职业技能培训的总体质量还比较薄弱，一是在教学内容上，培训教材未能及时更新，培训内容滞后。二是在教学手段上，培训方式陈旧、形式单一、学习时间不够灵活。三是在培训范围上，我国职业技能培训体系的覆盖面不足，不论在规模还是在实力上尚不能覆盖所有城乡居民，部分劳动者仍然缺乏接受职业技能培训的机会[③]。

（三）职业技能培训监管机制仍需进一步健全

培训质量监管机制不健全，培训评价随意性大，培训成果运用范围受限。一是管理部门对各类评价机构质量的监管力度不够，缺乏对职业培训市场的监督管理，监管机制不健全。二是对职业技能培训过程疏于监管，对培训效果疏于评估，使得部分培训行为游离在法律的监管体系外。

[①] 徐政、郑霖豪、程梦瑶：《新质生产力赋能高质量发展的内在逻辑与实践构想》，《当代经济研究》2023年第11期。

[②] 张来明：《加强终身职业技能培训推动破解就业结构性矛盾》，《中国发展观察》2024年第6期。

[③] 吴燕、曾绍玮：《技能型社会建设背景下我国职业技能培训实施的价值、难点与对策》，《教育与职业》2022年第17期。

第三节　职业培训发展展望

2023 年，人力资源和社会保障部围绕就业需求，深入推进"技能中国"行动，组织实施专项职业培训计划，不断提升培训质量，完善技能人才评价制度，为经济社会高质量发展提供了有效支撑。

一　健全终身职业技能培训制度体系

健全终身职业技能培训体系是完善终身教育体系的内在要求。进一步健全终身职业技能培训制度，对提高全体劳动者的职业素质、破解就业结构性矛盾、促进高质量就业以及为国家提供有力的技能人才支撑具有重要意义。

（一）"1+X"归口划转，打通终身职业技能培训机制环

根据《国家职业教育改革实施方案》，"1+X"证书制度开展试点工作。"1+X"证书制度对增强职业教育的跨界性、凸显技术技能形成的特色学习过程、促进产教融合与校企合作起到了一定作用。但"1+X"证书制度试点推进过程中出现了偏差，如试点工作存在一定程度的操之过急，遴选过程过于仓促，在对接国家职业标准、衔接专业教学标准上存在不足；试点工作对证书的评价标准、评价模式、配套制度的建设考虑得不够，相关经费投入的机制及管理尚有欠缺，对职业技能测评的专业性、复杂性考虑不足等。人力资源和社会保障部作为职业技能培训和评价的主管部门，具备丰富的培训资源和管理经验，能够更有效地整合各类培训资源。将"1+X"划转人力资源和社会保障部管理，可以以职业为导向开展评价，大大提高培训内容与企业岗位需求、个人成长需要的契合度，提升劳动者的就业竞争力。

（二）适度扩大职业资格范围，满足多元就业转变需求

适度扩大职业资格范围，将更多新兴职业纳入职业资格认证体系，是满足就业转变需求、健全终身职业技能培训体系的关键一环。随着产业结构的

不断优化升级，尤其是在新质生产力发展的背景下，新兴职业不断涌现，对职业技能的需求也日益多样化。在深化"放管服"改革背景下，国家对职业资格证书的数量做了较大幅度的删减，使得现有的职业资格覆盖面缩小。因此，适度扩大职业资格范围不仅能满足市场对多元化技能人才的需求，还能激发劳动者的学习热情，促进职业技能的持续提升。

（三）大力推行新八级工制，构建技能人才终身成长通道

大力推行新八级工制，构建科学合理的技能人才终身成长通道，激励劳动者不断提升职业技能水平。新八级工制是一种技能等级制度，通过明确的等级划分和晋升路径，为技能人才提供了广阔的发展空间。在新八级工制实施过程中，应明确各级别的技能要求和评价标准，确保评价的公正性和客观性，同时建立健全技能人才的激励机制，通过薪酬、福利、荣誉等多方面的奖励，激发技能人才的学习和工作热情。

二　进一步调动企业参与职业培训的积极性

企业是职业培训的重要一环，要充分发挥企业在技能人才培养中的主体作用，从企业需求侧出发，挖掘企业的内驱力，做好政策服务保障，充分调动企业参与职业培训的积极性与主动性。

（一）强化企业主体地位，挖掘培训内需力

人才的培养与技能的提升是企业生存的内驱力。培养技能人才与提升员工技能，需要进一步强化企业在职业技能培训中的主体地位，让企业获得人才稳定、人才驱动发展的良好生态。一方面，通过不断地技术创新、管理创新、服务创新以及定制化职业培训等，加强企业的社会责任感、树立可持续发展的企业战略理念，激发企业培训内在需求，满足企业劳动力技能提升的需求，实现人才培养与市场需求的有效对接。另一方面，企业应全面深入参与职业培训全过程，与职业培训和科研机构合作，推动产学研深度融合，围绕企业技术难题或行业前沿技术开展职业培训，推动科技成果的转化和应用，提升企业的核心竞争力和创新能力。

案例 6-6

广东：大力构建"产教评"技能生态夯实制造业技能人才根基

近年来，随着产业转型升级加快，新技术、新业态快速涌现，出现"产业缺青年、青年缺就业"的结构性矛盾。广东不断深化技能人才培养、使用、评价、激励改革，2022 年 10 月，广东瞄准党的二十大战略性产业集群，积极推进"产教评"技能生态链建设。2023 年 3 月，开展了首批"产教评"技能生态链遴选，为产业链建立集招生、培训、评价、就业、提升于一体的技能人才供应链。截至目前，已遴选 63 条"产教评"技能生态链，覆盖了全省 13 个战略性产业集群，吸引了 3170 家生态企业、432 所院校参与，技能生态链链主企业涵盖了华为、腾讯、比亚迪、TCL、大族激光等一批制造业当家企业。63 条技能生态链已推动 42 个新职业人才落地培养，开发了 21 个产业适应性标准，开展技能人才自主评价和第三方评价13.1 万人次。

——《中国培训》2023 年第 8 期

（二）创新校企合作机制，激发企业培训活力

创新校企合作机制，激发企业培训活力，引导企业加大对技能培训的投入力度。校企合作是调动企业参与职业培训的有效途径，一方面，学校根据企业发展战略和市场实际需求，制定人才培养的方向和目标，通过设立订单班、联合培养等形式，畅通人才培养机制。另一方面，建设行业特色的现代学徒制试点，设置一定比例的学徒岗位，以工学结合的方式进行学徒培养，通过校企共同参与教学计划、优化课程设置、组织实训教学等核心环节，建立技能学分互换机制，为转岗职工返校参与职业培训提供可能，建立可持续发展的校企合作的良性循环机制。

三　提升职业院校履行职业培训法定职责的能力

职业院校在实施职业培训中发挥着不可替代的作用。职业院校要坚持就业导向，加强产教学研一体深度融合，创新职业培训的人才培养模式，提升履行职业培训法定职责的能力。

（一）强化师资队伍，拓展培训服务领域

师资队伍是保障职业培训质量的核心要素，职业院校应加大培训师资队伍建设力度，引进和培养具有丰富实践经验和较强教学能力的"双师型"教师。一是组织教师参加企业实践、技能培训、科研项目和学术交流等，拓宽教师的视野。二是通过举办师资培训班、邀请行业专家授课、开展教学研讨活动等，提升教师的专业技能和教学水平。三是通过建立健全教师激励机制和评价体系，激发教师参与职业培训的工作热情和创造力。职业院校还应积极拓展技能培训与服务的领域，充分利用院校资源，围绕市场需求，开展技能培训与服务。

（二）健全职业技能培训监控与评价体系

一方面，要进一步熟悉我国职业培训的管理体制和运行机制、总结国内外职业培训典型经验、梳理当前职业培训面临的困境并结合未来发展方向，为职业培训质量监控与评估提供理论和技术方法支持。另一方面，设立专门的质量监控机构、委员会、研发中心等，对培训过程、培训成果等进行全面监控和评价，确保培训工作的规范性和有效性。

（三）明确院校定位，加强多元主体交流

开展职业培训是国家对职业院校的基本要求，也是考评职业院校完成社会服务的重要指标。一方面，职业院校应明确自身在职业培训中的定位和目标，履行其在职业培训中的法定职责，通过优化专业设置和课程体系，确保培训内容与市场需求、行业实际相吻合，助力地方经济发展。另一方面，职业院校应当加强与政府、企业行业、社会培训机构等的交流，积极探索校企合作办学新途径，打造校企协同创新、合作共赢的局面，为职业培训提供多元化支撑。

四 大力开展面向新质生产力的技能培训

新质生产力正逐渐成为推动经济社会发展的重要力量，职业培训也须适应时代变化特点，大力开展面向新质生产力的技能培训，特别是针对绿色职业、数字职业以及其他新兴职业的培训。

（一）深化数字技能培训

职业教育与培训在推动数字技能普及、促进数字就业上有显著优势。国家层面和各地各校要采取以下举措，抓好数字技能开发。一是加强顶层设计，将数字技能培养培训纳入技能人才队伍建设工作通盘考虑，构建数字技能人才培养、使用、评价、激励制度，支撑劳动者数字技能发展，拓宽数字技能人才职业发展通道。二是创新开展数字技能培训，探索培训新模式。依据市场的需求变化，在新产业、新职业、新技能上进一步发力，加强对劳动者的数字技能培训，探索数字技能培训新模式。

（二）加强绿色技能培训

绿色经济是未来发展的重要方向，绿色职业将成为未来的热门职业之一。我国应抓住绿色发展的窗口期，系统地开发绿色技能培训。一是加强顶层设计，各项政策共同发力，形成国家层面"绿色技能"提升行动方案和促进绿色技能就业的中长期计划。二是明确绿色技能人才的培养目标，重构绿色技能人才的培养内容，建立横向的绿色职业培训包，将环保、节能、可持续发展等理念融入职业培训课程设计，使得培训内容紧贴绿色产业需求，培养绿色技能专业人才。三是加强绿色技能课程体系构建，完善专业绿色技能课程及教学内容，在各专业公共基础课程中融入绿色经济、环境保护等内容。

（三）关注新职业，创新培训内容与方式

随着新兴产业的不断涌现，新的职业岗位也随之产生，职业技能培训需要不断创新培训内容和方式，以适应新质生产力的发展以及新时期多样化、碎片化、社群化的学习需求。一是创新教学教材，引入行业前沿的技术和案例作为教学素材，增强职业培训的实用性、针对性和前沿性。此外，还可以建立跨学科的培训体系，将不同学科的知识和技能融合起来，为培养具有综合素质和创新能力的复合型人才打好基础。二是突破传统教学方式，采用多元化的教学方法，如项目式学习、案例分析、模拟实训等，提高培训的参与度。

五 进一步夯实基础能力，加强监管、提升质量

夯实基础能力是稳固前行的基石，为促进职业培训工作高质量发展，须进一步完善职业技能培训监管机制，提升培训与服务质量，以适应中国式现代化高质量发展的要求。

（一）强化培训质量意识，加强标准建设

促进培训提质增效是当前职业技能培训的焦点。为此，一方面，可以依托信息化提升职业培训与市场需求对接的精准度，探索建立职业标准和培训项目（院校专业）教学标准联动的数字化信息服务平台，对职业标准与专业教学标准提供按要素进行的结构化查询、比对，以取代现有的简单上网和笼统的文本呈现形式，从而实现查询、比较与多元化应用的综合功能，帮助有关院校更好地响应企业需求。同时，聚焦重点发展领域，围绕产业前沿、发展之需、群众之盼开展职业技能培训，突出重点，创新职业培训课程，提高培训质量。另一方面，强化就业产业导向，建立健全标准体系。围绕新质生产力和就业导向，完善由国家职业标准、行业企业评价规范、专项职业能力考核规范等构成的多层次、相互衔接的新时代职业标准体系。同时建立社会多方面参与的职业技能标准开发制度，加快对现有职业标准的更新。

（二）提高对职业培训活动的监管能力

在职业培训监管方面，应对所有开展技能培训的机构进行监管，采取坚决有力的管理措施。一是继续践行目录清单制。各地要及时公布补贴培训目录（含重点产业和急需紧缺职业目录、培训补贴标准目录）与培训评价机构目录，相关信息向社会公开，引导形成良好的社会氛围。二是实行实名管理制，强化动态管理。各地要加强信息化建设，将培训信息及时纳入管理信息系统，抓紧建设以社会保障卡为载体的劳动者终身职业技能培训电子档案。有条件的地方可建立培训补贴网上经办服务平台，探索职业培训服务和补贴申领告知承诺制，简化流程、减少证明材料，提高服务效率。三是建立督查责任制，构建责任明晰、措施有效、保障有力的督查责任制。

第七章　职业教育政策发展报告

2022~2023 年，在我国职业教育改革发展历史上注定是浓墨重彩和极不平凡的时期。2022 年 4 月，《中华人民共和国职业教育法》完成颁布 26 年来的首次大修（以下简称新《职业教育法》），对于职业教育强化类型定位、完善制度体系、引领发展预期、塑造社会共识、推动高质量发展具有重要意义。2022 年 10 月，党的二十大胜利召开，提出"加快建设教育强国、科技强国、人才强国"的战略目标，进而提出统筹"三教"、推进三融、优化职业教育类型定位的职业教育改革发展战略任务，并把大国工匠和高技能人才纳入国家战略人才力量，为职业教育高质量发展举旗定向。战略和法律层面的顶层设计，推动着职业教育政策供给的大发展、大提升。

第一节　职业教育政策发展现状

党的二十大报告创新性地提出，"统筹职业教育、高等教育、继续教育协同创新，推进职普融通、产教融合、科教融汇，优化职业教育类型定位"，为职业教育新一轮改革发展指明了方向、锚定了目标、部署了任务。2022 年政府工作报告强调"完善产教融合办学体制，增强职业教育适应性"。2023 年提出"大力发展职业教育"，为职业教育发展确定年度基调。党中央、国务院对职业教育的战略部署，以及各部委和各省域的推进举措，体现为若干重要法律、法规、制度、标准等的颁布和实施，为办好人民满意的职业教育提供坚强有力的法律保证、制度保障和政策支持。

一 职业教育政策颁布和实施情况

2022~2023 年，国家各部委制定与职业教育相关的政策文件 23 项（见表 7-1），其中全国人大制定 1 项、中办国办制定 2 项、教育部单独制定 9 项、人力资源和社会保障部单独制定 3 项、其他部委办局联合制定 8 项，为职业教育的发展带来了全方位的深刻影响。

表 7-1 2022~2023 年国家制定的职业教育法律政策文件

序号	发文单位	文件名称	发文日期
1	第十三届全国人民代表大会常务委员会第三十四次会议	《中华人民共和国职业教育法》	2022 年 4 月 20 日
2	教育部、财政部	《关于开展中国特色高水平高职学校和专业建设计划中期绩效评价工作的通知》	2022 年 4 月 22 日
3	教育部	《关于学习宣传和贯彻实施修订的职业教育法的通知》	2022 年 4 月 25 日
4	教育部	《关于开展职业教育教师队伍能力提升行动的通知》	2022 年 5 月 17 日
5	人力资源和社会保障部	《关于贯彻实施新修订的职业教育法的通知》	2022 年 5 月 12 日
6	人力资源和社会保障部、财政部	《国家级高技能人才培训基地和技能大师工作室建设项目实施方案》	2022 年 9 月 14 日
7	教育部、工业和信息化部、国务院国资委、中国工程院、中华全国工商业联合会	《关于实施职业教育现场工程师专项培养计划的通知》	2022 年 9 月 15 日
8	教育部	《关于进一步加强全国职业院校教师教学创新团队建设的通知》	2022 年 9 月 20 日
9	中共中央办公厅、国务院办公厅	《关于加强新时代高技能人才队伍建设的意见》	2022 年 10 月 7 日
10	教育部	《职业教育"双师型"教师基本标准（试行）》	2022 年 10 月 25 日

续表

序号	发文单位	文件名称	发文日期
11	教育部	《关于建设一批国家级"双师型"教师培训基地(2023—2025年)的通知》	2022年10月28日
12	教育部、国家发展改革委、财政部、人力资源和社会保障部、住房和城乡建设部	《关于印发〈职业学校办学条件达标工程实施方案〉的通知》	2022年11月2日
13	国家乡村振兴局、教育部、工业和信息化部、人力资源和社会保障部、住房城乡建设部、农业农村部、文化和旅游部、全国妇联	《关于推进乡村工匠培育工作的指导意见》	2022年11月14日
14	中国残疾人联合会、教育部、中央编办、国家发展改革委、财政部、人力资源和社会保障部、住房和城乡建设部	《关于印发〈残疾人中等职业学校设置标准〉的通知》	2022年11月15日
15	中共中央办公厅、国务院办公厅	《关于深化现代职业教育体系建设改革的意见》	2022年12月21日
16	人力资源和社会保障部	《关于印发加强和改进新时代中国特色企业新型学徒制工作方案的通知》	2022年12月28日
17	教育部	《关于开展市域产教联合体建设的通知》	2023年4月18日
18	国家发展改革委、教育部、工业和信息化部、财政部、人力资源和社会保障部、自然资源部、中国人民银行、国务院国资委	《关于印发〈职业教育产教融合赋能提升行动实施方案(2023—2025年)〉的通知》	2023年6月8日
19	教育部	《关于支持建设国家轨道交通装备行业产教融合共同体的通知》	2023年7月6日
20	教育部	《关于加快推进现代职业教育体系建设改革重点任务的通知》	2023年7月7日
21	教育部	《关于实施新时代职业学校名师(名匠)名校长培养计划的通知》	2023年7月14日
22	教育部、财政部、人力资源和社会保障部、国务院国资委	《关于印发〈职业学校兼职教师管理办法〉的通知》	2023年8月29日
23	人力资源和社会保障部	《关于加强农民工职业技能培训工作的意见》	2023年12月28日

资料来源:根据相关部门网站整理。

（一）《职业教育法》完成首次大修，推动职业教育从"层次"走向"类型"

新《职业教育法》自2022年5月1日起施行，这是职业教育发展史上的一件大事，具有重大历史意义。1996年颁布的《职业教育法》施行了26年，新《职业教育法》从5章40条增加至8章69条，从3400余字修改增加到10000余字，篇幅和内容大幅增加。

新《职业教育法》体现出四大亮点。一是确立了职业教育类型定位的法律地位。新《职业教育法》首次以法律形式确立了职业教育是类型教育的定位。改变了长期以来职业教育是层次教育的现实窘境，具有划时代的重大意义。二是着力构建现代职业教育体系。新《职业教育法》指出构建"产教深度融合，职业学校教育和职业培训并重，职业教育与普通教育相互融通，不同层次职业教育有效贯通，服务全民终身学习的现代职业教育体系"。这一规定明确了现代职业教育体系的内涵，为职业教育内外部的融合和畅通提供了保障。三是强化职业教育的多方参与。新《职业教育法》推动向政府统筹管理、社会多元办学的格局转变，让政府、学校、企业等各方主体能各司其职、各尽其责、协同发力，共同办好职业教育[①]。四是健全职业教育保障机制。新《职业教育法》明显加大了对经费投入的保障力度，还从职业教育实施机构以及职业教育教育者和受教育者两个方面来细化职业教育实施环节相关法律责任及规定[②]。同时，还针对违法行为出台了制裁措施，这是新《职业教育法》的又一亮点。

新《职业教育法》修订通过后，国家有关部委深入贯彻实施。教育部办公厅印发了《关于学习宣传和贯彻实施修订的职业教育法的通知》，从重大意义、学习宣传和贯彻实施三个方面要求各地各单位按照新《职业教育法》中的新规定、新举措和新制度，加快完善配套落实政策和制度。人社部印发了《关于贯彻实施新修订的职业教育法的通知》，要求充分认识到《职业教育法》修订的重大意义，认真做好学习和宣传工作；全面加强技能

---

① 曾天山、李杰豪：《新〈职业教育法〉保障职业教育高质量发展》，《中国职业技术教育》2022年第16期。

② 彭振宇：《新职业教育法的修法背景、立法分析与执法期待》，《教育与职业》2022年第15期。

人才队伍建设，进一步推动职业教育与就业紧密结合；统筹发挥人社部门职能优势，为职业教育发展营造良好的社会环境。

各地方教育行政部门深入部署新《职业教育法》学习贯彻工作，如山东省将学习宣传和贯彻实施新《职业教育法》作为重要任务列入议事日程，作为2022年职业教育活动周、落实全省教育系统普法规划和"十四五"时期工作的重要内容。有关省份着手启动省级层面《职业教育条例》的制定和修订工作，将本省的实践成果上升为法律规范，为省域层面职业教育高质量发展提供法治保障。

（二）现代职业教育体系建设深入推进，"一体两翼"发展布局成效初显

为加快建设高质量教育体系，努力形成与市场需求相适应、产业结构相匹配的现代职业教育结构和区域布局，国家有关部门密集出台了若干项重磅政策，助推职业教育在新的历史条件下实现高质量发展。2022年12月，中共中央办公厅、国务院办公厅印发了《关于深化现代职业教育体系建设改革的意见》（以下简称《意见》），提出"一体两翼五重点"的系列重大举措。"一体"是指省域现代职业教育体系建设新模式，"两翼"是指市域产教联合体和行业产教融合共同体。"一体"和"两翼"是基座和载体的关系，它们之间相互依存、相互促进。"五重点"是指五个方面的重点任务，包括提升职业学校关键办学能力、建设"双师型"教师队伍、建设开放型区域产教融合实践中心、拓展学生成长成才通道和创新国际交流与合作机制。为深化落实《意见》要求，有序推动各项改革重点任务的落实落地，教育部于2023年7月印发了《关于加快推进现代职业教育体系建设改革重点任务的通知》，提出了11项重点任务的具体内容、目标、指标要求及时间节点。

案例7-1

深化职业教育体系改革，为区域经济高质量发展提供人才支撑

习近平总书记强调："在全面建设社会主义现代化国家新征程中，职业教育前途广阔、大有可为。"近日，中共中央办公厅、国务院办公厅印发

《关于深化现代职业教育体系建设改革的意见》，要求"深化职业教育供给侧结构性改革""培养更多高素质技术技能人才、能工巧匠、大国工匠"，并从战略任务、重点工作、组织实施等方面为持续推进现代职业教育体系建设改革描绘了蓝图。多地整合职业教育资源，为区域经济高质量发展培养高素质人才展开行动，上海职业院校与区级政府合作建立"双元制"特色产业学院，整合职业教育资源；安徽职业院校与制造企业签订校企合作订单协议书，促进校企合作、产教融合；山东青岛企业发挥主体作用，接收学生实习实训。推动职业院校育才与企业用人精准匹配，实现"两头热""真融合"至关重要。例如，有的职业院校和企业灵活设置"厂中校""订单班"，企业提供学习、住宿地，院校提供教育教学设施，按计划和用工需求安排学生进驻产业学院，双方资源互补。建设高水平职业院校和专业是改革重点，要以中职为基础、高职专科为主体、职业本科为牵引，满足经济社会发展和人才培养需求。如上海某职业本科院校首届 37 名毕业生受市场青睐，还有 1 人考上全日制硕士研究生。职业教育应围绕产业结构升级而"转"，随着市场需求变化而"动"，适应社会发展需要而"变"。通过这些努力，职业教育不仅为广大青年提供了新的学习和就业选择，也为经济高质量发展提供了人才支撑。

——《人民日报》2023 年 1 月 3 日，第 5 版

为指导推进和规范开展市域产教联合体和行业产教融合共同体工作，教育部于 2023 年发布了《关于开展市域产教联合体建设的通知》《行业产教融合共同体建设指南》《关于支持建设国家轨道交通装备行业产教融合共同体的通知》，加强对市域产教联合体工作和运行的过程监管和动态管理，避免一哄而上、重复建设。目前，成立了首批国家级市域产教联合体 28 个（见表 7-2）、国家级行业产教融合共同体 2 个（国家轨道交通装备行业产教融合共同体、国家有色金属行业产教融合共同体）。各领域，无论是由院校牵头还是行业企业牵头产教融合共同体已呈遍地开花之势。对于职业学校关键办学能力、建设"双师型"教师队伍等重点任务的部署和推进，国家

有关主管部门及时出台相关政策，指导职业教育实践发展。2022 年 9 月，教育部发布了新版《职业教育专业简介》，覆盖新版专业目录全部 19 个专业大类、97 个专业类的 1349 个专业，为专业教学、实训教学条件建设、岗位实习等系列标准的更新和完善提供了依据。2022 年，教育部发布了《高职本科专业学士学位授予学科门类对应表》，从源头上规范高职本科专业学士学位的授予工作，有利于学校更好地规划学科和专业发展。

2022 年以来，职业教育主管部门高度重视职业教育教师队伍建设，把职业教育教师队伍建设作为加快推进职业教育高质量发展、实现职业教育现代化的基础性工作来抓，密集出台了一系列政策。2022 年 5 月，教育部印发《关于开展职业教育教师队伍能力提升行动的通知》；9 月，教育部印发《关于进一步加强全国职业院校教师教学创新团队建设的通知》；10 月，教育部发布《职业教育"双师型"教师基本标准（试行）》及《关于建设一批国家级"双师型"教师培训基地（2023—2025 年）的通知》。2023 年 7 月，教育部印发《关于实施新时代职业学校名师（名匠）名校长培养计划的通知》；8 月，教育部等 4 部门印发《职业学校兼职教师管理办法》等，充分体现了国家层面对职业教育教师队伍建设的高度重视。

（三）人才政策和制度体系不断完善，技能人才地位大幅提升

党的二十大报告明确提出，"加快建设国家战略人才力量，努力培养造就更多大师、战略科学家、一流科技领军人才和创新团队、青年科技人才、卓越工程师、大国工匠、高技能人才。"职业教育作为培养高技能人才、大国工匠的重要阵地，在服务产业转型升级中扮演着越来越重要的作用。国家有关部门高度重视技能人才发展，多方推进技能人才队伍建设。中办、国办于 2022 年 10 月印发了《关于加强新时代高技能人才队伍建设的意见》，从人才培养、评价、使用、激励等方面全面加强技能人才工作，发挥政策指挥棒作用缓解结构性就业矛盾，推动职业教育与就业紧密结合。提出"到'十四五'时期末，技能人才占就业人员的比例将达到 30% 以上，高技能人才占技能人才的比例达到三分之一"。目前，我国技能人才总量超过 2 亿人，其中，高技能人才超过 6000 万人，为经济社会发展提供了有力的人才支撑①。

2022 年 9 月，人社部、财政部印发了《国家级高技能人才培训基地和技能大师工作室建设项目实施方案》，计划在 2022～2025 年，国家重点支持建设 400 个以上国家级高技能人才培训基地和 500 个以上国家级技能大师工作室。同时引领带动各地、有关行业企业建设各级各类高技能人才培训基地和技能大师工作室。2022～2023 年，累计共有 225 家单位被确定为国家级高技能人才培训基地项目单位、279 个项目所在单位被确定为国家级技能大师工作室项目单位。

案例 7-2

天津：聚高技能人才之力 筑高质量发展之基

9 月 16～19 日，第二届全国技能大赛在天津举行，主题为"技能成才、技能报国"，吸引了 4000 余名选手参与 109 个赛项的角逐。这些比赛项目均服务于实体经济，其中近四成属于先进制造业，近三成属于战略性新兴产业。参赛选手涵盖了企业一线工人及技工院校、职业院校的师生。当前，我国正面临人口发展新常态，劳动力总量呈下降趋势且大龄化特征明显，供需结构性错配问题突出。尤其在制造业，普工数量不足，高技能人才的求人倍率长期保持在 2 以上。这一结构性就业矛盾和青年就业难题，促使社会对技能人才的需求不断增加，也为青年就业提供了新的选择方向。2022 年，中办、国办发布的《关于加强新时代高技能人才队伍建设的意见》明确，到"十四五"末，技能人才占就业人员比例要达到 30% 以上，高技能人才占技能人才比例要达到 1/3。目前，我国技能人才总量已超过 2 亿人，占就业人员总量的 26% 以上，高技能人才超过 6000 万人，正朝着"十四五"目标迈进。为促进技能人才队伍建设，我国出台了新《职业教育法》和"新八级

---

① 《人力资源和社会保障部对十四届全国人大一次会议第 2178 号建议的答复》，人社部官网，2023 年 8 月 17 日，https://www.mohrss.gov.cn/xxgk2020/fdzdgknr/zhgl/jytabl/jydf/202402/t20240205_513328.html。

工"职业技能等级制度等一系列政策，深入实施高技能人才振兴计划，落实"十四五"职业技能培训规划，开展"技能中国行动"。人社部表示，各地正在建立健全高技能人才政策，对培养、使用、评价和激励等各个环节加大工作力度，推动技能人才整体发展。加强技能人才职业技能等级制度建设，建立"新八级工"职业技能制度，将有助于完善技能人才成长通道，提高其待遇水平和社会地位。

——《光明日报》2023 年 10 月 26 日，第 15 版

此外，2022 年 12 月，人社部印发的《关于加强和改进新时代中国特色企业新型学徒制工作方案的通知》提出，"到'十四五'期末，基本实现学徒培养规范化、标准化，培育一批优质学徒培养单位和师徒，开发遴选一批优质学徒培训课程和教材数字资源等，促进学徒培训规模和质量有效提升，为中国式现代化提供技能人才支撑。"2023 年 12 月，为加强农民工职业技能培训工作，人社部专门出台了《关于加强农民工职业技能培训工作的意见》，提出"面向农民工开展大规模、广覆盖、多形式的职业技能培训"，促进农民工技能提升和就业创业。2023 年以来，随着"技能中国行动"的深入实施，全年聚焦重点群体开展的补贴性职业技能培训超过 1800 万人次①。

（四）多部委联合出台政策，促进各类职业教育蓬勃发展

随着新《职业教育法》的出台和《关于深化现代职业教育体系建设改革的意见》等文件的颁布，多部委出台多项政策举措，促进各类职业教育蓬勃发展。2022 年 4 月，教育部、财政部发布了《关于开展中国特色高水平高职学校和专业建设计划中期绩效评价工作的通知》，提出了"双高计划"建设绩效评价标准，全面评价"双高计划"项目的建设绩效完成情况、资金保障和使用情况以及项目建设水平。同年，教育部等 5 部门发布了

---

① 《创造人才红利 助力高质量发展——2023 年全国人才工作综述》，中国劳动保障新闻网，2024 年 1 月 15 日，https：//www.clssn.com/2024/01/15/9925900.html。

《关于实施职业教育现场工程师专项培养计划的通知》，从全国层面启动遴选了一批现场工程师培养计划项目，培养一大批具备工匠精神，精操作、懂工艺、会管理、善协作、能创新的现场工程师。同时，中国残联等 7 部门联合印发《残疾人中等职业学校设置标准》，进一步加强残疾人中等职业学校基础能力建设和规范化管理；教育部等 5 部门印发《职业学校办学条件达标工程实施方案》，有效落实各级办学主体责任，持续加强职业学校的基础能力建设；国家乡村振兴局等 8 部委联合出台了《关于推进乡村工匠培育工作的指导意见》，建立和完善乡村工匠培育机制，挖掘培养、传承发展、提升壮大一批乡村工匠。

围绕职业教育产教融合，国家发展改革委等 8 部门于 2023 年 6 月联合印发了《职业教育产教融合赋能提升行动实施方案（2023—2025 年）》。统筹推动教育与产业协调发展，形成了教育与产业统筹融合、良性互动的发展格局，目标是"到 2025 年，国家产教融合试点城市达到 50 个左右，在全国建设培育 1 万家以上产教融合型企业"。

表 7-2　首批国家级市域产教联合体名单

序号	联合体名称	依托园区	牵头学校	牵头企业
1	北京集成电路产教联合体	北京经济技术开发区	北京电子科技职业学院	北方集成电路技术创新中心（北京）有限公司
2	天津滨海高新技术产业开发区信创产教联合体	天津滨海高新技术产业开发区	天津大学、天津电子信息职业技术学院	麒麟软件有限公司
3	天津经济技术开发区生物医药产教联合体	天津经济技术开发区	天津科技大学、天津医学高等专科学校	天津国际生物医药联合研究院有限公司
4	唐山高新技术产业开发区产教联合体	唐山高新技术产业开发区	唐山工业职业技术学院	中信重工开诚智能装备有限公司
5	大连金普新区（大连经济技术开发区）市域产教联合体	大连经济技术开发区	大连职业技术学院	通用技术集团大连机床有限责任公司

续表

序号	联合体名称	依托园区	牵头学校	牵头企业
6	长春市汽车产业集群产教联合体	长春汽车经济技术开发区	长春汽车工业高等专科学校	中国第一汽车集团有限公司
7	佳木斯国家农高区现代农业产教联合体	佳木斯国家农业高新技术产业示范区	黑龙江农业职业技术学院	北大荒集团建三江分公司
8	上海闵行经济技术开发区产教联合体	上海闵行经济技术开发区	上海电子信息职业技术学院	上海三菱电梯有限公司
9	苏州吴中经济技术开发区机器人与智能制造产教联合体	苏州吴中经济技术开发区	苏州市职业大学	苏州汇川技术有限公司
10	无锡市集成电路产教联合体	无锡国家高新技术产业开发区	无锡科技职业学院	华润微集成电路（无锡）有限公司
11	常州新能源产教联合体	武进国家高新技术产业开发区	常州工业职业技术学院	万帮数字能源股份有限公司
12	杭州经济技术开发区（钱塘科学城）产教联合体	杭州经济技术开发区	杭州职业技术学院	杭州钱塘新区产业发展集团有限公司
13	合肥（新站）高新技术产教联合体	安徽合肥新站高新技术产业开发区	合肥职业技术学院	科大讯飞股份有限公司
14	芜湖市产教联合体	芜湖经济技术开发区	芜湖职业技术学院	奇瑞控股集团有限公司
15	晋江市域产教联合体	晋江经济开发区	泉州职业技术大学	福建盼盼食品有限公司
16	赣州稀有金属市域产教联合体	赣州经济技术开发区	江西应用技术职业学院	江西金力永磁科技股份有限公司
17	济南市智能制造与高端装备产教联合体	济南高新技术产业开发区	济南职业学院	临工重机股份有限公司
18	潍坊国家农业开放发展综合试验区产教联合体	潍坊国家农业开放发展综合试验区	山东畜牧兽医职业学院	山东亚太中慧集团有限公司
19	武汉中国光谷产教联合体	武汉东湖新技术开发区	武汉软件工程职业学院	烽火通信科技股份有限公司

续表

序号	联合体名称	依托园区	牵头学校	牵头企业
20	株洲市产教联合体	株洲高新技术产业开发区	湖南铁道职业技术学院	中车株洲电力机车有限公司
21	深圳市域产教联合体	深圳市高新技术产业园区	深圳职业技术大学	华为技术有限公司
22	佛山市"两高四新"产教联合体	佛山高新技术产业开发区	广东轻工职业技术学院	瀚蓝环境股份有限公司
23	广西（柳州）汽车产教联合体	广西柳州市高新技术产业开发区	柳州职业技术学院	上汽通用五菱汽车股份有限公司
24	西部职教基地产教联合体	永川高新技术产业开发区	重庆电子工程职业学院、重庆水利电力职业技术学院	长城汽车股份有限公司重庆分公司
25	成都市航空航天产教联合体	成都青羊工业经济技术发展区	成都航空职业技术学院	成都飞机工业（集团）有限责任公司
26	德阳重大技术装备制造产教联合体	德阳经济技术开发区	四川工程职业技术学院	东方电气集团东方电机有限公司
27	黔南州磷化工及新型储能材料产业市域产教联合体	福泉—瓮安千亿级产业园区	贵州工业职业技术学院、黔南民族职业技术学院	贵州磷化（集团）有限责任公司
28	西安航空高端制造产教联合体	西安阎良国家航空高技术产业基地	西安航空职业技术学院	西安兴航航空科技股份有限公司

资料来源：教育部官方网站。

（五）部省协同推动省域现代职业教育体系建设

2023 年，教育部采取部省会商形式，通过"一省一策"建立部省协同推进机制，为探索省域现代职业教育体系建设新模式建起了"样板房"。截至 2023 年底，教育部与天津、广西、山东、新疆、黑龙江、浙江、重庆、湖南等 8 个省（区、市）达成了推进职业教育发展的合作机制，启动省域现代职业教育体系新模式试点（见表 7-3）。如在天津，教育部与天津市人民政府共同发布了《关于探索现代职业教育体系建设改革新模式的实施方案》，将天津建成我国职业教育的国际交往中心。在广西，要以打造面向东盟的职业教育合作示范区为重点，大力发展适应新技术和产业变革需要的职业教育。在山东，教育部与山东省人民政府联合印发了《关于促进职业教育提质升级赋能绿色低碳高质量发展先行区建设的实施意见》，围绕省会、胶东、鲁南三大经济圈组建一批产教联合体，以及围绕"十强"产业组建一批产教融合共同体。

表 7-3 2023 年部省协同推进现代职业教育体系建设改革的部分政策文件

序号	发文单位	文件名称	发文日期
1	教育部、广西壮族自治区人民政府	《推动产教集聚融合打造面向东盟的职业教育开放合作创新高地实施方案》	2023 年 4 月 19 日
2	教育部、天津市人民政府	《关于探索现代职业教育体系建设改革新模式的实施方案》	2023 年 5 月 31 日
3	教育部、山东省人民政府	《关于促进职业教育提质升级赋能绿色低碳高质量发展先行区建设的实施意见》	2023 年 5 月 30 日
4	教育部、黑龙江省人民政府	《推进职业教育与产业集群集聚融合服务龙江振兴发展实施方案》	2023 年 10 月 18 日
5	教育部、重庆市人民政府	《深化现代职业教育体系改革服务成渝地区双城经济圈建设实施方案》	2023 年 12 月 29 日
6	教育部、湖南省人民政府	《关于进一步深化职业教育产教融合服务国家重要先进制造业高地建设的实施方案》	2024 年 1 月 4 日

资料来源：根据相关部门网站整理。

案例 7-3：

山东：以部省合作推动职业教育提质升级，打造发展新生态

2023 年 5 月，教育部与山东省人民政府联合出台了《关于促进职业教育提质升级赋能绿色低碳高质量发展先行区建设的实施意见》，旨在探索省域现代职业教育体系新模式，推动山东职业教育的提质升级，打造职教高地的"升级版"。职业教育被视为山东的一张王牌，承担着培育"产业蓝领"、服务乡村振兴和创新产业科技的重要责任。2023 年数据显示，山东职业院校毕业生就业率保持在 95% 以上，主要产业新增从业人员中 70% 以上来自

职业院校，显示出职业教育在培养"大国工匠"方面的关键作用。为持续提升职业教育的影响力，山东省进行了多项改革。针对产教融合不够深入的问题，山东出台了全国首个混合所有制办学政策，建设了 322 个混合所有制二级学院，并吸引 524 家规模以上企业进驻，拉动社会投资超过 120 亿元。此外，山东还首次举办全国职业院校技能大赛改革试点赛，并建立了"文化素质+职业技能"的职教高考制度，使其与夏季高考并驾齐驱。同时，推出了全国首个"金融+财政+土地+信用"产教融合激励措施。党的二十大报告强调了职普融通、产教融合和科教融汇的重要性，山东在巩固职教大省地位的同时，努力打造职业教育发展新生态。近年来，山东省围绕"十强"产业组建了一批产教融合共同体，明确了参与院校、企业的培养方向和主攻领域。此外，山东还将深化职业教育供给侧结构性改革，为学生提供多样化选择和多路径成才的支撑。

——《科技日报》2023 年 9 月 15 日

二　职业教育政策发展特点

（一）更加注重职业教育综合改革的顶层设计

2022~2023 年，伴随新《职业教育法》的颁行实施和党的二十大召开，我国职业教育政策更加注重路径和方法设计，思路上更多地呈现"系统化设计、工程化推进、协同化作战"① 特点。尤其是中办、国办《意见》提出"现代职业教育体系建设新模式"，在职业教育改革主体上，从以往的中央"大一统"改革转向地方"分散式"改革，从教育系统的"条线式"改革转向央地两级的"综合性"改革。在职业教育改革载体上，通过部省共建试点，将改革重心从中央转向地方。注重发挥国家层面的政策牵引作用，突

---

① 教育部新闻发布会：《介绍中共中央办公厅、国务院办公厅印发的〈关于深化现代职业教育体系建设改革的意见〉有关情况》，教育部官网，2022 年 12 月 27 日，http://www.moe.gov.cn/fbh/live/2022/55031/twwd/202212/t20221227_1036552.html，最后检索日期 2024 年 11 月 8 日。

出省域层面的改革主体责任；按照条块结合思路，以行业产教融合共同体为"条"、市域产教联合体为"块"，推动产教融合由过多依赖校企互动转向更加注重政校行企多方要素参与，进一步强化人才培养、科学研究与社会服务的资源调配和供需匹配，促进教育和产业的互融共长。在职业教育服务场域上，注重由"区域"转向"全局"，在国内国际两个场域布局职业教育政策供给，推动职业教育与现代产业迭代升级供需适配的高水平动态平衡，驱动形成具有中国特色的职业教育发展模式。

（二）更加注重教育与产业的深度融合创新

为了不断健全产教融合办学体制机制，我国各级政府通过法律、政策、制度和项目等形式，出台一系列针对性政策，促使职业教育改革重心由"教育"转向"产教"、办学主体由"单一"转向"多元"。比如，新《职业教育法》用9处"鼓励"、23处"应当"和4处"必须"，进一步明确了破解产教融合难点问题的诸多举措[①]，并提出企业发挥重要办学主体作用、可以设立专兼职岗位、开展职业教育纳入企业社会责任报告等一系列重要条款，以及激励企业深度参与产教融合的奖励、税收优惠等一系列政策。又如，《职业教育产教融合赋能提升行动实施方案（2023—2025年）》围绕"赋能""提升"提出5方面19条政策措施，在举办混合所有制分校或产业学院、职业院校股份制或混合所有制改革、允许企业以资本、技术、管理等要素依法参与办学并享有相应权利等方面给予政策保障。创新产教融合载体，宏观上立项打造国家级市域产教联合体，出台行业产教融合共同体建设指南，打造重点行业产教融合共同体，示范发挥地方政府组织协调作用，引领高水平"两体"建设；微观上推出现代产业学院、产学合作协同育人等项目，打造职业院校校企合作、协同育人项目的重要平台。总体上，为促进教育链、人才链和产业链、创新链有机衔接，在创新产教融合制度、构建产教融合载体、建设产教融合型城市、培育产教融合型企业、打造校企合作典

---

① 《介绍教育系统学习宣传贯彻落实新修订〈中华人民共和国职业教育法〉有关情况》，教育部官网，2024年4月27日，http://www.moe.gov.cn/fbh/live/2022/54414/twwd/202204/t20220427_622557.html，最后检索日期2024年11月8日。

型项目等方面提出一系列针对性的政策举措，从法律上规范产教融合、政策上引导产教融合、专业上匹配产教融合，产教融合的制度机制更加完善，创新合作模式不断涌现，职业教育与产业发展良性互动、互相促进的格局正逐步形成。[①]

（三）更加注重职业教育因地制宜施策发展

《意见》出台后，国家有关部委与省级政府在职业教育领域的互动明显增强，陆续通过部省签订战略合作协议等方式，先行先试探索现代职业教育体系建设新模式。这一轮试点探索，与之前部省共建国家职业教育创新发展高地有所不同。区别在于更加注重央地互动、区域联动、产教协同，更加注重发挥省级政府统筹作用、推进综合改革，更加注重结合地方资源禀赋、产业布局、文化传统等因地制宜、"一省一策"，更加注重职业教育发展要素和办学主体的多方协同。其内在逻辑是更加注重发挥地方政府发展职业教育的主体责任，职业教育改革的"发动机"由教育部转向省级政府。围绕这一思路出台的国家职业教育政策，在厘清央地关系上率先点题，引领各省域在具体的政策设计和制度安排上破题。这一政策设计，不同于以往由中央发动改革的"一刀切"做法，而是注重发挥地方政府的组织协调作用，由各地沿着中央改革的大方向，跳出职教、立足省域、着眼全国、面向产业，调动区域各方要素，推进综合改革，中央通过部省共建方式予以针对性政策支持，提高了职业教育改革发展的灵活性与区域产业发展的匹配度。

（四）更加注重聚焦核心要素提升办学能力

围绕提升职业教育培养人才和服务社会的能力，聚焦"五金"新基建[②]，加速数字化转型，职业教育政策供给呈现靶向精准、"组合出拳"的特点。提升人才培养能力方面，围绕匹配产业需求，出台关于高技能人才队

[①] 《国家发展改革委专题新闻发布会　介绍推进实施职业教育产教融合赋能提升行动有关情况》，国家发改委官网，2023 年 6 月 13 日，https：//www.ndrc.gov.cn/xwdt/wszb/jstjsszyjycjrh/，最后检索日期：2024 年 11 月 8 日。

[②] 2023 年 7 月 25 日，教育部副部长吴岩在国家轨道交通装备行业产教融合共同体成立大会上，提出了现代教育体系建设的新基建"五金"："金专""金课""金师""金地""金教材"。

伍、现场工程师、新型学徒制、学生实习等专门意见或实践项目,直击当前职业教育与产业协同育人的痛点难点问题。专业课程建设方面,推进"双高计划"立项高水平学校和高水平专业群中期检查,研制职业教育专业教学标准,发布新版《职业教育专业简介》,发布职业教育一流核心课程和优质教材建设指南,启动遴选 1000 门国家职业教育在线精品课程,引领提升办学核心要素质量。教师队伍建设方面,围绕专任教师队伍、院校长队伍、兼职教师队伍、退休教师队伍建设出台专门计划方案,出台"双师型"教师基本标准、教师数字素养标准和能力提升行动方案,聚焦成为什么样的教师、如何促进教师专业化成长打出"组合拳";打造国家级"双师型"教师培训基地,大力推进不同类型、不同层次、不同领域教师队伍建设,夯实职业教育办学的关键基础。数字化建设方面,坚持标准引领,聚焦教育系统、教育人员、中小学、数字教育资源、智慧教育平台、教师数字素养等主题,发布实施 7 项教育行业标准,引领和推动职业教育数字化转型提升。

第二节　职业教育政策发展挑战

2021 年,习近平总书记对职业教育工作作出重要指示时强调:在全面建设社会主义现代化国家新征程中,职业教育前途广阔、大有可为①。2022~2023 年,职业教育政策发展取得重大进展,但同时也面临一些重大挑战。

一　政策出台的整体性、协调性、衔接性有待加强

(一)政策出台的整体性、协调性有待提高

自 2022 年 5 月 1 日新《职业教育法》实施以来,职业教育领域颁布的政策包括现代职业教育体系、专业标准与课程教材、师资队伍、高质量人才

---

① 《习近平对职业教育工作作出重要指示》,新华网,2024 年 4 月 13 日,http://www.xinhuanet.com/politics/leaders/2021-04/13/c_1127324347.htm,最后检索日期:2024年 9 月 25 日。

培养、教育信息化、标准设置与评价等方方面面，主题丰富多样，但政策出台的整体性、协调性还有待提高。在政策内容的整体性和协调性方面，应围绕新《职业教育法》系统整体地考虑政策颁布的布局，包括职业教育体系、职业教育的实施、职业学校和职业培训机构、职业教育的教师与受教育者、职业教育的保障、法律责任等多个方面。特别是要考虑各领域政策颁布的整体性和协调性。从目前来看，各项职业教育政策的颁布主要由教育部、人社部等部门牵头，但实际上职业教育的跨界性决定了职业教育发展不能仅依靠教育部门，还需要国家发展改革委、工信部、财政部等多部门的协调联动、共同制定。

（二）出台政策的衔接性有待提高

从政策颁布的主体来看，中办、国办、教育部门颁布的职业教育政策与其他部委政策的关联和衔接性还有待提升，中央政府颁布的职业教育政策与各地方政府政策的衔接性有待提升。从时间维度来看，职业教育领域前后颁布的政策衔接性还有待加强，需要考虑当前政策与以往政策及未来政策间的递进和衔接关系。应厘清政策颁布的衔接脉络，提升政策制定的连贯性，从而为职业教育政策的落实提供抓手。从政策内容来看，不同部门发布的政策内容衔接性有待提高，特别是不同部门针对同一领域颁布政策时，需要考虑政策的相互衔接。一方面，地方职业教育政策内容与国家层面政策文件内容要保证一致性；另一方面，为促进各区域的职业教育发展，在内容衔接的同时也要避免"一刀切"，降低各地方职业教育政策的重复率，更突出区域职业教育"因地制宜"的特色内容。

二 政策实施主体的明确性、协同性有待加强

（一）政策实施执行主体的明确性有待加强

当前，职业教育部分政策在制定时更侧重于宏观把控和指导，对具体政策的实施步骤、举措等细节缺乏考量。宏观把控虽然保障了政策的方向性，但增加了政策执行中的不确定性。例如，某些政策可能只提出了大致的方向或目标，但缺乏对实现这些目标的具体路径、策略和方式的进一步说明。此

外，职业教育政策实施主体的明确性也亟须加强。政策执行需要明确的责任单位从而确保政策的实施，而许多政策责任分工不明确，未指明由哪些部门承担，可能会导致政策执行中的推诿扯皮现象，降低政策实施的效率和效果。

（二）各部门政策执行的协同性有待加强

政府按照工作性质进行条口管理，导致需要多部门合作执行的职业教育政策难以实现多种资源的整合。落实职业教育政策是多目标、多任务的，需要多部门共同承担。但在政策执行过程中，不同部门往往在资源、信息等方面不能实现充分整合，导致政策执行目标不一、政策执行效果参差不齐。职业教育政策在制定时，没有对多部门共同推进政策执行给予高度关注和支持，这也是造成职业教育质量不高、吸引力不强、校企"一头热、一头冷"等问题的原因之一。此外，一些部门虽参与职业教育政策的执行，但在协同上仍处于较低水平，部分部门未能充分发挥职能作用，使职业教育有关资源难以合理集聚，进而对政策的高效执行造成负面影响。

三　政策制定的科学性、规范性、前瞻性有待完善

（一）政策制定的科学性有待提升

当前政策出台前的调研还不够深入，政策制定和颁布的论证还不够充分，征求基层各方的意见特别是职业院校、一线教育工作者和社会各界的意见还不够。政策制定需要将理论与实践相结合，不仅要进行理论层面的研究阐释，还要开展实践层面的调研，对院校、企业、行业等进行座谈和实地走访，从而提升政策制定的科学性。值得注意的是，目前调研过程中方法的现代性和多样性还不足，访谈、问卷等传统方法与大数据分析等数字化方法的结合使用尚不紧密。

（二）政策制定的规范性有待提升

一是政策文本纵向的连贯性、延续性有待提升。各地方职业教育政策文件出台频繁，相关内容多有交叉，"照搬"中办、国办、教育部相关文件内容的做法比较常见，导致文件内容重复率过高。因此，需要进一步增强政策

文件内容的连贯性和延续性，减少重复性表述。地方政策要有针对性地考虑地区发展，坚持因地制宜，进一步制定和颁布更多有特色、延续的、多样的政策举措。二是政策文本横向的衔接性、严密性有待提升。一方面，政策文本内容本身逻辑的自洽、严谨性有待提升；另一方面，除了职业教育政策热点外，还要全面考虑职业教育政策不同板块，不留政策盲区和漏洞。

（三）政策制定的前瞻性有待提升

职业教育政策对以往和当前热点问题关注较多，然而政策颁布不仅要着眼过去和当下，更要对未来职业教育面临的挑战和发展方向做出预判，特别是未来产业发展方向与人才需求等方面。但当前面对新质生产力发展对人才的需求，职业教育政策制定的前瞻性不足，要充分认识新质生产力背景下战略性新兴产业、未来产业的发展趋势，创新探索产教融合人才培养模式，关注职业教育知识和能力体系与产业发展的同步性，面向新兴产业和未来产业培养复合型、创新型的高素质技术技能人才。

第三节　职业教育政策发展建议

一　加强政策出台的统筹规划和协调衔接

（一）提高政策出台的整体性和协调性

职业教育是一种典型的跨界教育，单靠教育部门难以全面覆盖和有效推进。然而，由于职业教育各有关部门信息渠道不畅或参与意愿不强等原因，政策出台过程中的整体性和协调性有所缺失，政策总体目标无法达成。因此，一方面，要明确职业教育政策解决的主要问题和预期目标，确保出台的政策紧密围绕这一目标展开；另一方面，要强化教育部门与人社、财政等其他各部门的合作关系，通过搭建信息共享平台、建立联席会议机制等，深化部门间的信任与合作，促进资源、信息及经验的交流共享，发挥多部门共同研究制定职业教育政策的合力。如充分发挥职业教育部门联席会议制度的作用，由教育部门牵头会同相关部门，建立定期会商的沟通交流机制，定期进行跨部门沟通与交流，促进多部门协调推进职业教育政策出台。同时，还要建立完善激励机制，加强各部门在政策制定出台中的责任感，激发其工作积极性和创造力。

（二）提升出台政策的衔接性

职业教育政策出台要强化其衔接性，主要是要处理好几个层面的关系。一是要妥善协调新政策与旧政策之间的衔接与过渡关系，既要确保新政策的创新性与前瞻性，又要兼顾旧政策的稳定性与连续性，做到"瞻前顾后"，避免政策断层或冲突。二是要处理好教育部门制定的职业教育政策与其他相关部门（如人社、财政、产业等）相关政策的协同与互补关系，加强跨部门沟通与协作，确保政策在目标、措施、执行等方面的一致性与协调性，实现"左顾右盼"，共同推动职业教育的高质量发展。三是要妥善处理好中央政策与地方政策之间的上下联动关系。既要确保中央政策的宏观指导性和权威性，又要充分考虑地方实际情况和差异性，鼓励地方在政策框架内创新实施，形成"上下联系"、良性互动的政策格局，确保政策的有效落地与执行。

二 明确政策执行主体推动施政协同有效

（一）加强政策执行主体的明确性

为确保职业教育政策的顺利实施和高效执行，必须明确政策执行主体并强化其责任与权限。政策执行主体作为政策落地的关键环节，其责任是否清晰、分工是否明确，直接关系到政策能否达到预期效果。因此，必须增强政策的可操作性和精确性，明确政策的具体任务举措，并确定具体分工和责任部门，避免权限交叉和推诿扯皮的现象发生。例如，建设高水平"双师型"教师队伍的政策，应由教育部门会同编制委员会办公室、人社及有关行业部门等负责；促进职业教育国际交流合作的政策，应由教育部门会同外事部门等负责；完善职业教育多元投入机制的政策，应由教育部门会同财政、金融监管等部门负责。这一过程要求职业教育各相关部门密切协作，形成合力，确保每项任务都有明确的执行主体，提高政策实施效率，避免重复性工作和资源浪费。

（二）加强各部门政策执行的协同性

为提升职业教育政策效能与质量，破除条口管理带来的信息渠道不畅、执行效果参差不齐等问题，必须着力加强职业教育有关各部门在政策执行过程中的协同性。一是建立跨部门协调机制。通过这一机制打破部门间的壁垒，促进信息共享和资源整合，避免政策执行中的碎片化现象，提高政策执行的整体效能。二是强化地方政府统筹作用。在当前的职业教育改革中，地方政府被赋予了更多的责任和权力，这就要求地方政府发挥主导作用，解决政策执行中的"条块分割"问题，协调各方资源，提高政策执行的效率和效果。三是构建多元主体协同治理网络。由政府、行业、企业、学校共同组成该网络，增强各主体之间的互动和合作，形成合力推动职业教育发展。例如，《关于深化现代职业教育体系建设改革的意见》，突出强调建立统筹协调推进机制推动各有关部门和行业企业积极参与职业教育改革；支持省级政府健全落实机制，整合相关职能，统筹职业教育改革发展。这些都是加强职业教育各部门政策执行协同性的有效举措。

（三）加强各部门政策执行的有效性

当前，尽管国家和省级层面已经相继出台了一系列旨在推动职业教育改革发展的政策措施，然而在实际执行过程中，政策的贯彻力度却呈现参差不齐的状况。部分地区和机构认识不到位、意愿不强烈，导致职业教育改革举措落实不到位，职业教育政策达不到预期目标。此外，政策宣传与解读的不足也使得一些关键政策信息未能有效传达至基层，影响了政策效果。因此，加强职业教育政策执行的有效性，不仅需要进一步完善政策举措的质量，还需加强政策执行者的能力建设，完善政策执行的监督与激励机制，确保政策精神能够准确无误地传达到每一个角落，推动政策不打折扣地落实落细。

三　强化政策制定的科学性、规范性和前瞻性

（一）加强政策制定的科学性

在政策形成过程中，要更加注重深入基层、走近群众，开展广泛深入的

调研论证，充分了解基层的需求和建议，确保政策能够精准回应群众的关切和诉求。实际上，职业教育领域不少国家制度甚至是法律规范都是由基层的实践成果或理论成果上升而来。如新《职业教育法》中提到的职业教育集团、订单培养、学徒培养、产教融合型企业等，都是长期探索形成的符合职教规律和特点的基层实践，在本次修法中被固化为法律规定。同时，还要创新调研方法，将专题调研、问卷调查、访谈等传统调研方式与现代技术手段中的大数据分析、网络舆情监测等新型调研方式相结合。鼓励社会各界参与政策制定讨论，特别是要倾听行业企业、职业院校和一线职教工作者的声音，为政策制定提供最为真实、具体的参考，使政策更加接地气、有温度。此外，地方政府在出台职业教育政策时，既要领会国家层面职业教育政策文件精神，又要充分考虑各地科教、产业、资源和文化等优势特色，精心设计与实施有针对性、差序发展的职业教育政策。如教育部和山东、黑龙江等省份分别联合印发推动现代职业教育服务区域高质量发展的文件，形成了国家整体推进下的"一省一策"，提高了政策的针对性、可行性和实效性。

（二）增强政策制定的规范性

一是提升政策的稳定性和连续性。政策的稳定性是指政策在一定时期内相对保持不变，具有规划的长期性。稳定的政策环境，能够给政策执行者以明确的信心，避免政策频繁变动带来的不确定性和冲击。政策的连续性是指政策在时间上衔接和延续，具有执行的一贯性。政策的连续性有助于确保政策目标得到长期、有效的推进和实现，避免因政策中断而导致的资源浪费和目标偏离。以现代职业教育体系建设为例，自 2014 年《国务院关于加快发展现代职业教育的决定》提出该目标以来，历经 8 年时间，具有中国特色的现代职业教育体系已基本建成，职业教育的类型地位得以确立，内部结构得到进一步优化，正式进入提质培优、增值赋能的高质量发展新阶段。2022年底，中办、国办印发《关于深化现代职业教育体系建设改革的意见》，以"一体两翼"战略任务为依托，接续推进现代职业教育体系建设改革，切实提高职业教育的质量、吸引力和适应性。由此可见，未来职业教育政策在制定过程中，应充分考虑政策的长远影响，坚持积极稳妥的设计原则，一旦政策出台，应保持其相对稳定，避免频繁调整导致地方政府、职业院校等政策执行主体无所适从。二是提升政策的严密性和逻辑性。要建立健全政策衔接机制，确保新旧政策内容之间的协调一致，避免政策之间的冲突和矛盾，保持政策文本的严谨。同时，还要站在更为广阔的视角全盘考虑职业教育政策设计，减少政策盲区或漏洞。

（三）深化政策制定的前瞻性

面对国际国内环境发生的深刻复杂变化，职业教育政策制定者要深入分析和把握世界经济转型调整产生的影响、我国产业升级迭代带来的机遇以及本地区经济社会发展出现的新情况，密切跟踪全球职业教育发展的前沿理念、变革逻辑和成功经验，洞察数智化时代职业教育的发展趋势，加强形势分析和政策前瞻性思考。同时，要提前预判职业教育改革发展过程中可能遇到的问题和挑战，提前谋划，加大政策储备，为应对各类风险挑战备足政策工具，防止因过分使用某一工具或工具组合使用不合理导致的政策效果偏差。

第八章　民办职业教育发展报告

民办职业教育是我国职业教育的重要组成部分，特殊的办学体制对支撑职业教育现代化体系建设起着重要的作用。民办职业教育涵盖民办中等职业教育、高职专科教育和高职本科教育及民办技工教育。本章从2022~2023年民办职业教育学校、学生及教师等角度考察其发展现状，综合分析民办职业教育的发展特点及挑战，从强化职业教育类型特色和构建现代职业教育体系的角度提出民办职业教育发展建议。

第一节　民办职业教育发展现状

民办职业教育是构建现代职业教育体系的重要组成部分。本节分别对全国民办中等职业教育、民办高职（专科）教育、民办高职（本科）教育、民办技工四个层次进行分析。本节数据主要来自2022~2023年《全国教育事业发展统计公报》、教育统计数据及院校年度质量报告。主要从学校发展、学生发展及教师发展三个维度分析，同时通过与全国公办职业教育发展数据的对比呈现全国民办职业教育基本发展现状与趋势。

一 民办职业教育学校发展现状

（一）民办中职学校数量持续逆势增长但增速放缓

由于学龄人口减少、地区产业结构调整，以及经济社会对产业人才结构的需求变化，近年来中等职业教育规模总体上不断缩小。虽然民办中等职业学校作为社会资本投资办学，一定程度上受市场经济影响，但仍能保持一定的办学活力和发展空间。2022~2023年全国中等职业学校规模持续缩小（2022年增长率为-1.28%，2023年增长率为-3.33%），但作为其重要组成部分的民办中等职业学校数量却呈现逆势增长的态势，2022年民办中等职业学校达到2073所，新增95所，2023年发展到2128所，新增55所。在全国中等职业学校占比中，民办中等职业学校数量也保持着增长的态势，其中2022年占比为28.79%，2023年占比为30.03%。但是从增长速度看，民办中等职业学校数量的增长势头开始减弱。2022年民办中等职业学校数量较上一年增长了4.8%，2023年增长率为2.65%，增幅下降了2.15个百分点。[①]

（二）民办高职（专科）院校数量平稳增长

2022~2023年，民办高职（专科）院校总体上经历了从沉寂到复兴两个发展时期。2022年民办高职（专科）院校350所，新增0所，且2022年全国民办高职（专科）院校整体新增数量也不高，较上一年仅新增3所，均为公办高职（专科）院校，同年度民办高职（专科）院校占比为23.5%，较2021年下降了0.05个百分点。2023年民办高职（专科）院校数量再次出现增长的态势，达到374所，新增24所，增长率为6.86%，且增长率也高于全国高职（专科）院校数量增长率（3.9%）和公办高职（专科）院校数量增长率（2.99%）。总体上反映出未来依靠社会力量举办高等职业教育仍然有较大的发展空间。2023年民办高职（专科）院校区域分布及新增情况如表8-1所示。

---

① 数据来源于教育部发布的2021、2022年教育统计数据和《2023年全国教育事业发展统计公报》。

表 8-1 2023 年民办高职（专科）院校区域分布及新增情况

单位：所，%

区域	区域院校数量	区域院校数量占比	新增院校所在省份	新增院校数量
东部地区	139	37.2	河北省	2
			山东省	2
			广东省	1
中部地区	93	24.9	河南省	7
			湖南省	5
西部地区	118	31.6	四川省	3
			重庆市	1
			广西壮族自治区	1
			贵州省	1
东北地区	24	6.4	吉林省	1

资料来源：教育部：《2023 年全国教育事业发展统计公报》。

（三）民办高职（本科）院校办学规模趋于稳定

民办教育办学体制灵活，国家在试点探索本科层次职业教育时，优先考虑将民办高职（专科）院校作为试点对象。2019 年首批试点的 15 所本科层次职业院校均为民办院校，2020 年获批的 8 所院校中，民办院校占了 6 所，因此民办高职（本科）院校在先期试点改革中发挥了重要作用。但总体上看民办高职（专科）院校的办学规模、水平及质量与第一梯队的公办高职（专科）院校有着较大差距。随着职业本科教育由制度试点转向高质量发展阶段，优质公办高职（专科）院校升格为本科职业技术大学逐步常态化，民办高职（本科）院校发展规模趋缓。2021 年新增的 9 所本科层次职业院校中，民办院校仅有 1 所，公办高职（本科）院校数量逐步增加，2022 年未新增，直到 2023 年再次新增 1 所，也为公办高职（本科）院校。截至2023 年底，全国共有高职（本科）院校 33 所，其中民办高职（本科）院校仍然保持在 22 所，占全国本科层次职业院校的 66.67%。

（四）民办技工院校数量稳步增长

我国民办技工院校数量近年来增长迅猛，办学（培训）规模日益扩大。

2017~2023 年有关统计数据显示，自 2018 年开始，全国技工院校数量逐渐增加，在校生人数不断攀升。2022 年末全国共有技工院校 2551 所，在校学生 445 万人。截至 2023 年底，全国共有技工院校 2569 所，其中民办技工院校 1015 所，占比 39.5%。2023 年新成立技工院校 66 所，其中新成立民办技工院校 51 所，占新增技工院校数量的 77.3%。

二 民办职业教育学生发展现状

（一）民办中职学校学生数量呈现递减趋势

尽管民办中等职业学校数量仍处于增长水平，但学生数量开始逐年减少。招生及毕业生人数开始减少，在校生人数增长趋势也开始放缓。反映出民办中等职业学校学生数量的增长水平开始下降。

一是民办中职学校招生数量总体上逐年减少，且减少的速度进一步加快。2022 年民办中职学校招生人数为 100.53 万人，相较于上一年度同口径减少 4.94 万人，下降 4.68%。2023 年民办中职学校招生 92.62 万人，比上一年度减少了 7.91 万人，下降 7.87%，其降幅比 2022 年更大；2022~2023年，招生规模下降幅度加大了 3.19 个百分点。

二是民办中职学校在校生数量持续增长，但增长速度逐渐减缓，最终呈现下降的趋势。2022 年民办中职学校在校生人数为 276.24 万人，同口径比 2021 年增加 8.61 万人，增长 3.22%，与 2021 年增长幅度相比，下降了 4.08 个百分点。2023 年民办中职学校在校生人数为 266.44 万人，开始呈现下降的趋势，同口径比 2022 年减少 9.8 万人，下降了 3.55%，且降幅高于全国平均水平（3.05%）。

三是民办中职学校毕业生数量的增长趋势减缓。2022 年民办中职学校毕业生人数为 79.04 万人，比上一年度增加 7.1 万人，增长了 9.87%；2023 年民办中职学校毕业生人数为 84.81 万人，比上一年度增加了 5.77 万人，增长了 7.3%，相较于 2022 年增幅开始放缓。

（二）民办高职（专科）院校学生数量逐年增长

2022~2023 年民办高职（专科）院校招生数量、在校生数量与毕业生数量三方面均逐年增长，但增长趋势各有不同。

一是民办高职（专科）院校招生数量逐年增长，且增速进一步加快。2022年民办高职（专科）院校招生人数134.87万人，同比增加10.84万人，增长8.74%。2023年民办高职（专科）院校招生人数增加到152.78万人，同比增加17.91万人，增长13.28%，相较上一年度，增幅增加了4.54个百分点。

二是民办高职（专科）院校在校生数量开始出现增速放缓的趋势。一直以来，随着民办高职（专科）院校规模的扩张，在校生数量也在不断增长，但是2023年开始出现新的拐点。2022年民办高职（专科）院校在校生人数393.79万人，同比增加33.28万人，增长9.23%；2023年民办高职（专科）院校在校生人数423.55万人，同比增加29.76万人，增长7.56%，增幅减少了1.67个百分点。

三是民办高职（专科）院校毕业生人数增速进一步放缓。2022年民办高职（专科）院校毕业106.6万人，同比增加26.5万人，增长33.08%；2023年民办高职（专科）院校毕业125.06万人，同比增加18.44万人，增长17.29%，相比上一年度，增长幅度下降了15.79个百分点。

（三）民办高职（本科）院校学生数量快速增长

在国家大力推动本科层次职业教育办学政策指导下，尽管民办职业本科教育2022~2023年学校规模保持不变，但是学生规模开始逐步扩大。

一是民办高职（本科）院校招生数量经历了从快速增长到逐步稳定的发展阶段。高职（本科）院校主要是由高职（专科）院校升格而来，且主要在民办教育领域试点，因此招生人数快速增长，2022年22所民办高职（本科）院校共招生4.96万人，较上一年度增加1.88万人，同比增长61.04%；随着院校数量增长趋势放缓，招生规模也开始趋于稳定，2023年22所民办高职（本科）院校共招生5.99万人，较上一年度增加1.03万人，同比增长20.77%，增速明显放缓。

二是民办高职（本科）院校在校生人数呈倍数增长。升格后民办高职（本科）院校迅速改善生均办学条件，通过改造与新设本科层次招生专业，具备了更多本科层次招生资格名额。2022年22所民办高职（本科）院校在校生达 18.25 万人，较上一年度增加 6.7 万人，同比增长 58%；2023 年 22 所民办高职（本科）院校在校生达 39.72 万人，较上一年度增加 21.47 万人，同比增长 117.6%。

三是民办高职（本科）院校毕业生人数呈倍数增长后将逐步趋于平稳。2022 年全国 32 所职业本科教育学校（含公办和民办）迎来首批 0.92 万名毕业生，其中民办（本科）职业教育学校毕业生 0.8 万人，占比 86.96%；2023 年民办（本科）职业教育学校毕业生 12.67 万人，较上一年度增加 14 倍多。但是从民办高职（本科）院校规模与招生规模变化趋势看，其增速将逐步趋于平稳。

（四）民办技工院校学生数量缓慢增长

随着国家对技术技能人才需求的加大，作为劳动预备制培训、企业职工培训、农村转移就业劳动力培训和农村实用人才培训的重要基地，各地技工院校积极面向社会开展各类非学制的职业技能培训，民办技工院校学生（包括社会培训人次）数量不断增长。2022 年全国技工院校共招生 166 万人，毕业 120 万人，面向社会开展培训 616 万人次；年末全国共有就业训练中心 623 所，民办培训机构 31765 所，全年共组织补贴性职业技能培训 2228 万人次。其中，培训企业职工 1148 万人次，培训失业人员 90 万人次，培训毕业年度高校和中职毕业生 87 万人次。2023 年技工院校共招生 162.5 万人，应届毕业生 121.7 万人，毕业生就业率为 97%，面向社会开展培训 655.1 万人次，培养培训高技能人才 67.7 万人。年末全国共有就业训练中心 500 所，民办培训机构 31226 所。全年开展补贴性职业技能培训 1822 万人次，其中培训企业职工 804 万人次，培训农民工（包括在岗农民工和农村转移就业劳动者）643 万人次，培训失业人员 63 万人次，培训毕业年度的高校和中职毕业生 99 万人次。

三　民办职业教育教师发展现状

（一）民办中职学校教师数量增速放缓

民办中等职业学校教师队伍流动性大，教师队伍不稳定始终是制约学校发展的一个重要问题。2022~2023 年民办中职学校在校生数量变化趋势由增到减，一定程度上扭转了生师比水平不高的现状，但学校教师增长速度也开始下降，改善生师比条件仍面临重大挑战。一是民办中等职业学校专任教师增长速度减缓。2022 年民办中等职业教育专任教师为 11.83 万人，较上一年度增加 1.44 万人，增长率为 13.86%；2023 年民办中职学校专任教师增长到 13.23 万人，增长率为 11.83%，增长水平较 2022 年下降了 2.03 个百分点。二是尽管教师数量有所增加，但从生师比角度分析教师队伍结构，仍有较大的优化空间。在职业学校办学条件达标工程的推动下，2023 年民办中职学校生师比从 2022 年的 23.35∶1 发展到 2023 年的 20.14∶1，生师比水平有了较大幅度的提升，但与全国中职学校生师比提升水平（从 2022 年的 18.65∶1 提升到 2023 年的 18.19∶1）相比，民办中职学校教师队伍结构仍有较大的改善空间。

（二）民办高职（专科）院校教师数量持续增长

2022~2023 年民办高职（专科）院校教师数量持续增长，生师比水平大幅度提升。2022 年民办高职（专科）院校专任教师 13.65 万人，较上一年度增加 1.88 万人，增长了 15.97%。2023 年民办高职（专科）院校专任教师达到 15.29 万人，较上一年度增加 1.64 万人，增长了 12.01%。伴随着教师数量的增长，生师比水平也得到大幅改善，从 2022 年的 28.84∶1 提升到 20.75∶1。但是教师数量增长速度有减缓的趋势，2023 年教师数量增长率下降了 3.96 个百分点，结合在校生数量变化趋势看，其增长水平还有待提升。

民办高职（专科）院校整体专任教师数量不断增长，生师比水平不断改善，但是具体到院校，其生师比水平、专任教师高级职称占比等方面还有较大的改善空间。一是部分学校专任教师生师比水平仍不达标。根据教育部制定的《职业学校办学条件达标工程实施方案》，高等职业学校生师比要达到 18∶1 为合格，2023 年 374 所民办高职（专科）院校中，244 所学校生师比达到 18∶1 的合格标准，占 65.24%；124 所学校生师比在 18∶1~35∶1，占比 33.16%；6 所学校生师比在 35∶1 之上，占比 1.6%，教师配备严重不足。二是专任教师高级职称占比有待提升。《高等职业学校设置标准》明确提出副高级专业技术职务以上的专任教师人数不应低于本校专任教师总数的20%。2023年，52.94%（198所）的民办高职（专科）院校未达到合格标准，45.72%（171所）的民办高职（专科）院校高级职称教师占比在20%~40%，另外还有1.34%（5所）的民办高职（专科）院校高级职称教师占比为40%以上。

案例 8-1

浙江嘉兴南洋职业技术学院"四化"并进，打造职业教育教师创新团队

嘉兴南洋职业技术学院是浙江省人民政府于2002年批准设立，是浙江省"八八战略"引进上海"大院名校工程"的第一所大学。学校2023年入选第二批全省职业教育教师创新团队，现有专任教师450人，"双师型"教师占比2023年达到84.44%，教师队伍建设成绩突出。民办高职院校教师流动性较大，学校重点抓青年教师及兼职教师队伍建设，"四化"并进，打造职业教育教师创新团队。一是实施"青椒计划"。通过"入职培养助启航、结对导师齐护航、实践项目强续航、评价维度保引航、发展素质促远航"等五个项目，着力提高青年教师教育教学能力。二是实施"攀登计划"。组织骨干教师深入研究党和国家政策法规、理解职业教育改革目标、掌握职教理论，着力组织开展在线课程建设、教学能力提升、"新形态"教材、课堂革命案例、课程思政建设、岗课赛证一体化培养方案及专业升级与数字化改造等培训。三是实施"领雁计划"。学校内部实施教学成果培育等培养模式，开展名师、名匠、教学创新团队建设，出台了《嘉兴南洋职业技术学院教师教学创新团队建设与管理办法（试行）》等相关制度，并积极培育现有的10个校级教学创新团队。四是实施评价改革计划。深化教师评价改革，出台《嘉兴南洋职业技术学院教师专业技术职务评聘实施办法》等，从完善分类分层评价体系、深入开展综合评价、扩大代表性成果范围、建立职称"直通车"机制等四个方面创新评价机制，打破"五唯"陈规旧俗，创新人才晋升机制。完善各类人员考核机制，从履行岗位职责的工作量、工作绩效、人才培养质量以及学生满意度等维度列出考核要点，突出实践技能水平和专业教学能力。

——国家职业教育智慧教育平台官网

（三）民办高职（本科）院校教师数量逐年增长

随着民办高职（本科）院校学生数量跨越式增长，教师数量也在逐年增长。2022年民办高职（本科）院校专任教师1.81万人，较上一年度增加1668人，增长了10.15%；2023年民办高职（本科）院校专任教师增加到2万人，较上年增加1900人，增长了10.49%。另外，从专任教师生师比统计数据看，教师数量的增幅明显低于学生数量增幅，生师比水平也出现下滑的情况。2022年民办高职（本科）院校专任教师生师比水平呈下降的趋势，下降到10.04：1。教育部出台的《本科层次职业学校设置标准（试行）》规定学校"专任教师总数应满足生师比不高于18：1的标准"，2023年民办高职（本科）院校生师比水平下降到19.86：1，根据2023年各院校生师比数据分析（见表8-2），已经有7所院校生师比高于18：1，从整体上拉低了民办高职（本科）教育生师比水平。

表8-2 2023年全国民办高职（本科）院校教师队伍情况

单位：%

序号	学校名称	生师比/X：1	"双师型"教师占比	高级职称教师占比
1	泉州职业技术大学	16.85	51.08	31.63
2	南昌职业大学	16.3	34.72	30.86
3	江西软件职业技术大学	17.78	50	36.92
4	山东外国语职业技术大学	17.16	63.49	35.65
5	山东工程职业技术大学	17.89	52.51	35.55
6	山东外事职业大学	14.14	50.48	37.71
7	河南科技职业大学	18.39	37.2	34.69
8	广东工商职业技术大学	21.29	45.61	31.28
9	广州科技职业技术大学	14.69	68.12	30.94
10	广西城市职业大学	21.23	51.56	31.58

续表

序号	学校名称	生师比/X：1	"双师型"教师占比	高级职称教师占比
11	海南科技职业大学	17.82	54.69	31.24
12	重庆机电职业技术大学	18.65	56.58	33.81
13	成都艺术职业大学	17.72	52.92	30.21
14	西安信息职业大学	12.88	58.4	33.89
15	西安汽车职业大学	19.76	55.8	34.94
16	辽宁理工职业大学	18.31	41.65	41.06
17	运城职业技术大学	19.92	67.29	30.39
18	浙江广厦建设职业技术大学	16.32	68.51	37.92
19	新疆天山职业技术大学	17.69	52.4	33.71
20	上海中侨职业技术大学	16.41	58.38	29.78
21	景德镇艺术职业大学	17.49	13.93	18.85
22	湖南软件职业技术大学	17.8	58.63	31.81

资料来源：各民办高职（本科）院校发布的2023年高等职业教育质量报告。

根据2023年民办高职（本科）院校教师队伍建设情况分析，民办高职（本科）院校教师队伍还需要加大建设力度。一是专任教师高级职称占比与公办院校差距巨大。《本科层次职业学校设置标准（试行）》规定，具有高级专业技术职务的专任教师人数应不低于专任教师总数的30%。截至2023年，22所民办高职（本科）院校中有20所达到合格标准，但是与公办高职（本科）院校相比，在整体分布水平上还存在一定差距。11所公办高职（本科）院校达到合格标准，整体分布在32.48%~45.84%，而民办高职（本科）院校的这一指标整体分布在18.85%~41.06%，其中有2所未达到合格标准。二是"双师型"教师发展水平与公办院校存在较大的差距。《本科层次职业学校设置标准（试行）》规定，专任专业课教师中，具有三年以上企业工作经历，或近五年累计不低于6个月到企业或生产服务一线实践经历的"双师型"教师比例不低于50%。截至2023年，22所民办高职（本科）院校中有5所学校"双师型"教师占总体专任教师的比例在50%以下，占民办高职（本科）院校总数的22.73%；13所学校"双师型"教师占总体专任教师的比例在 50%~60%，占民办高职（本科）院校总数的 59.09%；4 所分布在 60%~70%，最高水平为浙江广厦建设职业技术大学，为 68.51%。反观公办高职（本科）院校情况，其"双师型"教师占比水平明显更高，11 所公办高职（本科）院校"双师型"教师占比均在 50%以上，均达到合格标准。其中，7 所分布在 50%~70%，另外 4 所比例在 70%以上，其中南京工业职业技术大学"双师型"专任教师占比高达 92.79%。

第二节　民办职业教育发展挑战

2022~2023 年民办职业教育发展变化显著，但是随着构建现代职业教育体系、新质生产力发展要求以及人口规模结构变化等外部环境因素的影响，民办职业教育发展面临严峻挑战。特别是在高质量项目建设、经费保障、转型建设等方面存在较大挑战。

一　办学质量普遍不高

从 2022 年职业教育"提质培优"改革攻坚年到 2023 年加快推进现代职业教育体系建设改革重点任务，构建高质量现代职业教育体系进入实质性阶段。职业教育高质量项目建设是牵引职业教育办学质量提升的重要举措，其遴选标准一定意义上也成为职业院校办学质量评估的重要内容，从 2023 年各类职业教育建设项目来看，民办职业教育办学质量普遍不高，能否高质量支撑职业教育体系建设仍面临重大挑战。

（一）高质量教师队伍建设质量偏低

民办职业院校在校园发展空间、基础设施配置、数字化资源建设等办学条件方面偏弱。办学条件偏弱限制了学校教育教学水平的提升和学生技术技能的培养，进而影响了学校的整体竞争力，其中最突出的问题是民办职业院校教师队伍质量普遍不高。2023 年教育部确定国家级职业教育教师教学创新团队 111 个，仅 2 所民办职业院校获得资格；入选高等职业学校名师（名匠）培养对象的 210 所目标院校中，仅有 2 所民办高职（本科）

院校和 2 所民办高职（专科）院校；入选中等职业学校名校长培养对象的 50 所目标院校中仅有 1 所民办中职学校；教育部公布的第三批国家级职业教育教师创新团队立项（培育）建设单位名单中仅有 1 所民办高职（专科）院校。

（二）民办职业院校建设水平整体偏弱

"双高""双优"建设计划中，民办职业院校入围数量不多。2022～2023 年教育部启动首批国家"双高"计划验收，稳步推进省级"双优""双高"建设，对推动职业院校高质量发展具有十分重要的意义。截至 2023 年底，教育部公布的 56 所高水平高职学校建设和 141 所高水平专业群建设的高职院校中，民办高职院校还没有 1 所具备"双高"计划建设资格。从各省（区、市）推进省域"双高""双优"计划情况来看，发展建设水平普遍弱于公办职业院校。例如，2022 年海南省建设的 15 所省级优秀中等职业学校和 40 个省级中职学校优质专业群中，仅有 3 所民办中职学校；湖南省 2022 年实施的楚怡高水平高职学校和专业群建设计划中，仅有 2 所民办高职（专科）院校入选，还是 C 档学校，60 所楚怡优质中职学校中仅有 4 所民办学校入选，52 个楚怡优质中职专业（群）中仅有 7 所民办学校入选[①]。

（三）产教融合校企合作水平提升困难

民办职业教育院校申报产教融合重点项目罕有入围。建设市域产教联合体是全面贯彻党的二十大精神、提升职业教育适应性和吸引力的重要举措，是深化产教融合、服务区域经济发展的重要途径。在 2023 年教育部公布的第一批 28 个市域产教联合体名单中仅有泉州职业技术大学 1 所民办高职（本科）院校入选。2022 年度全国职业教育示范性虚拟仿真实训基地典型案例项目名单中共有 68 个项目入选，其中民办职业院校参与数为 0，既无申报资格，也难以达到申报条件。

---

① 根据湖南省、海南省教育厅官网公布的"双高""双优"建设计划数据分析。

二　办学经费保障不足

无论是满足规模化发展需求还是服务高质量现代职业教育体系建设，都需要民办职业教育在办学经费投入方面给予全面保障。但当前民办职业教育以非营利性办学为主，相应的办学成本分担机制及管理制度尚不健全，极大地影响了民办职业教育办学经费的投入结构和投入力度，导致其发展面临较大的挑战。

（一）国家财政经费投入比例较低

根据《2023 年全国教育经费执行情况统计快报》和《中国教育经费统计年鉴 2023》数据，2022 年民办中等职业教育政府财政性投入[①]达 60.02 亿元，占全国中等职业教育政府财政性投入的 2.43%。截至 2023 年，民办高等职业院校数占全国高等职业院校数的 25.06%，民办高等职业院校在校生数占全国高等职业院校在校生数的 24.47%，但是民办高等职业教育［包含高职（专科）及高职（本科）院校］政府财政性投入达 78.8 亿元，仅占全国高等职业教育政府财政性投入的 3.47%，学校财政经费投入比例与办学规模完全不匹配。

此外，其他政府资助性项目也难以覆盖到民办职业院校。职业教育发展专项基金主要对发展基础较好的职业院校进行扶持，扶强扶优不扶弱。由于民办职业院校办学质量普遍低于公办职业院校，很难获得项目经费资助。例如，2023 年财政部、教育部等部门发布《关于下达 2023 年现代职业教育质量提升计划资金预算的通知》，提出了相关资金使用要求及区域绩效考核目标。各地为提高经费使用效率，直接拨付或者指定竞争性项目，比如针对"双高"计划建设单位，中央财政继续分类分档予以奖补支持，但由于民办职业院校办学条件普遍偏弱，缺乏竞争优势，没有 1 所达到"双高"建设水平，所以很难享受到政策红利。

[①]　主要包括一般公共预算安排的教育经费、政府性基金安排的教育经费和其他属于国家财政性经费 3 项，下同。

（二）举办者追加办学经费投入不足

民办职业教育的举办者投资办学理念还停留在追求规模化发展，以维持学费收入与办学条件之间的动态平衡，无暇顾及办学质量提升。根据《中国教育经费统计年鉴2023》数据，2022年民办中等职业教育全年教育经费投入226.83亿元，其中财政性经费投入占26.46%，举办者投入占6.48%，社会捐赠占0.13%，事业性收入（含学费及社会培训等）占64.42%，其他收入占2.5%。2022年民办高等职业教育全年经费投入共429.1亿元，其中财政性经费投入占18.36%，举办者投入占2.1%，社会捐赠占0.15%，事业性收入（含学费及社会培训等）占75.9%，其他收入占3.5%。上述教育经费投入结构显示，举办者投入占比在整个民办职业教育经费投入来源中排名靠后，民办职业教育院校办学主要依靠学费及社会培训办学积累等事业性经费。举办者办学积极性不高，"以学养学"的惯性办学思维背离了国家鼓励社会资本举办职业教育的政策初衷，难以满足学校高质量发展的需求。

三 民办职业教育建设转型困难

构建现代职业教育体系的根本目的是适应地方经济社会发展需要，满足人民群众多样化职业教育需求，形成中职、专科、本科、研究生各层级职业教育的纵向衔接。民办职业教育不仅受到国家政策宏观调控的影响，还受到市场经济发展规律的影响，目前在规模、质量与结构上优化不足，难以跟上现代职业教育体系建设的步伐。

（一）民办中等职业学校发展前景不明朗

中等职业教育正在转向"就业与升学并重"，但是"就业与升学并重"下的中等职业教育人才培养方案、课程方案、教学体系、职教高考制度等还处在完善时期，民办中等职业学校发展前景依然不明朗。长期以来民办职业教育内部遭遇生源危机，外部面临社会信任不足的问题，新时期面临人口"双化"（老龄化、少子化）和办学方向不明等问题，更增加了民办中职学校的办学难度。尽管民办中等职业学校在全国中等职业学校逐年减少的趋势下逆势增长，但也开始出现办学规模扩张趋缓的现象。根据2022~2023年教育事业统计数据分析，民办中等职业学校数量的增长率从 2022 年的 4.8% 降低到 2023 年的 2.65%；学校在校生校均规模也从 2022 年的 1333 人减少到 2023 年的 1252 人。

（二）民办高职（专科）院校办学能力不足

2022 年中共中央办公厅、国务院办公厅印发《关于加强新时代高技能人才队伍建设的意见》，明确提出"到'十四五'时期末，技能人才占就业人员的比例达到 30% 以上，高技能人才占技能人才的比例达到 1/3，东部省份高技能人才占技能人才的比例达到 35%"，对高技术技能人才提出了更高的要求。尽管 2022～2023 年民办高职（专科）院校新增加 24 所，但各地多所民办高职（专科）院校已经撤销或者停止招生[1]，实际上民办高职（专科）教育办学规模大打折扣；在招生规模方面，2023 年民办高职（专科）院校招生人数同比下降 19.43%，民办高职（专科）院校服务区域经济社会发展的办学能力严重不足，人才供给跟不上区域经济社会发展步伐。

（三）民办高职（本科）教育规模与结构亟待优化

2021 年 10 月，中共中央办公厅、国务院办公厅印发《关于推动现代职业教育高质量发展的意见》，提出到 2025 年，职业本科教育招生规模不低于高等职业教育招生规模的 10%，稳步发展职业本科教育，高标准建设职业本科学校和专业。2023 年职教本科招生 8.99 万人，占高等职业教育招生总数的 1.59%，离实现 2025 年的职教本科教育招生目标还有较大的差距。民办高职（本科）职业院校作为职业本科教育的重要组成部分，发展任务很重[2]。当前，职业本科教育办学在我国仍处于探索发展时期，民办高职（本科）教育在规模和结构上面临重大挑战，还有很大的提升空间。

---

[1]　根据教育部发布的教育事业统计数据分析。
[2]　根据 2023 年高等职业院校教育质量年度报告中在校生规模数据分析。

第三节　民办职业教育发展展望

为进一步激发社会力量举办职业教育的热情和活力，发挥民办职业教育在促进整个事业发展和社会进步方面的积极作用。我们认为，应当转变办学观念，提高办学质量，推动民办职业教育高水平办学；增加办学投入，优化结构，完善成本分担机制；调整办学结构，优化布局，服务现代职业教育体系建设。

一　转变办学观念，提高质量，推动民办职业教育高水平办学

加快构建高质量教育体系是支撑服务新发展格局的迫切需要，民办职业教育作为整个高质量职业教育体系建设的重要组成部分，先天发展基础薄弱、发展后劲不足，要实现高质量发展，其任务更加艰巨，需要从思想到实践、从政府到社会全面支持推动。

（一）加大政策支持力度，营造良好的政策环境

党的二十大报告提出引导规范民办教育发展，推进民办职业教育高质量发展离不开政策的扶持与引导。一是加强对民办职业教育基础办学条件改善的督查与指导。政府部门要严格按照职业教育达标工程实施方案，督促与指导职业院校改善办学条件，通过招生政策杠杆引导民办职业院校处理好生源规模与生均办学条件改善间的关系，引导其良性发展。在尊重举办者意愿的前提下，引导办学基础薄弱且改善难度较大的民办职业院校撤、停、并、转，实现办学资源的有效整合。二是加大政策扶持力度。在推进省域"双高""双优"计划、市域产教联合体、产教融合共同体、"五金"建设等高质量发展项目上，在设立竞争性条件的同时，给予民办职业教育院校倾斜性扶持政策，同时建立针对扶持项目的绩效目标考核制度，激发学校提升办学质量的积极性，从外部打破民办职业教育先天发展基础薄弱、后天发展后劲不足的局面，避免其始终游离在高质量发展体系之外。

（二）科学处理规模扩张与质量本位的发展关系

构建高质量教育体系是服务国家战略和满足人民群众对美好教育新期待的必然要求，民办职业教育处在质量提升与规模发展的交替时期，要妥善处理两者的关系。一是妥善处理规模扩展与生均条件改善的关系。积极争取举办方投入和其他事业性收入，而不是过度依赖学生缴纳的学费，引导举办者彻底跳出"依靠学位扩张增加办学收入→生均办学条件不足→继续扩大生源规模弥补办学投入→生均办学条件持续'欠债'"的发展怪圈，有效整合办学资源，加强职业学校基础设施建设，优化职业学校师资队伍建设，改善职业学校教学条件，夯实办学基础。二是以"双高""双优"建设发展标准为指引，着力提升内涵发展水平。对标现代职业教育体系建设改革 11 项重点任务，制定可持续发展规划，提升产教融合校企合作水平，强化"五金"建设推进专业教学改革，加强数字化职业教育转型发展，注重特色发展，注重办学效益。

案例 8-2

石家庄财经职业学院：实施"四加强"推进数字化教学资源建设

石家庄财经职业学院始建于 1999 年，是河北省省域"双高"建设单位、全国职业教育信息化标杆学校建设单位，入选教育部"职业院校数字校园建设试点单位""职业教育信息化标杆学校"项目建设单位。学校职业教育数字化建设形成了整校发展经验。一是加强数字化教学环境建设。学校立项教育部信息化标杆学校，实现了校园 5G 网络全覆盖，加强数字化教育硬件设备，为数字化教学资源建设打牢基础。二是加强数字教学资源制度保障。出台《石家庄财经职业学院专业（群）教学资源库建设项目管理办法》《石家庄财经职业学院精品在线课管理办法》，保障资源建设条件。三是加强数字教学资源共建共享。探索多主体参与、多渠道供给、多形式应用的数字化教学资源共建共享。四是加强教师数字化素养培训。每年采取集中、分散方式组织教师培训，提高教师信息意识，提高教师运用数字化教学资源和工具的水平，促进教育信息化落地课堂教学。学校通过"四加强"全方位推进数字教学资源建设与应用，积极探索职业教育数字化转型发展，以数字化全面赋能教育，促进数字模式与课堂教学深度融合，提升课堂质量，实现课堂教学变革，构建起了未来课堂教育的新生态。

——河北石家庄财经职业学院官网

二 加大办学投入力度，优化结构，完善办学成本分担机制

民办职业教育过度依赖学费收入，其他办学经费筹措渠道并未发挥有效作用，需要政府完善以非营利性办学为主体的教育经费成本分担机制，引导民办职业教育学校优化办学经费投入结构，增加办学投入，保障民办职业教育高质量发展。

（一）完善政策制度和财政投入机制

民办职业教育虽是社会力量办学，但也离不开政府的支持，主要包括财政性扶持政策和财政经费的保障。一是完善非营利性监管扶持政策。落实非营利性民办职业学校在土地、税费、金融等方面的优惠政策；明确举办者投入的资产属性及举办者权益，确定年度教育经费的举办方投入比例，并纳入民办教育年检指标体系，作为政府财政性补助金额的参考依据，确保举办方切实履行投资义务。二是加强对民办职业教育"混合所有制办学""股份制办学"概念、原则性规定、操作细则和规范要求等内容进行立法研究，细化相关政策规定，形成规范化、系统化的法规政策支撑体系，将"支持职业院校进行股份制、混合所有制改革"落到实处。三是加强政府资助与奖励。建议地方政府设立民办职业教育发展专项资金，进一步与符合条件、有完整改革方案和改革目标成绩的民办职业学校签订扶持协议，在基础设施建设、教学设备更新、师资队伍建设、高质量发展项目等方面提供资金支持和奖励。例如，2023年广东省建立民办（职业教育）发展专项资金，助力高质量发展。

案例 8-3

广东：建立民办（职业教育）发展专项基金，助力高质量发展

近年来，广东推进民办高校品牌学科、特色专业、精品课程建设，不断提升人才培养质量和科技应用创新水平。根据《广东省省级财政专项资金管理办法（修订）》（粤府〔2023〕34 号）文件精神，结合广东省民办教育实际，2024 年安排省级教育发展专项资金（民办教育发展方向）9600 万元，除 60 万元的工作经费外，其余 9540 万元全部用于支持民办高等教育发展，8 所民办高职（含职业本科）院校共获得 4740 万元支持。政府专项资金主要用于民办学校开展学科建设、专业建设、课程建设、人才队伍建设、实验室建设等方面。在广东省政府专项资金的大力支持下，民办职业院校在各方面都取得了长足进步。例如广东文理职业学院高度重视教研与科研工作，设置有"粤西区域经济发展研究中心""岭南文化研究中心""廉江市电子电器研发中心""广东文理发展研究中心""茗龙茶学研究所""岭南廉江红橙研究所""建筑设计研究院""广东省博士工作站"等，并制定相关政策，对教师取得的教研、科研项目及成果给予经费支持与奖励。

——作者根据网络公开资料整理

（二）建立多元教育经费投入机制

民办职业教育单一化的办学经费难以支撑民办职业院校高质量发展的需要，学校各项发展事业离不开经费的保障，需要拓宽办学经费的来源渠道。一是引导举办方转变投资办学理念。举办者要积极转变"以学养学"的投资办学理念，要切实加大投入力度，实行项目化投资，并建立项目投入目标绩效考核制度，切实看到投资效益，逐步提升办学特色，增强社会吸引力，从而实现投资与办学双收益。二是拓宽事业性收入的教育经费筹措渠道。基于劳动者就业产业结构变化，提供新兴行业技术及技能人才培训、"为老"技术技能人才培训，广泛开展社会性职业培训和乡村振兴人才培训；积极开展应用技术研究，提供技术服务，通过技术转让和服务合同获取收入。充分发挥民办教育的灵活办学机制，通过以上社会服务渠道，在增强社会服务效益的同时获得教育经费收入，用于改善办学条件和提升办学质量。三是增加校企合作收入。民办职业院校可以通过校内企业孵化，探索混合所有制、股份合作制的方式与产业园、科技园及乡镇的乡村振兴企业合作，在提升产教融合水平的同时为学校增加教育经费收入。

三 调整办学结构，优化布局，服务现代职业教育体系建设

民办职业教育应积极优化调整办学结构，不断增强高技能人才培养的适应性，形成与产业布局适应、与地方政策协同、与社会区域结构匹配、与人的全面发展同向的现代职业教育体系与布局。

（一）推进民办中等职业教育实现集约化发展

各地教育行政审批部门应该严格论证，切实根据区域中等职业教育学位供给、普职比结构和就业岗位等审批新的民办中职学校；进一步引导区域民办中职学校调整与优化办学结构，健全退出机制，对于办学条件长期不达标、校均规模小、办学质量不高的学校通过撤停并转实现区域中等职业教育资源整合与集约化发展，例如广西壮族自治区采取投资扩建或者合并、合作、托管、集团化办学等方式引导民办中职学校完成达标任务，并明确2025年底仍不达标的学校，将压缩招生计划、招生专业直至暂停招生资格。进一步稳定办学规模，从教育集团化发展的角度对所举办的中等职业学校进行规模控制，集中投入存量学校，逐步从外部规模调控转向内部结构调整，关注产业链、人才链与专业链的结构优化问题，服务中等职业教育现代化体系构建。

案例 8-4

广西：调整民办中职教育发展方向

为巩固中等职业教育在现代职业教育体系中的基础地位，提高中等职业教育巩固率和中等职业学校办学吸引力，2022年广西壮族自治区教育厅提出《关于实施巩固中等职业教育基础地位专项行动（2022~2025年）》，对优化公、民办中等职业教育结构和质量提升做出政策部署。调整办学格局，

推进中等职业学校办学条件达标建设，引导民办中职学校从本校实际情况出发，采取投资扩建或者合并、合作、托管、集团化办学等方式完成达标任务。全面拓展办学经费投资渠道。市级教育行政部门加强统筹规划，落实好生均拨款制度；发挥行业企业作用，多渠道筹措资金保证基本办学条件。多措并举应对生源危机。合理组建专业群，灵活适应市场需求，推进普职融通，鼓励有条件的中等职业学校接收初中学生并就读中等职业学校；发挥中等职业教育在促进继续教育、老年教育、社区教育中的作用，使中等职业学校成为集学历教育、职业培训、社区教育以及技术服务等于一体的多功能教育服务中心，缓解学历教育生源危机。

——作者根据网络公开资料整理

（二）加强民办高职（专科）教育内部质量建设

现代职业教育体系建设包括外部规模结构与内部质量结构建设，当前民办高职（专科）院校的主要问题仍然是办学质量问题。各地政府应完善分类管理扶持政策，引导其非营利性办学，民办职业教育在管理体制上比公办职业教育涉及的职能部门更多，要建好用好民办职业教育联席会议制度，明晰发改、财政、民政、人社、税务、市监、国土等部门及行业组织的职责，落实公、民办职业教育同等发展地位的相关权益。民办高职（专科）院校要积极争取高质量发展项目申报，引领学校在办学条件、产教融合、专业建设、人才培养、"双师型"教师队伍建设、社会服务能力、行业影响力等方面全面改革，尤其是育人水平，要通过加强专业、课程与教材建设，深化人才培养模式改革和创新创业教育改革，推进实践教学体系与教学质量评价制度改革。

（三）加快民办高职（本科）教育扩规提质步伐

当前本科层次职业教育形成的主要途径是原有高职（专科）院校（组合）升格，由于民办高职（专科）办学质量普遍低于公办院校，民办高职（本科）院校要进一步夯实办学基础，逐步进入省域"双高"建设序列，进一步冲刺国家级"双高"建设学校。根据新版专业目录进行专业升级和数字化改造，使专业特色更加明显，逐步转向以本科专业招生为主，进一步提升专业设置水平，夯实师资基础，提高输送高学历技术技能人才的比例。积极探索本科层次职业教育发展模式。科学论证人才培养目标、体系类型与层次特色；高层次推进"双师型"教师队伍建设，夯实办学软实力；推动职业教育数字赋能本科专业并进行数字化改造，加强数字资源建设、数字课程与教学改造，强化数字化治理；紧紧围绕新质生产力发展要求，构建跨学科的专业群。

案例 8-5

新疆天山职业技术大学：积极探索职业本科人才培养体系

新疆天山职业技术大学是"职业教育本科试点"学校，是一所非营利、公益性民办高等职业院校，享有"新时代天山工匠摇篮"的美誉。作为本科层次职业教育试点学校，新疆天山职业技术大学围绕地方区域，高水平建设本科专业，紧密围绕自治区高端产业、产业高端开办专业，反复调研论证，现设置 18 个职业本科专业，全部编制了具有示范指导性的人才培养方案，2023 年校内立项 14 门本科校级在线开放课程。在构建职业本科专业人才培养体系的过程中，以课程为抓手，与行业企业联合，在人才培养目标、培养方案、培养路径等方面进行模式创新，培养满足高技术技能工程产业发展需求的高层次技术技能人才。在课程建设中，遵循"技术牵引，产品载体，理实融通，能力本位"方针，将理论与实训相结合，培养学生的核心竞争能力。通过与头部企业共建校内外实训基地，将实际案例引入课堂，使学生掌握数据采集、数据预处理、数据标注、模型训练、模型评估、模型部署等全链式的工程技术。

——《新疆天山职业技术大学高等职业教育质量年度报告（2023）》

（四）提高产业结构变化的敏感度，灵活应对市场需求

全面提升学校办学质量，增强学校办学吸引力，提升就业质量与就业率，从根本上解决技术技能人才需求与生源供需矛盾问题，化解由于职业教育生源招考与就业结构化失衡造成的生源不足问题。民办职业院校要进一步适应数字经济、未来产业、新兴产业技术技能人才需求，满足县域生态经

济、乡村振兴等广阔空间下产业发展需求，应对未来我国老龄化少子化人口结构，加强专业建设论证，提早储备师资，筹备办学基础，加强专业建设调整。基于服务新质生产力发展需求，加紧专业改造升级，整体上提早谋划。社会培训也是国家提出的重要教育职能，民办职业教育可以进一步提高社会培训比例，拓展新的发展空间。

第九章　农村职业教育发展报告

农村职业教育作为我国各级各类教育中与"三农"发展联系最直接、最密切的教育形式，不仅是我国职业教育体系的重要组成部分，也是职业教育发展的重点和难点。根据国家统计局发布的《中华人民共和国 2023 年国民经济和社会发展统计公报》数据显示，2023 年末全国总人口 140967 万人，其中乡村人口总数为 47700 万人，占总人口的 33.8%。大量的乡村人口决定了我国农村职业教育的重要性。目前，关于"农村职业教育"的概念在学术界仍然没有达成统一。本章所称的农村职业教育是指"面向农村、服务三农"的职业教育，包括办在农村的职业教育、农业职业教育和为农村建设培养人才的职业技能培训。农村职业教育是一个以农村高等职业教育为引领、农村中等职业教育为主体、农村职业技能培训为补充的体系范畴，具有一定的层次性、系统性、开放性和完整性，与农业科研、推广和开发体系相辅相成。

第一节　农村职业教育发展现状

农村职业教育承担着为我国农业和农村现代化发展培养高素质农民和技能型人才的任务。如何打破农村职业教育发展的现实瓶颈，开发农村人力资源迫在眉睫，因此，通过对农村职业教育发展现状的剖析，提出农村职业教育高质量发展的可行路径，对于全面推进乡村振兴战略及建设农业强国和教育强国具有重大意义。

一　农村中等职业教育发展现状

我国农村职业教育主要集中在农村中等职业教育层次。农村中等职业教育主要是指在县级及县级以下区域举办的职业教育，以"三农"为服务对象，着力培养农村实用型技能人才。我国农村中等职业教育对服务"三农"发展、提高农村人口整体素质、实现共同富裕和赋能乡村振兴等作出了积极贡献，但与实现乡村振兴及建设农业强国和教育强国目标还存在一定差距。

根据教育部职业教育与成人教育司提供的数据，2022~2023年，农村中等职业教育人才培养规模小幅扩张。中等职业学校农林牧渔大类专业年招生数基本稳定在40万人左右。2022年中等职业学校农林牧渔大类专业年招生数为401788人；到了2023年，招生人数小幅增加，较上年度增长了1.32%，达到407107人。2022年中等职业学校农林牧渔大类专业年在校生数为370347人；随着招生人数的小幅提升，2023年在校生数量也小幅增加，较上年度增长了7.09%，达到396592人。农村中等职业教育涉农专业事关"三农"发展所需基础专业技术人才的有效供给。中等职业学校农林牧渔大类专业2022年毕业生数为183934人；2023年毕业生数量小幅增加，较上年度增长了5.86%，达到194721人。

根据教育部职业教育与成人教育司提供的数据，2022~2023年，农村中等职业教育师资队伍数量减少。中等职业学校农林牧渔大类专业师资力量整体不足。2021年为21613人，较上年增加5226人，增长了31.90%，2022年底，中等职业学校农林牧渔大类专任教师为18594人，较上年减少了3019人，下降了13.97%。

二　农村高等职业教育发展现状

农村高等职业教育是发展农村职业教育的重要引领，承担着为"三农"事业发展、城乡融合和乡村振兴培养大批掌握现代农业生产技术、具有现代农业经营管理能力的高素质技术技能人才的重任。农村高等职业教育在促进城乡融合发展，推进实现中国式农业农村现代化进程中，具有极其重要的地位。

根据教育部职业教育与成人教育司提供的数据，高等职业学校（专科）农林牧渔大类专业年招生数呈现递增趋势。2022 年高等职业学校（专科）农林牧渔大类专业年招生数为 120678 人；2023 年高等职业学校（专科）农林牧渔大类专业年招生数为 135592 人，较上年增长了 12.36%。

与高等职业学校（专科）农林牧渔大类招生人数相对应的在校生数量也随之增加。2022 年高等职业学校（专科）农林牧渔大类专业在校生数为 313450 人；2023 年高等职业学校（专科）农林牧渔大类专业在校生数为 329368 人，较上年增加了 15918 人，增长了 5.08%。

2022~2023 年，随着国家稳步开展本科层次职业教育，本科层次职业学校数量增加，农村高等职业教育本科人才培养规模稳步扩张。参照教育部发布的《职业教育专业目录（2021 年）》，这两年教育部职业教育专业目录中的农林牧渔大类本科专业没有发生变化。2022~2023 年高等职业教育本科农林牧渔大类仍然是下设 13 个涉农专业（见表 9-1）。现有农林牧渔大类本科专业在校生 1245 人（2021 年招生 130 人，2022 年招生 365 人，2023 年招生 750 人），因职业本科学校农林牧渔大类本科专业从 2021 年 9 月开始招生，目前尚无四年制本科毕业生。

表 9-1　2022~2023 年农林牧渔大类高等职业教育本科专业

序号	类型	专业代码	专业名称
1	2101 农业类 （5 个专业）	210101	现代种业技术
2		210102	作物生产与品质改良
3		210103	智慧农业技术
4		210104	设施园艺
5		210105	现代农业经营与管理
6	2102 林业类 （3 个专业）	210201	智慧林业技术
7		210202	园林工程
8		210203	木业产品智能制造

序号	类型	专业代码	专业名称
9	2103 畜牧业类 （4 个专业）	210301	动物医学
10		210302	动物药学
11		210303	宠物医疗
12		210304	现代畜牧
13	2104 渔业类 （1 个专业）	210401	现代水产养殖技术

资料来源：根据教育部《职业教育专业目录（2021 年）》内容整理。

2022~2023 年，由于 2019~2021 年国家实施高职大规模扩招 100 万人政策，高等职业学校（专科）农林牧渔大类专业毕业生人数呈现明显的上升趋势。农林牧渔大类专业毕业生由 2022 年的 87399 人，增加到 2023 年的 99577 万人，两年间高等职业学校（专科）农林牧渔大类毕业生增加了 12178 人，增长了 13.93%。[①]

我国已建成世界上较大规模的高等教育体系，高等教育进入普及化发展阶段后接受高等教育的途径增多，接受农村成人专科农林牧渔大类教育的人数相对稳定。2017~2022 年，在校生数量一直稳定在 4.6 万人左右，2017年最多，为 4.9 万人，2021 年则最少，为 4.48 万人。2022 年，成人专科农林牧渔大类毕业生数为 17885 人，招生数为 25548 人，在校生数为 51518人[②]（见图 9-1）。

三　农村职业培训发展现状

农村职业培训是农村职业教育的重要形式和载体。农村职业培训可以充分挖掘乡村人才潜能，促使乡村人才的职业素养和专业能力得到持续提升，从而为实现乡村振兴贡献力量。农村职业培训作为现代职业教育体系的重要

[①] 教育部职业教育与成人教育司提供数据。

[②] 数据来源于《成人专科分专业大类学生数》，中华人民共和国教育部门户网站，http://www.moe.gov.cn/jyb_sjzl/moe_560/2022/quanguo/202401/t20240110_1099492.html。

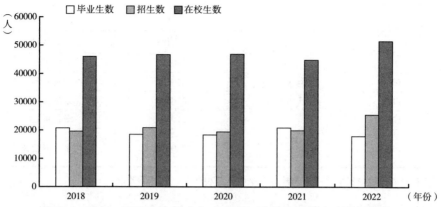

图9-1　2018~2022年全国成人（专科）院校农林牧渔大类招生数、毕业生数和在校生数

资料来源：教育部2018~2022年教育统计数据。

内容，主要包括高素质农民培训和农村劳动力技能培训两大方面。

（一）制度建设取得重大进展

为发展壮大一批有文化、懂技术、善经营、会管理的乡村振兴人才队伍，推动乡村全面振兴不断取得新实效，国家各部委在2022年和2023年相继出台了多份支持农村职业培训的政策文件（见表9-2）。

表9-2　2022~2023年国家出台支持农村职业培训的部分政策文件

序号	发文时间	发文部委	政策文件名称	涉及农村职业培训内容
1	2022年1月	中共中央、国务院	《关于做好2022年全面推进乡村振兴重点工作的意见》	大力开展适合农民工就业的技能培训和新职业新业态培训。加强农民数字素养与技能培训。全面开展农村基层干部乡村振兴主题培训。优化学科专业结构，支持办好涉农高等学校和职业教育。培养乡村规划、设计、建设、管理专业人才和乡土人才
2	2022年3月	农业农村部办公厅	《关于做好2022年高素质农民培育工作的通知》	坚持"需求导向、产业主线、分层实施、全程培育"，聚焦全产业链技能水平提高，以培育质量效果提升为关键，以选育用一体化培育为路径，培训与教育并举，引进培育与就地培养并重，加快培养农业农村现代化亟需的高素质农民

续表

序号	发文时间	发文部委	政策文件名称	涉及农村职业培训内容
3	2022 年 4 月	农业农村部办公厅	《关于实施"耕耘者"振兴计划的通知》	以服务乡村振兴为目标,以乡村治理骨干和新型农业经营主体带头人为重点,突出需求导向、实践转化、长期扶持,培养一批与乡村治理现代化相协调,与现代乡村产业需求相适应,能够引领一方、带动一片的乡村治理骨干和新型农业经营主体带头人队伍
4	2022 年 5 月	农业农村部办公厅、中国科协办公厅	《关于开展 2022 年科普服务高素质农民培育行动的通知》	坚持协同融合、创新发展、因地制宜,以提升高素质农民科技文化素质为出发点和落脚点,建立健全科普服务高素质农民培育工作机制,强化科普资源和活动供给支撑,用好科普公共服务平台和基础设施,提升高素质农民科学精神、科学思想和科学方法,有力推动农民全面发展,为加快农业农村现代化提供有力支撑
5	2022 年 6 月	共青团中央办公厅、农业农村部办公厅	《关于开展 2022 年度高素质青年农民培育工作的通知》	重点聚焦乡村振兴人才需求,支持有条件、有需求的省份开展高素质青年农民培育工作。参与省份根据实际需求,举办 3~5 期各层级高素质青年农民专题示范班,每期培育 50~100 人,先行示范、稳步推开。鼓励支持 160 个国家乡村振兴重点帮扶县因地制宜举办适度规模的高素质青年农民专题班。要重点围绕致富带头人、家庭农场经营者、农村合作社带头人等乡村青年,返乡创业大学生,脱贫不稳定户、边缘易致贫户、突发严重困难户"三类户"中的青年等群体开展培训
6	2022 年 10 月	中共中央办公厅、国务院办公厅	《关于加强新时代高技能人才队伍建设的意见》	要实施国家乡村振兴重点帮扶地区职业技能提升工程,加大东西部协作和对口帮扶力度。健全公共职业技能培训体系,实施职业技能培训共建共享行动,开展县域职业技能培训共建共享试点。加快探索"互联网+职业技能培训",构建线上线下相结合的培训模式。依托"金保工程",加快推进职业技能培训实名制管理工作,建立以社会保障卡为载体的劳动者终身职业技能培训电子档案

续表

序号	发文时间	发文部委	政策文件名称	涉及农村职业培训内容
7	2022 年 11 月	国家乡村振兴局等 8 部门	《关于推进乡村工匠培育工作的指导意见》	"十四五"期间，乡村工匠培育、支持、评价、管理体系基本形成，乡村振兴部门统筹、多部门协同推进的乡村工匠培育工作机制有效运行。挖掘一批传统工艺和乡村手工业者，认定若干技艺精湛的乡村工匠，遴选千名乡村工匠名师、百名乡村工匠大师，培育一支服务乡村振兴的乡村工匠队伍。设立一批乡村工匠工作站、名师工作室、大师传习所，扶持乡村工匠领办创办特色企业，打造乡村工匠品牌
8	2023 年 1 月	中共中央、国务院	《关于做好 2023 年全面推进乡村振兴重点工作的意见》	促进农民工职业技能提升。加强返乡入乡创业园、农村创业孵化实训基地等建设。实施农村妇女素质提升计划。实施乡村振兴人才支持计划，组织引导教育、卫生、科技、文化、社会工作、精神文明建设等领域人才到基层一线服务，支持培养本土急需紧缺人才。实施高素质农民培育计划，开展农村创业带头人培育行动，提高培训实效。大力发展面向乡村振兴的职业教育，深化产教融合和校企合作
9	2023 年 5 月	农业农村部办公厅	《关于做好 2023 年高素质农民培育工作的通知》	紧密围绕全面支撑粮食和重要农产品稳定安全供给，全面支持农民素质素养提升，推进高素质农民培育工作，全年围绕粮油稳产保供任务开设的班次和培育人数，粮食主产区不低于 80%，主销区不低于 40%，产销平衡区不低于 60%
10	2023 年 7 月	农业农村部（国家乡村振兴局）、教育部等 6 部门	《乡村工匠"双百双千"培育工程实施方案》	自 2023 年起，启动实施乡村工匠"双百双千"培育工程，力争到 2025 年底在全国认定百名乡村工匠大师、设立百个大师传习所，认定千名乡村工匠名师、设立千个名师工作室，弘扬传统技艺所蕴含的文化精髓和价值，活态传承发展优秀传统乡土文化，顺应乡土人才成长规律，激发乡村工匠内生动力，扶持乡村工匠领办创办特色企业，打造乡村工匠品牌

续表

序号	发文时间	发文部委	政策文件名称	涉及农村职业培训内容
11	2023 年 12 月	人力资源和社会保障部	《关于加强农民工职业技能培训工作的意见》	深入实施人才强国战略和就业优先战略,健全终身职业技能培训制度,面向广大农民工群体开展大规模、广覆盖、多形式的职业技能培训,促进农民工技能提升和就业创业

（二）高素质农民培训稳步推进

在中央财政的支持下，我国大力实施高素质农民培育计划，出台各具特色的支持政策，创新培育模式和路径，培养了一批有文化、懂技术、善经营、会管理的高素质农民。农业农村部、财政部实施的高素质农民培育计划已覆盖全国农业县（市、区），为乡村振兴提供了重要的人才支撑。2014 年起，农业农村部启动实施新型职业农民培育工程，2020 年转为高素质农民培育计划，截至 2022 年，中央财政累计投入 182.9 亿元，培训高素质农民近 800 万人次[1]。

农业农村部统计数据显示，2022 年，全国共有 36 所农业类高校、167 所农业职业院校承担高素质农民培育工作任务，共有 196 家农民合作社、139 家农业企业、1142 所其他民办机构参与高素质农民培育工作。采取省、市、县分层落实、专项行动分类组织、课程体系分模块设计的方法实施高素质农民培育任务。针对培育对象需求和学习层次，省、市、县级分别组织本级培训。2023 年，全国职业学校面向农民开展培训 324.18 万人次。2023 年，省、市、县各级组织开展高素质农民培育的人数分别达到 4.1 万人次、7.5 万人次和 71.4 万人次[2]。

---

[1] 《关于政协第十四届全国委员会第一次会议第 00808 号（农业水利 072 号）提案的答复摘要》，农业农村部网站，2023 年 8 月 28 日，https：//www.moa.gov.cn/govpublic/FZJHS/202308/t20230828_6435119.htm。

[2] 《对十四届全国人大二次会议第 7049 号建议的答复》，农业农村部网站，2024 年 8 月 2 日，http：//www.moa.gov.cn/govpublic/ncshsycjs/202408/t20240802_6460223.htm。

农业农村部统计数据显示，2023 年，全国共有 45 所农业类高校、158 所农业职业院校、859 所农业广播电视学校、60 所农业科研机构、526 所农技推广服务机构、81 所农机化学校、142 家农业企业、180 家农民合作社、1204 所民办机构等参与高素质农民培育工作。各地培训机构利用农民合作社、家庭农场、农业社会化服务组织、农业企业和农村集体经济组织等资源普遍开设综合素养类、专业技能类、能力拓展类高素质农民培育课程，模块化组织教育培训内容。在高素质农民培训课程体系中强化实习实训学时比例，专业生产型、技能服务型高素质农民培育中实习实训的学时数不低于总学时数的 2/3。2023 年，开展实训的培训班有 12333 个，占班级总数的 82.98%[①]。

案例 9-1

嘉兴职业技术学院：培养干得好的"技术型"新农人

嘉兴职业技术学院依托嘉兴农民学院（嘉兴乡村振兴学院），联合产业学院，共同组建嘉兴市新农人培养联盟，建立"政校行企"四方协同的新农人培养联席会议制度，政府出台政策、行业制定标准、学校组织实施、涉农企业参与培养，形成多元主体全员、全过程、全方位的育人合力。联盟精选国家现代农业科技示范区（嘉兴）、农业经济开发区（平湖）、首批全国乡村旅游重点村（潘家浜）、美之奥种业等，共建新产业、新技术、新业态实训基地 35 个，聘请农艺师、农技员等与教师组成结构化教学创新团队 8 个。招收直接从事农业农村工作和有志于农业创业的农村青年，按照"学历+技能+创业"的培养方式，实施"忙农闲学、产学并重"的教学模式，12 批农民大学生全部返回乡村振兴岗位，1200 余人成为乡村振兴领头雁，培养留得住的"专业型"新农人。招收家庭农场主、农业种养户、农创客等学员，按照"个性定制、菜单教学"的培训

---

① 《对十四届全国人大二次会议第 7126 号建议的答复》，农业农村部网站，2024 年 8 月 2 日，http：//www.moa.gov.cn/govpublic/ncshsycjs/202408/t20240802_6460224.htm。

方式，采取"理论授课面对面＋实践教学点对点＋创新创业手拉手"的教学形式，累计开展农村实用人才技术培训 15 万余人次，培养干得好的"技术型"新农人。

——嘉兴市人民政府官网，2022 年 5 月 17 日

（三）农民工职业技能培训持续加强

农民工职业技能培训是农村职业培训的重要方面，一直备受重视。人力资源和社会保障部会同教育部、国家发展改革委、财政部印发《"十四五"职业技能培训规划》，明确提出实施农村转移劳动力等职业技能提升计划，注重对新生代农民工的职业技能培训。人力资源和社会保障部指导各地实施职业技能提升行动、创业培训"马兰花计划"等，面向农民工等劳动者，推行"创业＋技能""创业＋产业"的培训模式，采取灵活多样的教学方式，提供创业服务，开展政府补贴性创业培训。对准备就业人员，在人社部门登记 1 个月内提供相应培训信息，或统筹组织参加培训。对已就业人员，鼓励企业开展新型学徒制培训或岗位创新创效培训。对拟创业和创业初期人员，重点开展创业技能、企业经营管理等培训。同时，积极开展建筑、机械、物流等适合农民工就业的技能培训，以及快递员、网约配送员、直播销售员等新职业新业态培训，助力新生代农民工更好地适应市场需求。根据国家统计局 2023 年 4 月发布的《2022 年农民工监测调查报告》，2022 年全国农民工总量为 2 亿 9562 万人。2022 年，全国共针对农民工开展补贴性培训 700 多万人次。人力资源和社会保障部数据显示，2023 年脱贫人口务工规模达到 3397 万人，全国组织农民工参加补贴性职业技能培训 643 万人次。[①]

[①]《人力资源和社会保障部对政协第十四届全国委员会第一次会议第 00863 号（社会管理类 059 号）提案的答复》，人力资源和社会保障部网站，https://www.mohrss.gov.cn/xxgk2020/fdzdgknr/zhgl/jytabl/tadf/202402/t20240202_513217.htm。

199

第二节 农村职业教育发展挑战

2022 年和 2023 年，我国农村职业教育在助力乡村振兴、培养高素质涉农技术技能人才等方面发挥了不可替代的作用。但同时也应看到，发展新质生产力背景下，面对实现乡村振兴和"三农"现代化的迫切需求，农村职业教育仍然面临很多挑战。

一 农村人才培养供需不平衡

（一）人才规模和结构不够合理

农村职业教育作为涉农技术技能人才培养的重要主体，人才培养规模、结构与当前现代农业快速发展的形势不相适应。农村职业学校为乡村振兴提供人才支撑的创新性与主动性不足，人才供给质量不高，与当前农村劳动力市场不能完全契合。

一是农村职业教育人才培养总量不足。目前乡村劳动力总量持续减少，2022 年劳动人口较 2020 年减少 209 万人[①]。2020~2022 年，农林牧渔大类高职毕业生仅有 23 万人[②]，农村劳动力存在很大缺口，人才数量不足已成为制约农业产业化发展的关键因素。二是农业人才培养结构不合理。第三次

---

① 《2022 年中国人口总数、劳动人口数及人口性别、年龄、城乡结构分析》，华经情报网，2023 年 11 月 24 日，https://www.huaon.com/channel/globaldata/943662.html；《中华人民共和国 2023 年国民经济和社会发展统计公报》，中国政府网，2024 年 2 月 29 日，https://www.gov.cn/lianbo/bumen/202402/content_6934935.htm；《2022 年度人力资源和社会保障部事业发展统计公报》，人力资源和社会保障部网站，2023 年 6 月 20 日，http://www.mohrss.gov.cn/SYrlzyhshbzb/zwgk/szrs/tjgb/202306/t20230620501761.htm。

② 《教育部 2020 年教育统计数据——普通专科分专业大类学生数》，教育部网站，2021 年 8 月 30 日，http://www.moe.gov.cn/jyb_sjzl/moe_560/2020/quanguo/202108/t20210831_556335.htm；《教育部 2021 年教育统计数据——高职（专科）分专业大类学生数》，教育部网站，2022 年 12 月 29 日，http://www.moe.gov.cn/jyb_sjzl/moe_560/2021/quanguo/202301/t20230103_1037967.htm；《教育部 2022 年教育统计数据——高职（专科）分专业大类学生数》，教育部网站，2023 年 12 月 29 日，http://www.moe.gov.cn/jyb_sjzl/moe_560/2022/quanguo/202401/t20240110_1099499.htm。

全国农业普查数据显示，我国农业劳动力中，初中及以下文化程度的占 **91.8%**，与发达国家相比仍有较大差距，如法国 2010 年就有 32% 的农业劳动力拥有高等教育学历。本科及以上的农村职业教育成为明显短板，限制了各类农业技术技能人才的成长空间，制约了农业高层次创新型人才的培养，导致高素质农业人才短缺，尤其是智慧农业、精准作业、现代化经营管理等方面的人才存在较大缺口。

（二）专业与产业的匹配度不高

农村职业教育应以"三农"为服务对象，坚持以面向农村、面向农业为基本导向。当前有相当一部分农村职业学校，特别是中等职业学校由于生源萎缩、社会对农业工作岗位误解等原因，在办学定位上呈现"去农""普教化"等倾向，偏离了农村职业教育的办学目标与初衷。加之农业企业参与职业教育的积极性不高，加剧了教育与产业的脱节，难以有效统筹农村劳动力输出与本地农村经济社会发展需求之间的关系。

一是农村职业教育总体供给不足。全国各级各类农业院校较 10 年前减少了 300 多所，且还在呈下降趋势①。教育部职业教育与成人教育司相关数据显示，2021 年全国共有中等职业学校 7294 所，开设农林牧渔大类专业 36 个，而开设农产品质量检测与管理、棉花加工与检验、航海捕捞等 14 个专业的学校不足 10 所②。2022 年在校名涉农业（林牧渔）的学校中，涉农高等职业学校有 39 所，涉农中等职业学校有 120 所；2023 年在校名涉农业（林牧渔）的学校中，涉农高等职业学校有 39 所，涉农中等职业学校有 115 所③。从开设专业角度来看，涉农专业数偏少。如我国西南民族地区的 11 所涉农高职院校平均开设专业 39 个，其中涉农专业占比仅为 36.34%④。一

---

① 《发展面向乡村振兴的职业教育：人才如何"向农而行"》，中国大学生在线网站，2023 年 2 月 28 日，https：//dxs.moe.gov.cn/zx/a/jobs_dtqy/230228/1829655.shtml。

② 《职业教育的"乡村焦虑"该如何抚平?》，《农民日报》电子报 2022 年 8 月 16 日，https：//szb.farmer.com.cn/2022/20220816/20220816_008/20220816_008.html。

③ 教育部职业教育与成人教育司提供数据。

④ 朱德全、熊晴：《民族地区职业教育服务乡村振兴：基于系统耦合的立体性分析框架》，《南京师大学报》（社会科学版）2021 年第 4 期。

些原本以农业为特色的职业学校为迎合城市劳动力市场需求也逐渐偏离为"三农"服务的办学宗旨，纷纷撤销或弱化涉农专业，转为重点发展计算机、财经商贸等热门专业大类，农业特色逐渐淡化。

二是专业设置与产业结构的契合度不高。部分农村职业学校缺乏对农村经济发展、农业产业发展状况的调研，忽视了农村地区特有的经济发展规律和产业结构特征，盲目新上或者撤销专业，专业设置与定位存在"趋城化、趋工化、趋同化"现象，缺乏地方特色和农村职业教育特色。另外，专业发展前瞻性不足，农业类专业设置跟不上现代农业、智慧农业的发展步伐。据统计，2022 年开设涉农林牧渔专业的高等职业学校有 334 所，开设涉农林牧渔专业的中等职业学校有 1344 所；2023 年开设涉农林牧渔专业的高等职业学校有 343 所，开设涉农林牧渔专业的中等职业学校有 1349 所①。多数职业院校所开专业多为成本小、对实训基地要求不高的专业，无法充分满足农村发展新业态与新形势的需求，难以契合当前的农村劳动力市场，服务乡村振兴发展的能力明显不足。如全国目前仅有 21 所高职院校开设种子生产与经营专业，育种人才培养数量远远无法满足种业发展需求。

（三）农村职业教育产教协同育人效果有待加强

就办学主体而言，涉农企业是农村职业教育体系的重要组成部分。作为农村职业教育人才培养的重要主体之一，其参与农村职业教育的意识和动力仍显不足。相对于制造类等专业来说，尚未形成校企人才培养的实践共同体。当前农村职业教育的主要参与主体仍是职业院校，即使有企业参与，校企协同育人的实施也仅停留在表层，校企对接不紧密、合作不深入，普遍停留在浅层次的资源交换阶段，企业优质资源在职业院校人才培养过程中得不到充分利用，学校为企业提供的实质性服务较少，企业获取的利益有限，导致参与动力不足，意愿不强。这些情况制约了农村职业教育与农业产业的发展，影响乡村振兴人才培养能力提升和农村职业教育作用的发挥。

---

① 教育部职业教育与成人教育司提供数据。

二　农村职业教育师资队伍相对薄弱

（一）师资力量存在结构性短缺

一是农村职业教育的教师数量不足。教师数量不足是农村职业学校师资队伍建设面临的最大问题。以 2018～2022 年全国中等职业学校农林牧渔大类专业为例（见表 9-3），农村中等职业院校的生师比在近五年一直严重超出国家对于中职学校生师比 20∶1 的办学标准，反映出农村职业教育师资不足的现实状况。另外，由于农村职业学校工作环境与物质条件艰苦，一直存在师资隐性流失的现象，加剧了教师数量短缺状况。

表 9-3　2018～2022 年全国中等职业学校农林牧渔大类专业生师比情况

单位：人

类别	2018 年	2019 年	2020 年	2021 年	2022 年
在校生数量	720350	676872	664007	635204	694559
专任教师数量	17700	17590	16387	21613	18594
生师比	40.70∶1	38.48∶1	40.52∶1	29.39∶1	37.35∶1

资料来源：教育部 2018～2022 年教育统计数据。

二是农村职业教育教师队伍年龄结构存在断层。"十四五"期间，我国老年人口将突破 3 亿，教育领域也将迎来教师的退休高峰[1]。对全国 31 个省（区、市）的教师随机抽样调查显示，55 岁以上教师占比，乡村为 8.8%，镇区为 4.5%，城区为 3.3%，乡村高出城区 5.5 个百分点。在一些未实施"特岗计划"的县，29 岁以下年轻教师占比不足 10%，而 55 岁以上老龄教师占比高达 33.8%，最高的超过了 50%[2]，由此可以看出农村职业学校教师正呈现老龄化趋势。具有农科背景的青年高层次人才投入农村职业教

---

[1] 《教育部教师工作司负责人就〈国家银龄教师行动计划〉答记者问》，教育部网站，2023 年 8 月 30 日，https://hudong.moe.gov.cn/jyb_xwfb/s271/202308/t20230829_1076679.html。

[2] 吴霓：《乡村教育振兴是教育强国得以实现和可持续发展的关键》，《人民教育》2023 年第 Z2 期，第 10～14 页。

育工作的热情不高，导致中青年专业教师不足，难以形成持续优化的农村职业教育师资梯队。

（二）师资队伍整体素质有待提升

从宏观层面看，农村职业学校待遇不高，难以吸引或引进优秀人才，教师整体职业认同感偏低。有些农村职业学校特别是中等职业学校，部分师资是从普通高中的文化课教师转岗而来，在知识结构、技能储备以及教学方法等方面延续了普教风格。从微观层面看，教师个体缺乏对乡村振兴以及现代农业产业发展的深度认知与把握，基层实践经验不足。同时教师入职后在专业技术技能方面接受的继续教育和培训较少，实践教学能力无法得到快速提升。以上情况严重影响了专业教师的"双师"素质，制约着农村职业教育人才培养质量的提升。

三　农村职业教育社会认可度有待提升

（一）对农村职业教育功能的认识不足

长期以来，社会上普遍存在对农业劳动的轻视，认为农业是低端或辛苦的行业，农业相关工作只是临时性、季节性的，"上学不种田，种田不上学"的传统观念在群众心中根深蒂固。很多农民将教育作为实现阶层跃迁的首选方式，送子女上学就是为了"跳出农门"。农村职业教育文凭被认为是不可能改变社会阶层的教育，"轻农、贱农、伤农"的情况时有发生，农村职业教育的社会功能认知出现较大偏差。同时，与其他类型的职业教育相比，农村职业教育的宣传力度较小，也导致很多人对其了解不足甚至产生误解，认为农业领域的职业收入低、工作环境差等。另外，由于历史原因和地域因素，存在教育资源向东部地区和城市倾斜的现象，导致中西部地区和农村地区教育资源相对投入不足，农村职业教育资源投入更是薄弱环节，教学设施、实践教学条件等基础设施建设不够完善，进一步影响了农村职业教育的质量和声誉，导致社会接受度、认可度不高。

（二）生源数量与质量面临挑战

近年来，我国人口发展呈现老龄化、少子化、不婚化趋势。这导致农村职业教育生源持续紧缩，招生质量逐年下降，给农村职业教育人才培养工作带来了挑战。

一是生源数量面临萎缩。首先，新生婴儿数量持续减少，导致生源绝对数量减少；其次，2011年城镇人口占比超过农村人口后，城镇化水平不断提高，"向农"生源逐渐减少；再次，我国普通高等学校持续扩大招生规模，分流了部分生源，导致报考"涉农"职业院校的人数减少。教育部统计数据显示，2001年农村职业教育招生人数与在校生人数分别为59.2万、143.9万，2022年分别降至42.1万人、105.2万人。

二是生源质量相对不高。由于农村职业教育吸引力不强，学生对涉农专业普遍兴趣不高，报考意愿不强。很多优秀考生不愿意投身农业行业，认为学习涉农专业，未来就业就是"脸朝黄土背朝天"。相对而言，学生更希望学习当下城市发展所需的紧缺专业和热门专业。根据2022年统计数据，农林牧渔大类高职在校生中，职业技能等级证书取证率为14.8%，低于16.3%的平均水平①，一定程度上说明其生源质量与技能水平低于平均值。

（三）涉农专业毕业生就业存在"离农"倾向

目前，职业院校涉农专业毕业生存在追求"择城而居"而不愿"回乡种地"的倾向。从目前农业行业就业结构上看，有人无岗和有岗无人的现象同时存在。毕业生普遍追求薪资高、环境好、工作舒适的岗位，而许多农村一线用人单位则出现招聘困境。随着农业现代化发展，对劳动者的能力素质要求越来越高，"要不到、用不上、留不住"现象普遍存在。农村职业教育毕业生就业存在结构性矛盾。

究其原因主要有三个方面：一是现代化农业企业和集约化种植大农场对劳动力素质的要求在提升。涉农人才除了要懂农业生产知识外，还要懂产销、会经营、善管理，部分毕业生的能力素质无法达到岗位要求，因此选择其他行业谋生。二是农村就业环境较差，留不住人才。政府虽加大了对农村

---

① 《高职（专科）分专业大类学生数》，中华人民共和国教育部网站，2023年12月29日，http：//www.moe.gov.cn/jyb_sjzl/moe_560/2022/quanguo/202401/t20240110_1099499.html。

基础设施建设投入力度，农村生活条件得到了巨大改善，但总的来说，农村就业机会少、工作环境艰苦、医疗卫生等基础设施薄弱、待遇偏低等问题仍然存在。农业和农村投入产出率相对较低，公共服务相对较差，因此多数农村青壮年不愿选择父辈的农耕生活，以各种方式外出打工或经商，寻求更优越的生活和工作环境。三是国家鼓励大学生返乡创业的优惠政策落实力度不够。返乡人才大部分立足于涉农领域创业，而乡村基础设施薄弱、服务条件不完备，无形中增加了创业运营成本。由于相关部门与金融机构之间沟通协调力度不足等现实原因，一些优惠政策没有充分落实，尤其是创业资金需求不能得到充分保障，挫伤了返乡人才自主创业的积极性。

四　农村职业培训体系有待优化

（一）职业院校的主体作用发挥不够充分

农村职业教育是为发展农村经济服务的，农民是推动农村经济发展的主力军，开展农村职业培训是职业院校的重要职责。然而当前大部分职业院校依旧以长学制的学历教育为主，开展的短期、正规培训相对较少，对于新型职业农民培训的覆盖面仍然不够广泛。职业院校主动承担农民培训的积极性不高，大部分职业培训工作依托职业院校二级系部或者继续教育学院独立开展，缺乏有效统筹和针对性。农村职业培训体系尚未健全，对培训体系、培训内容、培训平台、资源建设缺少系统规划。与普通高校、农业培训机构等其他农村培训主体间的合作交流不畅。与其他类型的职业培训工作相比，目前农村职业培训的农业特色与优势体现得不明显。

（二）农村职业培训质量有待提升

随着中国新型工业化和乡村振兴战略的不断推进，农村涌现出大量的剩余劳动力。为了实现农民增收，国家制定了一系列政策来推动农民参加职业培训。但与政府的不遗余力和热情形成对比的是，农村职业培训质量普遍不高，主要表现在以下几个方面。

一是农村职业培训内容存在同质化特点。未能因地制宜贴近当地农业生产实践和农民生活需要，不能很好地解决农民群体在生产过程中遇到的实际问题。同时培训内容动态更新不足，信息技术、人工智能等农业新技术进入培训内容存在滞后性。配套培训资源共享性不强，应对产业链多维延伸、前沿科技快速发展的能力不强。

二是农村职业培训形式较为单一、固化。部分职业院校虽开展了长班与短班相结合、固定办班与流动办班相结合的办学模式探索，但总体来说培训模式较为单一、办学方式不太灵活，未能很好地解决学制与农忙时间之间的矛盾，培训过程以大规模课堂知识讲解与现场技能传授为主，无法满足不同文化基础、培训需求、技能水平的农民群体的多样化需求。此外，培训效果的跟踪服务机制不健全，对培训对象缺少长期技术跟踪指导服务，影响了农民培训效果的持续性和深入性。

三是农村职业培训师资队伍良莠不齐。当前承担培训任务的教师存在两极分化的现象，一部分理论经验丰富而实践能力不强，另一部分具有丰富的实践经验但教学能力较为薄弱，这导致农民培训时出现理论难以应用于实践或实践经验无法广泛应用的问题。

（三）农民参与职业培训的积极性有待提高

对传统农村农民进行培训是提高农村劳动力水平的有效途径之一。但当前农民对职业培训的参与度仍有待加强。

一是参与培训的劳动力基础。农村留守人口是农村职业培训的重要对象，大量年轻劳动力外出务工，致使留在农村的劳动力多为老年人、儿童及就业能力不强的人员。2021年中国社会科学院中国乡村振兴调研数据显示，农村60岁及以上人口的比例达到了20.04%，65岁及以上人口的比例达到了13.82%。农村留守人群的"低学历、高龄化"决定了多数农民文化程度偏低，缺乏主动学习意愿和自主学习能力，内生性发展意愿较弱。另外，农村职业培训另一个重要对象是新生代农民。这批农民在文化知识方面优于留守农民，但是"三农情怀"明显不足，群体流动性较强，通常不愿为接受现代农业技术、生产经营管理技术等培训付出过多成本。

二是相关部门和培训机构的宣传服务不到位。职业农民培训信息获取渠道不够通畅，致使农民对培训意义、培训优惠、扶持政策认知不清，甚至已参培农户中也存在对相关政策不了解的现象，具有参培意愿的农民得不到精准引导与辅导。

三是培训时间、地点、内容等受到客观条件制约。在时间上，部分农村职业培训时间与农民农务劳作时间存在矛盾，降低了培训效率。在地点上，多数农民离培训地点较远，需要的时间资金成本较高。在内容上，部分培训内容既没有因地制宜，又与农民的一线生产生活相脱离，传授的知识不适合农民的现实需要。

第三节　农村职业教育发展建议

2022 年 4 月 20 日修订通过的《中华人民共和国职业教育法》第十条规定，国家采取措施，支持举办面向农村的职业教育，组织开展农业技能培训、返乡创业就业培训和职业技能培训，培养高素质乡村振兴人才。从这一要求出发，本节针对农村职业教育发展存在的挑战，提出以下对策建议。

一　对标农村产业需求，发展农村职业教育

（一）设置与现代农业发展需求相适应的涉农专业

农村职业教育是为农村产业培养"有文化、懂技术、善经营、会管理"的"三农"人才队伍的主渠道和主阵地。因此，需要科学设置涉农专业，使专业建设融入地方发展，服务区域经济发展，服务农业产业的转型升级，不断提高涉农专业对接乡村产业布局的精准度。

第一，以服务农业现代化为主线，充分发挥农科专业整体性优势。农村职业学校要始终面向新农业、新农村和新农民，聚焦于农业全产业链建设一批卓越农科专业。在此过程中，各地应着力构建农村职业教育与农业企业统筹融合发展新格局，常态化、周期化调整涉农专业设置。农村职业学校在巩固和发展原有农业特色专业、品牌专业的同时，开设与智慧农业、订单农业发展需要相适应的新专业，提高农科专业对现代农业结构性升级的响应度，因地制宜建设农业特色专业群体系。这样才能提升农民致富增收能力和农业

发展效益，增强农村职业教育对全面推进乡村振兴的赋能作用。

第二，以服务乡村新业态为基点，提高涉农专业与新产业适配度。数字经济时代下，农村职业学校应与企业携手优化产教融合生态系统，促进学科专业建设与农村三产融合相适应，增强农村学员就业创业技能和增收致富本领，扎实推进农民农村共同富裕。农村职业学校必须加强与涉农企业的校企合作，主动适应乡村产业新业态、新模式，建立紧密对接涉农文旅、农村电商等产业链的学科专业体系。不断提升专业建设适应性，共同为各类农村学员提供更具针对性的技能培训。促进乡村产业转型升级，夯实乡村全面振兴的物质基础。

第三，服务农村发展实际，重点培养三类人才。农村职业教育在地化发展，要求打破学校边界，突破生源限制，重点围绕三类生源进行招生和培养：一是乡村本土人才，这类人才数量庞大，是实现农村经济发展的主要力量。二是农村人才队伍中的中坚力量，如农业农村技术技能人才、乡村产业经营人才、返乡创业人员，这一群体视野开阔、思维活跃、了解市场需求、勤学善思，他们的回归将带动资金、技术、人才等向农村地区移动。三是乡村服务管理人员，包括乡村干部、大学生村官、乡村振兴职业经理人、农村医疗卫生从业人员等，是保证农业产业发展和社会有效治理的生力军。

案例 9-2

北京农业职业学院：专业群紧密对接产业链，提高人才供给多样性

随着北京首都功能的优化调整，尤其是 2018 年"非洲猪瘟"以后，北京小型、散养、低端的畜牧养殖已被取消，替代的是现代高端智能化的养殖，同时疫情让人们对动物卫生安全、公共卫生安全更为重视。为此，北京农业职业学院对标首都健康养殖、和谐养殖、高效养殖、生命科学养殖和休闲养殖五大方向对动物卫生安全的需求，组建了以动物医学专业为核心，宠物医疗技术、畜牧兽医、特种动物养殖和运动马驯养与疾病防治为支撑的都市特色鲜明的动物医学专业群。同时，面向动物疫病防控、宠物疾病诊疗、医学动物实验、动物健康养殖、运动马驯养等多个职业岗位，构建了"基

础共享、核心分立、拓展互选"的模块化课程体系，打造专业群共享、产学研共建共用的教学资源库，人才供给模式由"单人单岗"的单一渠道输出转变为"多人多岗"的打包输出。这大大提高了动物医学类人才供给的多样性，拓宽了学生的知识技能边界，提高了学生可持续发展能力，有效满足了都市型畜牧业转型升级对高素质复合型技术技能人才的需求。

——中国教育新闻网，2023 年 5 月 29 日

（二）打造农村职业教育产教融合机制

农村职业教育与"三农"联系密切，对于促使农村经济发展、社会进步有着非常重要的作用。随着乡村振兴战略的全面推进，鉴于目前我国农村职业教育产教融合发展面临的挑战，打造农村职业教育产教融合机制势在必行。

第一，坚持政府主导与市场调节"双轮驱动"。从政府层面看，应全面统筹多元化资源要素，制定具体实施办法，推进政策和规划贯彻落实，开展舆论引导与宣传动员工作，营造全社会积极支持、主动参与农村职业教育产教融合的良好氛围。同时，各级政府应探索构建农村职业教育产教融合公共信息平台，向农业企业、农村职业学校提供"三农"人才供需、技术服务和校企合作等信息，为推进乡村全面振兴培养本土化技术技能人才。从市场层面看，应拓宽市场主体参与途径，鼓励农业中小型企业通过合作、合资等形式依法参与农村职业教育，以此解决农村职业教育办学资金短缺难题，为打造一支结构合理的乡村人才队伍、推动更多乡村劳动者迈入中等收入群体奠定基础。

第二，加快推动"引企入教"改革进程。作为助力乡村全面振兴的教育类型，农村职业教育可通过引企驻校以及校企一体等方式，引导农业企业深度参与涉农职业院校教育教学改革，由校企双方共同开展课程优化、教材开发以及实习实训等工作，加强人才链与产业链同向发力。立足国情、农情，支持企业联合涉农职业院校共建产业学院，打造集人才培养、技术创新和科学研究等功能于一体的新型"三农"人才培养实体，大力推行"田间

育人""送教下乡"等涉农培训新形态，以此增强农民致富本领，为农民农村共同富裕蓄势赋能。此外，农业企业、涉农职业院校应与数字化企业深化合作，依托物联网、大数据等信息技术，创建"田间微课"与线下涉农培训相结合的新模式，打破乡村实用型人才培养的时空桎梏。

二　以"双师型"教师为引领，加强农村职业教育师资队伍建设

乡村振兴关键在人才，农村职业学校人才培养的关键在教师。如何建设一支服务乡村振兴战略和区域经济社会发展的教师队伍，是农村职业教育培养"一懂两爱"（即懂农业、爱农村、爱农民）人才的重中之重。

第一，提高农村职业教育教师社会地位和待遇。政府应出台相应的积极政策，在社会保障、医疗保险、奖励等方面，缩小农村职业教育教师与城镇教师、普通教育教师的待遇差距。多为农村职业教育教师提供培养培训、实践锻炼和进修提升的平台和机会。

第二，建立校企共育"双师型"教师组织管理机构。新时代背景下，基层政府可联合农村职业学校、农业企业等相关方组建校企合作组织管理机构，建立校企双方对话机制，围绕教师专业标准体系构建、"双师型"教师培养培训基地建设等方面开展对话协商。在此基础上，农村职业学校要制定"双师型"教师认定、聘用以及考核标准，将专业教学能力、技术技能水平作为教师考核评价的重要依据，将教师参与企业实践时间纳入考核评价体系，强化考核结果运用和激励作用。借此方式，打造一支技艺精湛的"双师型"教师队伍，充分发挥"双师型"教师在提高乡村劳动力供给质量、助力乡村全面振兴中的引领作用。

第三，健全校企人员双向交流合作机制。在全面推进乡村振兴的背景下，基层政府应引导企业和农村职业学校以职教集团、产业学院、产教融合共同体等为载体，在实践教学、教师培训和人员互聘等方面加强合作，推动"双师型"教师培养培训基地建设。农业龙头企业与农村职业学校可基于具体可行的合作管理制度，共同建设"双师型"教师发展中心、教师企业实践流动站，完善农村职业学校教师赴企业实践制度，这样农村职业学校教师

不仅能了解农业企业用人标准、技能要求等，还可以掌握企业工艺流程、新技术、新材料等信息，从而提高乡村实用型技能人才培训质量，实现更高质量更充分的就业。

三　服务田间地头，优化农村职业培训体系

在乡村振兴战略下，解决"三农"问题的关键是解决农民问题，因此农村问题的核心是人的问题，农民问题解决了，农业生产、农村社会问题也随之解决，培养和造就高素质的农民队伍是实现乡村振兴目标的基础，建立并不断优化针对农民的农村职业培训体系是解决这些难题的关键一步。针对农民的培训需要更加注重实效。在培训的过程中需要采取更加直接的培训方式，到农民劳动的田间地头或是需要培训的岗位上对农民进行直接的培训，让农民能够在实践中掌握所需要的技术和知识。

第一，制订中长期农村职业培训方案。相关政府部门应结合农村实际，在充分调研的基础上，制定未来 5~10 年的农村职业培训方案，包括确定培训对象、培训内容、培训方式，遴选培训机构，培训验收机制、资金扶持制度和监督制度等，并在实施过程中，根据学员反馈和就业岗位变化，及时调整培训内容和培训方式。培训通过实行小班制、分专业领域、分培训阶段、轻理论知识、重实践实效、强服务意识的方式进行。

第二，构建省、市、县、镇四级农村职业培训体系。依托高水平涉农中、高职院校开展农村人才职业技能培训，构建省、市、县、镇四级农村人才职业技能培训平台，省、市两级培训体系由高水平涉农高职院校负责，主要开发涉农省级、市级精品在线课程、涉农微课视频、涉农微信公众号等，县、镇两级主要由优质涉农中等职业院校负责，进行现场培训和送教下乡服务，每一个县建立农民学校，每一个镇构建办学点，实现农民职业技能培训的全覆盖。

第三，丰富培训手段，提供满足差异化需求的多元化职业培训服务。培训过程做到理论培训与实践教学相结合，知识培训与跟踪指导相结合，传统教学方式与现代教学手段相结合，线上培训与线下辅导相结合。充分利用网

络资源，采用翻转课堂的方式，将授课内容用方言做成微课、慕课、动画等上传到教学平台，通俗易懂，供培训学员前期学习，学员带着问题来培训，培训效果事半功倍。通过调研了解农民的职业发展需求，根据需求确定培训内容。例如，对有创业想法或正在创业的人群进行创业培训时，从理论与实践两方面传授与创业相关的经济常识及法律法规，了解创业形势，掌握创业本领，提高创业能力，减少创业盲目性，降低创业风险。

第四，加大职业培训师资的培养力度，打造一支高水平"涉农"师资队伍。"涉农"培训师资应积极向工作在一线的农产品专家、农业专业技术人员学习，每年安排两个月以上的时间到涉农企业挂职锻炼，经常到农产品企业、农村调研了解农业产业的发展现状，积极开发适合农业产业发展的培训内容。"涉农"培训师资需具备将复杂的知识简单化、深奥难懂的词语口语化、教学内容生动化、课堂氛围愉悦化的能力，培训讲师既要有渊博的知识又要接地气，能和培训学员打成一片，在欢快愉悦的培训学习过程中让培训学员尽快掌握所学知识。

案例 9-3

重庆三峡职业学院：田间赋能，乡村"游教"促振兴

重庆三峡职业学院深入学习贯彻落实全国、全市职业教育大会精神，秉持将职业教育办到"农村的田坎上、农民的心坎上、农业的命脉上"的育人理念，在三峡库区创办 15 所"田间学院"，创新"三农"人才培养"游教"模式。采取"田间创客"行走式教学、"田间保姆"家访式传技、"田间农博"问需式答疑等有效举措，致力于游训"在乡人才"发展、游助"返乡人才"创业、游育"入乡人才"扎根，培育了一大批土专家、田秀才，为乡村振兴蓄势赋能。学院在人才培养端上改革，冲破校园"围墙"办学，践行"校村共生"。主动与万州、云阳、开州、忠县、梁平等 9 个区县 15 个乡镇（企业）签订战略合作协议，联建村民"家门口大学"，星火式设置集"人才培养、技能培训、创业孵化"于一体的田间学院 15 所。开启"游教模式"，实施产教融合，实现"校园与田园"教学空间转换，书写

三峡库区"田间赋能"新篇章。田间学院践行校村共生、三产融合、农学结合战略，致力于实施"三乡人才"培育工作，成效显著。田间学院学生马刘洋扎根乡村，带领乡亲养猪脱贫，2019 年入选"重庆英才·技术技能领军人才"；陈流江 2021 年被农业农村部评为"全国粮食生产先进个人"。

——中华人民共和国教育部官网，2022 年 11 月 16 日

第十章　职业教育国际化发展报告

职业教育国际化是我国通过国际交流与合作的方式实现理念国际化、课程国际化、人员国际化、科研国际化及机制国际化，以加深不同文化间的理解和交流的过程。职业教育国际化是提升职业教育适应性和吸引力、实现职业教育改革创新发展目标、增强职业教育服务强国战略能力的重要方式，是职业教育参与全球治理、提升职业教育国际影响力的重要前提和基础。快速推进职业教育国际化发展步伐，逐步提升职业教育国际化发展质量是现阶段职业教育国际化的重要任务。2022~2023 年，我国职业教育国际化水平不断提升，举办了世界职业技术教育发展大会和"'一带一路'倡议十周年国际会议"，不仅展示了我国职业教育国际化水平，更为推动我国职业教育国际化提供了新的契机和平台。

第一节　职业教育国际化发展成就

2022~2023 年，在《关于深化现代职业教育体系建设改革的意见》《关于加快推进现代职业教育体系建设改革重点任务的通知》等国家有关政策和项目的支持、引领下，我国职业教育国际化在范围扩展、形式多样、内容拓展、模式创新和品牌打造等方面取得了非凡成就。

一　职业教育国际化范围不断扩展

处于特殊的历史发展阶段，实施更大范围、更宽领域和更深层次的国际交流与合作是职业教育服务教育强国战略、科技强国战略和人才强国战略应有的姿态和努力的方向。

（一）国际交流与合作的国家数量进一步增加

截至 2022 年，400 余所高职院校与国外办学机构开展合作办学，建立 20 家"鲁班工坊"，在 40 多个国家（地区）开设了"中文+职业技能"教育项目。截至 2023 年 6 月底，我国已与 150 多个国家、30 多个国际组织签署了 200 多份共建"一带一路"合作文件[①]。通过开展境外办学，输出中国优质职业教育和技术产品，我国职业教育国际化在服务"一带一路"建设、提升我国职业教育的教学质量和国际影响力方面发挥着重要作用。非洲和东盟地区国家是我国职业教育国际交流与合作的重点区域，开展的国际交流活动也更加频繁和深入。

（二）开展职业教育国际化的院校和地区进一步增加

在"鲁班工坊"等具有国际影响力的职业教育品牌的带动下，我国深度参与职业教育国际教育交流与合作的职业院校数量进一步增加，地区分布更加广阔。东部地区职业院校与国外职业教育机构开展教育交流与合作的频率较高，深度和范围也更深更广。西部地区参与国际交流与合作的积极性有所提升。比如，新疆（见案例 10-1）、云南等地区职业院校充分利用国家政策、地区行业企业资源、地缘优势等积极开展国际交流与合作，取得了可喜的成绩。

案例 10-1

新疆：奋起直追，掀开职业教育国际化新篇章

"十四五"时期，新疆职业教育不断寻求突破，"引进来"与"走出去"并重，不断提升职业教育国际化水平，在推动职业教育国际化的过程中形成了独特的经验和模式。一是共建共享。依托与中亚、西亚等邻近地区

---

① 新华社：《我国已与 152 个国家、32 个国际组织签署共建"一带一路"合作文件》，https：//www.gov.cn/lianbo/bumen/202308/content_6899977.htm，最后检索日期 2024 年 8 月 10 日。

的地缘优势，新疆职业教育依靠国家重大工程支持，向"一带一路"共建国家和地区推广我国优质职业教育资源，建设职业院校分校或境外教育基地。二是抱团"出海"。新疆的职业院校在"一带一路"共建国家和中资企业集中的工业园区建立"产业人才培训中心"，由政府和行业协会牵头，各学校根据工业园区产业人才需求，以专业模块嵌入的模式，参与园区技能人才培养，为当地培训具有汉语能力、掌握专业技能、了解中国文化的技术人员。三是借船"出海"。新疆职业教育依托能源纺织、化工等新疆八大产业集群，服务于特变电工中泰化学、金风科技等上市企业"走出去"，积极向周边国家输出新疆职业教育体系和优质课程标准、提升新疆职业院校的国际影响力。四是双轨并行。新疆地区的职业院校通过"国内国外双战线、线上线下双通道、语言技能双融合"的人才培养新思路新模式，为"一带一路"共建国家和地区学生提供持续的咨询服务和技术服务，帮助他们顺利入学、就业，以留学生的口碑助力新疆职业教育"走出去"。新疆职业教育国际化成效显著，与马来西亚、俄罗斯、吉尔吉斯斯坦、哈萨克斯坦等国的多所院校签订了合作办学协议，建立了友好合作关系。

——《信息日报》2022 年 8 月 13 日

二　职业教育国际化内容不断丰富

随着我国职业教育国际化水平的持续提升，我国职业教育国际化的内容逐渐由硬件设备转向柔性的师资队伍建设、教学资源建设和标准制定等。对推动优质资源共享和职业教育教学改革有重要意义。

（一）师资队伍国际化水平持续提升

师资队伍国际化是我国职业教育国际化水平的重要前提和保障。在推广职业教育国际资源和模式的过程中，我国开始派遣教师到境外高职院校或培训机构进行短期或长期的交流教学，通过向海外输出师资的方式促进我国职业教育与世界各地的交流合作。为保证职业教育国际交流与合作质量，我国教师不仅需要掌握坚实的专业知识和技能，同时也需要攻克沟通的语言障碍和文化障碍，确保教师能够在不同的语言和文化环境中开展高质量的职业教育教学活动。

（二）教学资源国际化水平快速提高

教学资源是开展国际交流与合作的重要基础，是组织开展教育教学活动的工具，包括教材、案例、影视、图片、课件、教具及基础设施等，是未来职业院校国际化发展重点努力的方向。在国家政策和职业教育国际交流与合作国家需求的影响下，我国各职业院校都十分重视国际化教学资源的开发建设。例如，南京工业职业技术大学牵头研发新丝路"中文+职业技能"系列6个专业18本数字教材；河北软件职业技术学院依托中泰祖冲之学院，统筹推进"中文+职业教育"数字资源体系建设，校企合作联合共建60门线上课程，开发3个专业标准、25个课程标准、50个实训标准，并获得泰国教育部门的认证。

（三）职业教育标准国际化进展迅速

标准国际化是固化国际交流与合作成果的有效方式，是增强职教话语权的基本途径。随着高职教育国际化的不断推进，越来越多的优质高职院校将加强职教模式的理论化、系统化研究和各类标准输出作为提升我国职业教育国际话语权的重要途径。2022年，我国高职院校开发并被国（境）外机构采用的专业教学标准数和课程标准数持续增加。专业教学标准达1117个，已有12个国际化专业教学标准获得合作国教育部批准并纳入其国民教育体系。课程标准达6438个，分别较上年增长26.8%和13%。这些以境外产业需求为导向的专业教学标准和课程标准得到国际社会广泛认可，受到共建"一带一路"国家的普遍欢迎，在留学生培养中得到广泛运用。

案例 10-2

中国职业教育标准国际化：坦桑尼亚实践案例

坦桑尼亚作为非洲的重要国家，其经济发展和用工需求的增长迫切需要高质量的职业教育体系支撑。2022年中非职业教育联盟与坦桑尼亚国家职业教育委员会达成合作意向，决定开展坦桑尼亚国家职业标准开发项目。项目组织了 53 所中国顶尖高职院校及数十位中坦两国专家，将"中国标准、中国体系"融入坦桑尼亚国家职业标准中，以完善补齐职业标准，更好地发展坦桑尼亚职业技术教育。这是中国首次大规模整装批量式直接为一个非洲国家开发和修订职业标准。基于此次开发修订经验，中国国际技术智力合作集团有限公司子公司中智国际教育联合中非职业教育联盟及数百所中国职业院校先后启动开发第二批、第三批坦桑尼亚国家职业标准，涉及 300 余个细分等级专业。2023 年 4 月和 10 月在中国举办的国际职业教育合作发展对话会（中国—非洲）及在坦桑尼亚国家举办的中坦职业标准修订 & 开发学术交流研讨会暨职业教育展会上，陕西省等相关地方教育厅与中国职业院校向坦桑尼亚国家职业教育委员会移交第一批、第二批坦桑尼亚国家职业标准。这也标志着中国职业教育标准国际化在非洲的实质性推进，有助于提升职业教育的教学质量与毕业生的专业技能，改善当前劳动力市场供需不匹配的问题，更好地服务于坦桑尼亚国家宏观经济战略。

——《中国日报》2024 年 11 月 7 日

三　职业教育国际化形式更加多样

随着我国职业教育国际化水平的不断提升，我国职业教育国际化形式更加丰富，包括国际来华留学生招收与培养、中外合作办学、中外合作项目、国际职业教育联盟等。

（一）国际来华留学生招收与培养规模不断扩大

我国职业院校开展留学生学历起步较晚但发展迅速。截至 2022 年，参与合作办学的高职院校已有 400 余所，全日制来华留学生规模达 1.7 人[①]。其中经济发达地区招收的留学生比较多。广东省有 21 所高职院校 126 个专业共接收来华留学生 2833 人，较 2021 年增加了 2202 人，增长了 3.49 倍。浙江省高职院校 2022 年接收国（境）外留学生专业数达到 62 个，接收国

[①] 《教育部中国特色现代职业教育体系向纵深推进——党的十八大以来职业教育改革发展成就》，http://www.moe.gov.cn/fbh/live/2022/54487/sfcl/202205/t20220524629748.html，最后检索日期 2024 年 8 月 10 日。

（境）外留学生人数 567 人。在来华留学生招生要求中，HSK、HSKK、BCT 等汉语水平考试证书经常作为申请条件之一，并在面试中考查学生的中文表达能力，推动了中文预科教育的发展。

从留学生来源国家看，大多数留学生来自共建"一带一路"国家，其中多数来自东南亚、非洲等发展中国家。截至 2023 年，江苏省高职院校约 90% 的留学生都是来自共建"一带一路"国家。

（二）中外合作办学和培训项目不断增多

近年来，高职教育中外合作办学机构和项目的规模与专业门类不断扩大，主要集中在东部地区，中西部省份中外合作办学相对较少。截至 2022 年 1 月，高等专科教育中外合作办学机构与项目共计 981 个，其中中外合作办学机构 37 个，中外合作办学项目 944 个。[①]《2023 中国职业教育质量年度报告》显示，截至 2022 年，全国高等职业院校有中外合作办学专业 889 个，在校生 81563 人[②]。从中外合作办学的地域分布看，我国沿海省份和直辖市中外合作办学机构和项目较多，江苏（215 个）、山东（98 个）、河北（62 个）和上海（58 个）等省市办学机构和项目数排名全国前四位[③]（见图 10-1）。

从中外合作办学合作方国家或地区分布看，我国高职教育中外合作办学合作方所属国家或地区分布主要集中在北美地区、大洋洲地区及欧洲地区等，所占比例高达 80% 以上，且以澳大利亚（22%）、加拿大（16%）、美国（13%）和英国（12%）等发达国家为主（见图 10-2）。我国与共建"一带一路"国家合作的中外合作办学机构和项目数共 65 个，占比较低。截至 2022 年 9 月，仅有福州墨尔本理工职业学院等 11 个高职教育中外合作

---

① 刘聪：《"十四五"时期高职教育中外合作办学发展现实困境与改进路径》，《天津职业大学学报》2023 年第 1 期。

② 中国教育科学研究院编著《2023 中国职业教育质量年度报告》，高等教育出版社，2023。

③ 刘聪：《"十四五"时期高职教育中外合作办学发展现实困境与改进路径》，《天津职业大学学报》2023 年第 1 期。

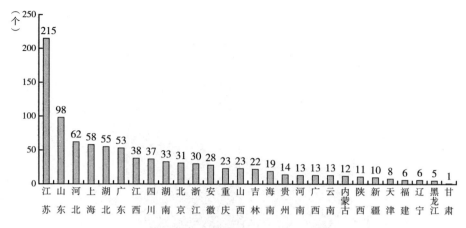

图 10-1 2022 年我国高职教育中外合作办学机构和项目的地域分布

资料来源：根据教育部中外合作办学监管工作信息平台数据整理，下同。

办学项目通过由中国教育国际交流协会开展的中外合作办学质量认证。① 从职业教育中外合作办学专业分布看，会计（82 个）、旅游管理（39 个）、市场营销（35 个）、国际商务（33 个）和建筑工程技术（30 个）等是开设最多的专业（见图 10-3）。

（三）职业教育国际合作平台贡献显著

打造职业教育国际合作平台是职业教育国际化的重要环节，是扩大职业教育高水平对外开放、服务"一带一路"倡议的重要形式。中国教育国际交流协会是首个教育界开展民间对外教育合作与交流的全国性组织。之后，中德职业教育合作中心、中国职业技术教育学会、21 世纪海上丝绸之路职业教育研究会、发展中国家职业教育研究院、职业教育国际化产教联盟等在推动职业教育服务"一带一路"建设、服务国际产能合作、助力构建职业教育国际交流与合作新发展格局等方面做出了突出贡献。

---

① 刘聪：《"十四五"时期高职教育中外合作办学发展现实困境与改进路径》，《天津职业大学学报》2023 年第 1 期。

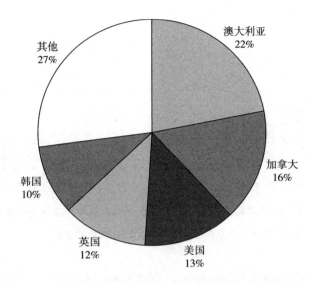

图 10-2　2022 年高职教育中外合作办学合作方国家或地区分布

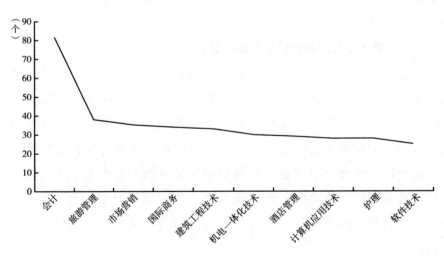

图 10-3　2022 年高职教育中外合作办学专业分布

案例 10-3

中国—中东欧国家职业院校产教联盟：构建职业教育国际合作的桥梁

中国—中东欧国家职业院校产教联盟成立于 2022 年，联盟成员单位已达 113 家，涵盖了职业院校、行业企业、研究机构等多个领域。该联盟是加强中国与中东欧国家间职业教育合作与交流的重要平台，由浙江纺织服装职业技术学院牵头成立，是全国职教领域首个被纳入中国—中东欧国家合作框架的多边合作平台，其主要任务有四项。一是加强交流与合作，分享合作项目资源和信息，加深成员单位间的理解和互信。二是推动产教融合，鼓励成员单位在联合人才培养、课程开发、教师能力建设等方面开展校企合作。三是开展科研合作，利用研究成果推动职业教育与时俱进，丰富学员技能，提高就业能力，促进职业教育与市场需求密切衔接。四是推进标准国际化，共同推进职业教育标准的国际化建设，提高职业教育的国际竞争力和影响力。自成立以来，联盟已取得了多项重要成果，包括发布第一份纲领性文件《宁波倡议》、举办首届中国—中东欧国家职业技能大赛、推动合作项目落地、促成了一批合作项目成功落地、建设重要平台等。如校企共同建成了中东欧青创中心孵化基地、中东欧商品直播电商基地等一批"联盟+场馆+基地"中东欧产教融合重要平台。

——澎湃新闻，2023 年 12 月 18 日

四　职业教育国际化模式丰富多元

2022 年以来，我国职业教育国际化逐渐摆脱了单一的以政府为主导的交流合作模式。学校、企业和行业等组织在职业教育国际化发展中发挥愈加重要的作用，形成了政校行企协同发力的职业教育国际化发展格局。

（一）以政府为主导的委托服务模式

以政府为主导的委托服务模式主要是政府部门基于国家战略需要，作为发起人提出职教"走出去"的倡议，形成顶层设计及整体方案并统筹相关职业院校及企业组织项目具体建设实施的模式。当前，我国职业教育对外援

助及"鲁班工坊"项目构成以政府为主导的委托服务模式的典型代表。截至 2023 年，我国已先后在亚、非、欧三大洲的 24 个国家建设 26 个鲁班工坊，为合作国培养了大批服务当地经济社会发展的技术技能人才。①

（二）以企业为主导的需求驱动模式

以企业为主导的需求驱动模式主要是企业根据自身海外发展的计划，提出相关人才培养培训、技术研发等方面的需求，职业院校围绕企业需求提供相应的定制化服务，开发伴随企业"走出去"的模式。比如，上汽通用五菱汽车股份有限公司与柳州城市职业学院合作建设了"中印尼上汽通用五菱汽车学院""印尼中上汽通用五菱汽车教育培训中心""印尼中上汽通用五菱汽车教育培训基地"，成立了中国—老挝产教融合实训基地，不断拓展伴随企业"走出去"的服务范围。

（三）以学校为主导的供给拉动模式

以学校为主导的供给拉动模式主要是以职业院校作为办学主体，自主与国外院校、科研机构、企业等合作，以培养培训留学生、输出行业或专业教育标准、开展境外办学等为形式的职教"走出去"模式。随着"一带一路"倡议的提出，我国广西、云南、江苏、山东等地区的一批涉农职业院校主动寻求与老挝政府部门、职业院校、科研院所等合作，推动面向老挝的职教"走出去"行动。如广西农业职业技术学院（现广西农业职业技术大学）联合老挝农林研究院建立国家级"中—老合作农作物优良品种试验站"，面向老挝农业部门官员、技术人员和农民提供上千人次培训服务。该项目自建设以来取得显著成效，被誉为中老两国间农业合作的典范。②

（四）以行业为主导的统筹协调模式

以行业为主导的统筹协调模式主要是行业组织立足本行业海外发展的整体战略部署，统筹产教资源，协调相关企业、职业院校共同"走出去"的

---

① 眭川：《鲁班工坊的发展经验及对职业教育国际话语体系建设的启示》，《教育与职业》2023 年第 9 期。

② 褚美琦、罗澜：《"一带一路"倡议下中国——老挝农业职业教育合作：动因、问题与优化路径》，《职业技术教育》2022 年第 18 期。

模式。以我国有色金属行业与赞比亚的国际产能合作为例，其项目运作具有突出的以行业为主导的统筹协调模式特征。该模式中，中国有色金属工业协会以及全国有色金属职业教育教学指导委员会发挥了统领项目建设的重要作用，提供了政府与市场之外的"第三条道路"，有效推动我国职教"走出去"从"单打独斗"向"抱团取暖"的嬗变。

案例 10-4

中赞职业技术学院：有色金属行业主导的职业教育办学模式

为解决赞比亚地区有色金属行业的用人短缺问题，2015 年底，教育部批复同意依托中国有色金属工业协会及全国有色金属职业教育教学指导委员会，以中国有色矿业集团作为试点企业，在赞比亚合作建立"中赞职业技术学院"。这是全国首个由"行业主导，院校参与"的"走出去"试点项目。该项目由中国有色矿业集团牵头，北京工业职业技术学院、陕西工业职业技术学院、哈尔滨职业技术学院、广东建设职业技术学院、吉林电子信息职业技术学院、湖南有色金属职业技术学院、南京工业职业技术学院和甘肃白银矿冶职业技术学院 8 所职业院校共同参与建设。中国有色矿业集团负责解决办学资金、办学场地和生源等关键问题，根据企业对当地员工的实际需求，协调试点院校共同制订人才培养方案和教学实施计划。这种模式精准服务企业行业需求，能够快速缓解企业的"用工荒"，深受市场欢迎。为了进一步巩固和发展这种市场需求导向的办学模式，"中赞模式"进行了升级，采取了"境外+境内""学历+培训"的人才培养模式，开设学历教育，接收赞比亚优秀学生来华学习，不仅强化了技术技能培训，更加强了文化交流交融，深受赞比亚员工的欢迎。这种以满足企业需求为核心的职业培训方式也被称为"工业园式的职业教育"。

——《人民日报》2022 年 2 月 15 日

五　职业教育国际化品牌多点开花

继天津的"鲁班工坊"、浙江的"丝路学院"、江苏的"留学江苏"等职业教育品牌之后，我国各地区政府和职业院校积极探索，打造出了一批具有中国特色、展示中国风范、凝聚中国贡献的职业教育品牌。如山东的"班墨学院"、江苏的"郑和学院"，教育部中外语言交流合作中心的"中文工坊"、福建的"海丝学院"、江西的"天工学院"等。这些"中国味"十足的职业教育海外平台在世界各地影响不断扩大。

（一）郑和学院

郑和学院，作为江苏省职业教育国际化的重要品牌，旨在通过职业教育合作培养具有国际视野和专业技能的人才。郑和学院采用"中文+职业技能"的办学模式，已在全球范围内建立了多所分院或合作机构，2022~2023年，郑和学院快速发展，主要包括2022年建立的中—哈郑和学院，2023年建立的江苏经贸—印尼三宝垄郑和学院等，涵盖电子商务、物流管理、国际贸易等多个领域。在印尼三宝垄国立大学成立的"江苏经贸—印尼三宝垄郑和学院"，不仅为当地培养了大量现代商贸流通类专业人才，还促进了中印尼两国在电子商务和现代物流等领域的深度合作。

（二）中文工坊

中文工坊是职业教育国际化发展中的一种重要模式，它由中国教育部中外语言交流合作中心（以下简称"语合中心"）主导建设，联合海外企业、大学或职业院校等机构合作开设。这种模式的出现，旨在推动国际中文教育与职业教育协同发展，构建"中文+职业技能"的国际化发展模式，服务国际产能合作。中文工坊不仅提供中文语言学习课程，还结合当地实际需求和产业特色，开设各类职业技能培训课程。截至2023年11月，全球共有16个国家联合中方合作院校建设了21所中文工坊，开设的课程涉及中文、电工、建筑、测绘等领域[①]。

① 刘振平、李楚楚：《"中文+职业技能"人才培养新平台：中文工坊发展的优化路径研究》，《南宁职业技术学院学报》2024年第3期。

表 10-1　我国已建立的中文工坊名单（截至 2023 年 11 月）

国家	海外中文工坊	中方合作机构
泰国	泰国春武里技术学院中文工坊	山东理工职业学院
马来西亚	马来西亚优诺雅有限公司中文工坊	南京工业职业技术大学
巴基斯坦	巴基斯坦瓜达尔港中文工坊	山东商业职业技术学院
印度尼西亚	印度尼西亚达瑞矿业有限公司中文工坊	广东工贸职业技术学院
蒙古国	蒙古国新鑫矿业有限责任公司中文工坊	吉林电子信息职业技术学院
越南	越南 XDD 纺织有限公司中文工坊	河北科技大学
老挝	老挝万象矿业有限公司中文工坊	潍坊职业学院
阿根廷	阿根廷锂钾有限公司中文工坊	北京工业职业技术学院
刚果（金）	刚果（金）科米卡矿业简易股份有限公司中文工坊	山东理工职业学院
刚果（金）	刚果（金）华刚矿业股份有限公司中文工坊	山东理工职业学院
几内亚	几内亚中国铝业有限公司中文工坊	山东滨州职业学院
尼日利亚	尼日利亚中材国际有限公司中文工坊	江西应用技术职业学院
喀麦隆	喀麦隆天元建设集团中文工坊	临沂职业学院
卢旺达	卢旺达中国商城集团中文工坊	金华职业技术学院
摩洛哥	摩洛哥中资企业协会中文工坊	北京第二外国语学院
俄罗斯	中铁建俄罗斯有限公司中文工坊	华东交通大学

（三）海丝学院

福建的"海丝学院"建设源自黎明职业大学的探索。2019 年 6 月，学校联合印尼雅加达华文教育协调机构在印尼挂牌成立福建省首个"海丝学院"，先行先试探索福建高职院校"走出去"的发展道路。截至 2023 年，已在印尼、吉尔吉斯斯坦、菲律宾等 7 个共建"一带一路"国家及澳门地区成立 9 个"海丝学院"，首创"海丝学院"办学模式。"海丝学院"采用学校与海外合作方共建模式，设中方院长和外方院长，推行合作内容项目化，包括留学生招收、人文交流、"中文+职业技能"培训等，以此形成品牌效应，实现在不同国家的复制推广。

227

案例 10-5

黎明职业大学:"海丝学院"在印尼的人才培养模式创新

黎明职业大学"海丝学院"旨在服务海外闽商闽企发展对本土化技术技能人才的需求、服务福建 21 世纪海上丝绸之路核心区建设和国家共建"一带一路"倡议。根据"走出去"企业对跨境电商人才的需求,"海丝学院"与印尼巴布亚省政府合作开展"中文+跨境电商职业技能提升培训"等。在课程设置与教学方法上,"海丝学院"将中文教学与职业技能相融合,组织学生参加第二届、第三届"丝路工匠"国际技能大赛"中文+导游服务"赛项,共获得一等奖 1 项、二等奖 1 项、三等奖 1 项;参加教育部中外语言交流合作中心主办的第一届、第二届"旅游+中文"视频征集活动并荣获优秀视频制作奖 2 项、优秀指导教师奖 4 项、优秀活动参与单位奖 1 项。在师资队伍建设上,"海丝学院"采用国际化与本土化相结合的师资培养方式。在文化交流上,"海丝学院"将第一课堂与第二课堂相融合,让学生多维度、沉浸式体验多元文化。在与职业教育国际标准的对接方面,"海丝学院"注重教育内容和教学方法的国际化和现代化,致力于与国际标准对接,推动学校以标准引领专业变革、引领新课程建设,注重将新方法新技术、新工艺、新标准融入教育教学。"海丝学院"展现出良好的国别适应性,不仅能够保障教育效果和教育质量,而且能够提升学生的国际竞争力,是中国职业教育国际化的一个典范,为全球职业教育发展提供了中国方案和中国智慧。

——黎明职业大学官网

第二节　职业教育国际化发展挑战

职业教育国际化是中国式现代化建设进程中的重要一环。当前,职业教育国际化的范围不断扩展、模式逐渐多元、品牌更加响亮。然而,职业教育国际化仍然面临着合作意识较为薄弱、合作机制不够健全、合作质量有待提升等问题。实现职业教育国际化高质量可持续发展还存在不少挑战。

一　职业教育国际化发展意识较为薄弱

职业教育国际化发展意识是政府、区域及各职业院校将国际化理念、倡议和政策等转化为国际交流与合作行动的重要思想支撑，是推动职业教育国际化进程的重要先导力量。从当前我国职业院校国际化开展的实际情况看，我国职业教育国际化发展意识有待进一步提高。首先，职业院校对职业教育国际化的重要性认识较为欠缺。受经费、管理惯性等多种因素影响，大部分职业院校领导尚未意识到国际交流与合作工作的重要性和必要性，对国际交流与合作工作并未给予足够重视。许多高职院校领导仅仅将参与国际交流与合作视为提高院校竞争力、提升院校排名的手段，没有把国际交流与合作作为一项战略性任务来抓。高职院校缺乏清晰的国际化发展目标和规划，将国际交流与合作停留在"迎来送往式的"的浅表层面，容易出现职业教育国际化的功利倾向，导致其可持续性不强。

其次，职业院校师生对参与职业教育国际交流与合作项目的积极性不高。相较于普通高校，职业院校师生存在参加海外研修等国际交流合作项目的机会少、学校缺乏国际化氛围、国际视野不足等劣势，这在一定程度上造成其国际化意识欠缺。部分职业院校虽然参与留学生教学、参加国际会议和联合科研、赴海外服务企业"走出去"、开展培训等国际交流与合作项目，但仍以外向拓展国际化关系为主，未能从学校运行与管理机制层面进行国际化建设，对与境外相关教育机构合作时的课程、教学、科研、师资等要素协调能力不足。在缺乏以提升学生国际化能力为目标的内向发展导向的情况下，不仅使国际交流与合作的教育质量难以保证，也导致师生参与国际交流与合作的积极性下降。

再次，校企合作的共同体意识薄弱。从合作人员的角度来看，大多数职业院校仅以师生互派的方式开展国际交流与合作，既缺乏科研人员、管理人员等的交流互访，也缺乏与相关行业企业的协同出海。仅凭职业院校力量开展国际交流与合作，容易导致国际化教学、科研团队建设停留在本校教师的个人能力与水平提升层面，难以深入对接企业需求①。当前，职业院校与境外中资企业和当地企业融合度不高，除了中国有色矿业集团有限公司、中航国际成套设备有限公司、红豆集团、力帆集团等部分知名大型企业与高职院校联合"走出去"以外②，许多职业院校并未结合自身优势积极与相关企业开展合作，"抱团出海"的力度依然不足。

二 职业教育国际化发展机制不够健全

发展机制是提升职业教育国际化水平的动力源，表现为一系列制度体系、标准体系及框架协议等。当前，我国职业教育国际化发展机制不健全主要体现在以下几个方面。一是政策制度和标准规范尚未健全。一方面，2023年以来，有关职业教育国际化的政策文件密集出台，但大多数文件主要从宏观层面提出职业教育国际化的指导原则和发展方针，侧重于整体规划和宏观指导，缺乏具体的可操作性实施细则，尚未制定专门针对职业教育国际化的人才培养、管理、评价和质量保障体系。另一方面，针对职教出海的标准规范也尚未健全。职业院校在海外的办学层次、办学条件、人才培养标准等方面仍处于无序状态。此外，当前还存在学历学位与资历互认尚不充分的困境。在与共建"一带一路"国家开展职业教育合作时，难以实现学分、课程、证书等方面的有效对接。尽管我国已与 58 个国家或地区签订了学历学位双边互认协议③，但已签订的互认协议主要适用于高等教育领域，且所覆盖的地区有限，高职院校在开展国际交流与合作时仍然面临学历学位不被认同的问题。

二是多主体协同合作机制尚未建立。职业院校"走出去"不是独立的

① 刘子林、张慧敏：《高职院校高水平国际化"双师结构"教学团队的内涵要求、建设瓶颈与发展路径》，《教育与职业》2024 年第 12 期。
② 张菊霞：《"一带一路"背景下职业教育国际合作的困境与路径——基于跨域治理的视角》，《中国职业技术教育》2023 年第 12 期。
③ 教育部：《我国与 58 个国家签署学历学位互认协议》，http：//www.moe.gov.cn/fbh/live/2022/54849/mtbd/202209/t20220920_663363.html。

个体活动，而是需要政府、企业等多主体协同合作。受体制、机制等因素的影响，政府、企业和学校协同联合"走出去"的机制尚未建立，难以保障职业教育人员交流、合作项目的持续性、海外办学机构的教育教学质量等。政府部门作为宏观调控的主导力量对整合职业教育重要资源统筹力度不足，缺乏对职业院校与企业合作过程中资源整合、利益协调、长效合作机制建立等问题的思考。高职院校对企业需求分析和国别研究的主动性缺乏，国际化教育平台建设水平有待提升，这反映出当前高职院校缺乏对外部资源整合的能力。这种状况容易造成校校、校企之间信息壁垒，进而影响职业教育的国际化发展。

三是国际交流与合作经费投入整体不足。国家层面的"中国政府奖学金"未设立专科奖学金奖项。高职院校吸引国外留学生来华学习所提供的奖学金，大多数由职业院校自行支付。高职院校无论是"引进来"还是"走出去"都需要经历前期的互访、调研、论证、筹备、审批等一系列过程，这些工作需要大量资金支持，仅依靠高职院校自身还存在一定的困难。另外，相较于公办职业院校，民办院校有着更大的压力，在国际交流与合作中增加师资、教学设施和引进国外课程等所需成本较高，需要一定的经费支持。然而民办职业院校办学条件普遍偏弱，缺乏竞争优势。一方面，民办职业院校大多依靠自筹资金建设基础设施，且因办学历史较短，在师资力量、专业建设水平、教学质量、科研水平、校园文化积淀等方面普遍较弱[1]。另一方面，民办职业院校获得的政策支持力度不够。虽然相关政策文件中规定，民办职业院校与公办职业院校具有同等法律地位，但政策落地时，前者获取的资源仍十分有限。

三　职业教育国际化发展质量有待提升

质量是衡量职业教育国际化发展水平满足国家战略需求、职业院校发展

---

① 万瑶：《教育生态学视角下民办职业院校发展职业本科教育的现实诉求与路径突破》，《教育与职业》2022年第5期。

需求和人民教育需求程度的重要指标，是判断职业教育国际化发展水平的重要依据，是当前职业教育国际化理论研究领域和实践领域高度关注的话题。职业教育国际化的质量是职业教育在跨国界、跨民族、跨文化的交流与合作中，其教育服务特性（如教学内容、教学方法、教育管理等）满足国际先进职教理念、国际标准以及国际市场需求的能力与程度。这种质量不仅体现在教育服务的输出结果上，如学生的国际竞争力、跨国企业的满意度等，还体现在教育服务的过程中，如教学方式的创新、国际交流与合作的深度与广度等。总体来说，职业教育国际化的质量取决于其国际化发展在政治、经济、文化三方面取得的成效，如国际化人才培养、国际通用职教标准、高水平国际化师资团队、打造中国特色职教品牌等方面。当前职业教育国际化发展质量尚有提高的空间，主要体现在以下三个方面。

第一，师资队伍国际化水平不高。"双高计划"明确指出，要以"四有"标准打造数量充足、专兼结合、结构合理的高水平"双师"教师队伍。然而，能够教授英语且具有跨文化能力的"双语"教师资源匮乏，这成为制约职业教育国际化的重要因素。造成这一现状的原因有多方面，如教育投入不足、教师培养机制不完善、国际交流渠道有限等。同时，对国外教师的资格审查也存在过程监管不到位的现象，无法确保外方师资的"优质性"[1]。

第二，职业院校在校生国际化视野有待提升。目前，由于高等职业院校的生源质量参差不齐，生源大多来自农村，其家庭经济状况以及外语能力等因素限制了其出国留学的意愿。且长期以来，职业院校办学宗旨致力于服务区域经济社会发展，导致培养学生国际化视野和能力的意识不强。虽然诸多政策要求加强国际交流与合作，鼓励职业院校通过中外合作办学等项目提供出国学习机会，但这些项目只能让学生获得初步的国际体验，难以深入学习，更谈不上对他国社会与文化的深刻认知和理解[2]。

---

[1] 张加涨：《高职院校中外合作办学提质增效的影响因素与发展策略研究》，《中国职业技术教育》2022 年第 22 期。

[2] 滕珺、安娜、龚凡舒：《百年坐标下出国留学的新使命与新趋势》，《中国教育学刊》2021 年第 8 期。

第三，国际化人才培养体系有待完善。以课程体系为例，课程体系是国际交流与合作的核心。但很多高等职业院校难以达到课程设置上四个"三分之一"的底线要求。四个"三分之一"要求具体是指：在中外合作办学项目中，外方课程的引入应占全部课程的 1/3 以上比例；外方专业核心课程的引入应占核心课程的 1/3 以上；外国教育机构教师承担的专业核心课程门数应占全部课程的 1/3 以上；外国教育机构教师承担的专业核心课程教学时数也应占全部教学时数的 1/3 以上。但在现实中，很多高职院校的中外合作办学专业课程的设置只是简单地在国内专业课程的基础上嵌入外方课程以满足四个"三分之一"的量化指标要求，无法实现优质教育资源的深度融合。

第三节　职业教育国际化发展展望

2023 年，是共建"一带一路"倡议提出十周年和邓小平同志"教育要面向现代化，面向世界，面向未来"战略思想提出四十周年的重要历史节点。在建设教育强国的背景下，职业教育国际化高质量发展要求职业教育战线亟须对有关国际化的认识、原则、策略等方面实现反思与重塑。并通过深化职业教育国际化的指导理念与实践举措，不断为职业教育强国建设提供支撑，有效助力新时代职业教育高质量发展和适应性提升。

一　认识革新：重塑职业教育国际化的理念

（一）强化职业教育国际化的战略意识

以往对于职业教育国际化价值与路径的探讨，更多是以国家面向全球和区域的对外开放战略、倡议与行动为背景，并以此佐证职业教育国际化的必要性和附属价值。新时期职业教育国际化，不仅成为国家落实"三大全球倡议"、助力全球可持续发展目标普遍性实现、树立负责任大国形象而制定的对外开放新战略的有机组成部分，而且通过"教随产出、产教同行"、中外合作办学、技能展示与交流等途径①，在深化"一带一路"全球伙伴关系网络、打造人类命运共同体区域样板、构建全球性与区域性技能开发共同体等方面展现出独特价值与功能。这要求职业教育需基于国家对外开放的系列战略来设计自身的国际化战略，通过战略嵌套与协同，提升职业教育对国家构建全方位、多层次、宽领域对外开放格局的主动服务意识和能力。

（二）强化职业教育国际化的规划意识

完善的战略规划是确保职业教育国际化优质、有序与持续发展的前提。首先，国家层面做好宏观统筹规划。需要教育主管部门联合相关部门，在制定职业教育国际化战略的基础上，研制职业教育国际化实践指南、质量监控与评估意见、激励办法等操作性政策规范，以完备的宏观指导机制确保职业教育国际化实践的规范开展；其次，地方政府做好中观层面区域统筹。发挥地方政府在区域层面的规划与统筹功能，在确保上级主管部门职业教育国际化政策与规划和职业院校国际化实践相一致的同时，立足区域职业教育发展的优势与特色，积极培育职业教育国际化的优势项目与特色实践②；最后，职业院校做好微观层面的系统筹划。职业院校对于国际化的认知应由"部门性事务"走向"系统性实践"。这不仅要求职业院校在学校事业发展规划中明确界定国际化与学校整体改革的关系，而且需要在组织结构、内容框架、工作办法、评估机制、保障措施、风险应对等方面进行系统安排，强化国际化与其他改革事物的互促性，改变以往职业院校国际化工作的"碎片化"形态。

（三）强化职业教育国际化的整合意识

一是整合面向同一地区与国家或是同一产业领域职业院校国际化实践，积聚不同职业院校国际化发展优势，提升我国职业院校在某一地区或某一产业领域的国际服务优势与影响力。二是进一步加强职业院校与"走出去"

---

① 贺星岳、洪春光：《职业教育"走出去"的五大着力点》，《光明日报》2023年12月5日。
② 赵迎春、解芳、龙谦琪：《走有内涵的职业教育国际化发展之路》，《神州学人》2024年第4期。

企业的合作，实现校企"组团出海"①。这不仅有助于职业院校在服务国际产能合作和中国企业"走出去"的过程中，以需求为导向确定自身的发展定位与策略，提升国际适应性，而且可凭借合作企业的支持，及时获取有关对象国（地区）的政策法规、行业动态、企业人才需求、社会发展现状等信息，从而减少职业教育国际化的风险与阻碍②。三是构建涵盖国内外职业院校、研究机构、企业、行业组织等人员的研究团队，针对职业教育国际化的需求与挑战开展相应研究，为职业教育国际化提供重要保障。

二 行动升级：提升职业教育全球治理能力

（一）职业教育国际化实践原则升级

一是职业教育国际化开展的理性决策与科学谋划。这就要求职业院校在校企国际合作基础、专业与课程的国际化水平、教师国际化能力、国际合作与交流经验等方面提出异于和高于本土办学的要求。这也决定了职业院校国际化的开展须遵循因需制宜、因地制宜、因校制宜，避免盲目性、随从性和无序性。二是职业教育国际化的发展模式由粗放型向集约型转变。当前我国职业教育国际化发展的粗放型模式，主要表现在注重发展规模的区域性扩张、以本土投入为主与国际化收益能力不足、本土职业教育标准与资源国际输出过程中的转移性移植特点突出等方面。

（二）职业教育国际化品牌建设行动升级

职业教育国际化实践推进过程中逐步形成了鲁班工坊、"丝路学院""郑和学院"、"班·墨学院"等一批"职教出海"品牌。但当前我国职业教育国际化品牌建设过程中，国际认知度与影响力有限、质量评估机制有待完善、国内外企业的参与程度有待提升等问题仍然突出③。因此，未来在打

---

① 现代职业教育研究院：《职业教育国际化协同发展共同体：职业教育"走出去"》，《中国青年报》2024 年 7 月 23 日。

② 张明勇：《"一带一路"背景下职业教育"走出去"实践探索与思考》，《武汉职业技术学院学报》2024 年第 2 期。

③ 曾凤琴、庞学光、张春晓等：《打造职业教育的国际品牌——对鲁班工坊建设的回顾与前瞻性思考》，《教育发展研究》2022 年第 23 期。

造可比肩发达国家职业教育品牌，并彰显比较优势的职业教育国际化品牌过程中，需参考发达国家职业教育品牌与模式输出过程中的标准与规范。集中力量，研制一批具有本土特色、国际水准的职业教育国际化品牌标准与建设规范，促使我国已有的发展特色明显、国际声誉度好、可持续性强的职业教育国际化项目实现品牌化转化，避免小、散、弱、重复建设等资源浪费。

（三）职业教育国际标准开发能力升级

为实现我国职业教育国际化"引进来"与"走出去"协同发展，我国应由国际职业教育资源的引入与本土转化、基于翻译与平移的本土职业教育资源国际推广，逐步迈向需求导向与国际情境引领下的系列国际职业教育标准开发能力持续强化的新阶段。具体而言，应鼓励相关人员和职业院校积极参与职业教育国际标准研制机构活动，培育职业教育国际标准开发的本土团队；在强化我国在国际职业教育治理格局中话语权的同时，提升我国职业教育办学标准、培养标准、价值标准的输出能力；加强与海外具有较高国际影响力与市场占有额的中资企业的合作，依托海外校企合作来拓展我国研制的职业教育国际标准的应用场景[1]。

（四）职业教育国际化特色活动升级

通过举办高标准、高水平的世界职业技术教育发展大会，建设世界职业技术教育发展联盟，推动全国职业院校技能大赛升级为世界职业院校技能大赛。创设世界职业教育大奖，举办世界职业技术教育展，为全球职业教育界搭建交流合作、互学互鉴、共赢共享平台。在助力建设世界职业教育发展共同体的同时，实现我国职业教育的感召力、影响力、塑造力的持续提升[2]。

三 质量保障：提高职业教育国际化可持续性

（一）完善职业教育国际化质量评估与报告机制

职业教育国际化质量评估机制是衡量职业教育国际化水平与收益、诊断

---

① 汤晓军：《聚焦标准输出 推动职业教育走出去》，《中国教育报》2021年12月14日。
② 彭斌柏：《学习贯彻党的二十届三中全会精神 推动现代职业教育体系建设开新局》，《中国教育报》2024年9月7日。

职业教育国际化实践基础与风险的重要策略。当前我国职业教育国际化发展缺乏覆盖"项目设计—阶段性评估—终结性评估"全周期的质量评估机制。因此，在推进职业教育国际化高质量发展的过程中应继续完善职业教育国际化质量评估机制。具体包括：反映职业教育国际化门槛性要求与优质性要求的质量评估标准、国内外联动与多主体协同参与的质量评估方法、面向持续迭代与优化的质量改进机制[①]。

（二）打造具有国际化胜任力的教师队伍

具有良好国际化胜任力的教师队伍是持续推进职业教育国际化的基石。一方面，职业院校需根据自身国际化的实践基础和工作重点，通过教师海外访学、国际化培训、进修、与海外院校交流与合作等途径，提升教师中外合作办学、留学生培养、境外办学与培训等的参与能力，逐步培养一支具有国际化胜任力的职业教育师资队伍[②]。另一方面，依托职业院校或第三方服务机构，培养一批专门从事职业教育国际化咨询与支持的专业服务人员。为职业院校国际合作交流项目运营与咨询、教师国际培训项目设计、国际合作方资质评估、职业教育国际化质量评估等提供专门性服务。

（三）探寻职业教育国际化高质量发展的数字化机制

数字化作为新时期职业教育实现高质量发展的新赛道已成为全球共识，也为创新职业教育国际化发展理念与实践提供了新的潜力。一方面，依托国家智慧教育平台，立足"教随产出、产教同行"需求，推动相关中文数字教育资源的多语种改造，为职业教育"走出去"提供本土化数字教育资源与服务支持[③]。另一方面，数字技术凭借自身跨越时空、穿越地域、超越隔阂的优势，为职业教育破除物理空间中国际化实践的多重阻碍提供了潜

---

① 邱懿、何正英、杨勇：《稳步推进职业教育国际化：基础、遵循与借鉴》，《中国职业技术教育》2022 年第 29 期。

② 彭斌柏：《我国职业教育国际化发展实践与探索》，《教育国际交流》2024 年第 4 期。

③ 赵迎春：《数字化赋能职业教育国际化发展新生态》，《神州学人》2023 年第 6 期。

力[①]。具体包括，依托数字技术面向境外中国企业员工、对象国职业学校教师和管理人员提供在线培训，为国际留学生提供远程教育与培训，输出多语种数字教育资源与建设标准，建立国际性职业教育与培训学习成果记录与互认机制，等等[②]。

---

① 张慧波：《以数字技术赋能职业教育国际化》，《中国教育报》2023 年 9 月 19 日。
② 刘仁有：《转型与重塑：数字化赋能职业教育新生态——世界数字教育大会"职业教育数字化转型发展"论坛综述》，《中国职业技术教育》2023 年第 7 期。

后 记

编制《中华职业教育发展报告》是中华职业教育社发挥"统战性、教育性、民间性"独特优势，助力完善职业教育质量保证体系、推动职业教育高质量发展的重要工作任务。2024 年，中华职业教育社在成功编撰出版《中华职业教育发展报告（2021》《中华职业教育发展报告（2022》的基础上，继续组织编撰《中华职业教育发展报告（2023-2024）》（以下简称《报告》）。《报告》以 2022～2023 年全国职业教育发展情况为研究对象，综合反映这两年我国职业教育事业发展状况。

为确保《报告》编撰质量，中华职业教育社印发《关于立项开展 2024 年重大专项课题"中华职业教育发展报告（2023-2024）研究与实践"研究的通知》（社发〔2024〕13 号），设立重大专项课题，其中重大课题 1 项、重点课题 10 项，为《报告》编撰提供研究支撑。同时印发《关于征集〈中华职业教育发展报告（2023-2024）〉典型案例的通知》（社发〔2024〕23 号），开展面向全国职业院校的典型案例征集活动。共征集案例 208 个，部分优秀案例入选本《报告》。《报告》编撰工作于 6 月启动，11 月统稿结束进入出版流程，五易其稿最终定稿。《报告》编撰过程中，编撰团队团结协作、善作善成，体现了良好的精神风貌，在时间急、任务重的情况下高效完成了工作任务。

中华职业教育社高度重视《报告》编撰工作，专门成立由总干事、副总干事和 31 个省级职教社专职负责人组成的编委会，领导统筹《报告》编撰工作。成立由中华职业教育社研究部部长袁洪艳为组长、武汉职业技术大学教授彭振宇为副组长（兼统稿组组长）的编写组。《报告》编撰过程中，彭振宇教授负责全书统稿、团队协调和编写指导工作，为《报告》编撰付出了艰辛努力。南京信息职业技术学院徐坚博士参与了统稿、编校工作。中华职业教育社研究部宋以庆承担了大量事务性工作并参与部分审稿工作。

《报告》共十章。具体任务和分工如下：第一章由天津职业技术师范大学张元团队负责，许远、杨苗执笔；第二章由同济大学王继平团队负责，郑建萍、李鹏、王建初执笔；第三章由江苏理工学院庄西真团队负责，陈春霞、马欣悦、周瑛仪执笔；第四章由杭州技师学院邵伟军团队负责，刘宗斌、李兴军、张燕、王融、杨文杰执笔；第五章由天津大学潘海生团队负责，宋亚峰、张玉凤、吴扬、杨影、聂如月执笔；第六章由人力资源和社会保障部职业技能鉴定中心许远团队负责，李文静、李立文、朱钦、苗银凤、韩阳阳执笔；第七章由南京工业职业技术大学李建国团队负责，陈青、代伟、杨冰清、刘高吉执笔；第八章由中国民办教育协会蔺琪团队负责，王汉江、刘舒宇执笔；第九章由杨凌职业技术学院仲伟周团队负责，吴灵辉、党养性、李寿冰、满冬执笔；第十章由北京外国语大学苑大勇团队负责，张宇、杨成明、张璞执笔。

《报告》在组织编撰的过程中得到了包括职教界在内的社会各界的广泛关注和支持，教育部、人力资源和社会保障部等有关部委和机构给予了宝贵支持。《教育与职业》杂志社参与《报告》编撰，并为《报告》出版提供了经费资助。

限于时间和水平，《报告》难免有疏漏和不足之处，敬希读者批评指正。

《中华职业教育发展报告（2023-2024）》编写组

2024 年 12 月 10 日

图书在版编目（CIP）数据

中华职业教育发展报告.2023~2024／中华职业教育
社编著.--北京：社会科学文献出版社，2025.3.
ISBN 978-7-5228-4984-3

Ⅰ.G719.2

中国国家版本馆 CIP 数据核字第 2025FD8580 号

中华职业教育发展报告（2023~2024）

编　　著／中华职业教育社

出 版 人／冀祥德
责任编辑／陈晴钰
责任印制／岳　阳

出　　版／社会科学文献出版社·皮书分社（010）59367127
　　　　　地址：北京市北三环中路甲 29 号院华龙大厦　邮编：100029
　　　　　网址：www.ssap.com.cn
发　　行／社会科学文献出版社（010）59367028
印　　装／三河市尚艺印装有限公司

规　　格／开　本：787mm×1092mm　1/16
　　　　　印　张：16.5　字　数：247 千字
版　　次／2025 年 3 月第 1 版　2025 年 3 月第 1 次印刷
书　　号／ISBN 978-7-5228-4984-3
定　　价／108.00 元

读者服务电话：4008918866